中公新書 2186

早野 透著

田中角栄

戦後日本の悲しき自画像

中央公論新社刊

まえがき

その日、雪おこしの雷が鳴り、稲妻が走った。葬儀が終わる頃、氷雨があがって灰色の空から斜陽がもれた。北国の冬がすぐそこまできていた。

田中角栄（一九一八〜九三）という稀代《きたい》の政治家がいた。「田中」というよりは、ひとこと、「カクエイ」と呼ばれた。その角栄が死んで、故郷の越後で、盛大な葬儀が行われた。角栄という農家のアニが東京で大政治家になって、総理大臣にもなったけれど、ロッキード事件で逮捕されて、そして故郷に帰ってきた。お骨になって、娘の眞紀子の膝に抱かれて、角栄の政治的作品といっていい新幹線に乗って。

田中角栄とは、どんな政治家だったのか——。

日本の近代、明治国家は「国民」をつくりだして明るい未来に向かって歩んだ歴史だったといえるだろう。大正という間奏曲は、デモクラシーと天皇制国家のはざまで揺れた。そして、昭和がきた。日本は軍閥が跋扈《ばっこ》して、戦争の道に迷い込んだ。村の若者が徴兵の赤紙で出征し、白木の箱に入って帰ってくる。空襲、原爆、焼け野原。日本は戦争に敗れて、民衆はようやく死の恐怖からまぬかれた。だが、そこにあるのは飢餓の「戦後」だった。

田中角栄は、「戦後」に政治家になって、「戦後」を象徴する政治家となった。その象徴性は、田中角栄と美空ひばりに指を屈するであろう。

「戦後」とは何か。もうあんな苦しい戦争はいやだ、なにはともあれ平和であってほしい。それが民衆の願いだった。

国破れて山河あり。こんなひもじい思いはいやだ。まずは食えるように、今日よりは明日、生活がよくなってほしい。少しでも豊かに暮らしたい。それが民衆の願いだった。

「平和」と「豊かさ」。それが「戦後」の民衆の思想だった。

二〇〇九年まで、日本政治のほとんどを担った自民党政権は、まさに「戦後」政権だった。自民党政権は、押したり引いたり、時には筋をまげても、なにはともあれ「平和」と「豊かさ」の実現に成功した。そのなかで田中角栄は、日本の復興のために、道路をつくり、住宅をつくり、農地を整備し、さらには高速道路や新幹線を全国に張り巡らす「列島改造」によって、経済の高度成長を促そうとした。角栄首相の手による日中国交正常化は、わが国の戦争の歴史に終止符をうつものだった。「平和」と「豊かさ」を求めた「戦後」を、田中角栄はおそらくもっとも端的に、濃厚に、政治の場で担った人物だった。

だが、田中角栄は、いわゆる「田中金脈」を追及された。ロッキード事件という国際汚職事件で逮捕された。首相から刑事被告人へ！　政治にはカネがかかる。ボスは子分にカネを配る。角栄はそんな永田町政治の深奥にいた。その果てに、ロッキード事件は起きた。「田中角栄」は、日本政治を汚した「金権政治」の代名詞となった。田中角栄は、世間の指弾を浴びた。理想や知性を持たない、政治をカネに換えた政治家だと。

いったい、田中角栄という政治家は何だったのだろう。

日本を、とりわけ恵まれない地域を繁栄に導いた人物田中角栄。札束を配って権力を求め、権力から札束を生み出した人物田中角栄。どっちが田中角栄なのか。

角栄を持ち上げる論もあれば、角栄をくさす論もある。だが、田中角栄はひとりの人物である。

田中角栄

わたしは、朝日新聞の政治記者として、田中角栄を担当した。首相時代からその死まで、政治史の節目に角栄邸を訪ね、その語り口を聞いてきた。その取材メモがある。

田中角栄を至近距離で見てきた同時代の政治記者として、もう一度、振り返り、考え、刻んでおきたい。田中角栄とは何だったか。

目　次

まえがき　i

第Ⅰ章　青少年期の思い……………………………………3

1　新潟の貧村のなかで　3

誕生、父と母　関東大震災――東京への憧憬と憎悪　小学校時代と恩師たち　生涯の思考形式――ひたすら「具体」　同級生たちの証言　卒業、「地球の彫刻家」へ　役場の土木係からの吉報

2　上　京――転職に次ぐ転職、そして起業　21

夢破れても　大河内正敏　井上工業、雑誌記者、高砂商会　起　業――エレベーターでの出会い　軍事費膨張というチャンス　「日本列島改造論」の源流　人口流動現象を逆転させる

3　苦い軍隊体験と朝鮮での敗戦　37

徴兵と女性　即物的な軍隊の記憶　ラブレターを読み上げられて　政治家生活の原型　病魔による内地送還、除隊　結　婚　田中土建工業株式会社　「新生朝鮮に寄付する」　敗戦、引き揚げ

第Ⅱ章　政治の世界へ——無名の一〇年間……55

1　神楽坂からの立候補　55
神楽坂というホームグラウンド　大麻唯男からの献金の無心　二七歳、立候補の決意　「料亭政治」を身につける　新潟入りしたものの　政党再建と政党資金　モーニング姿へのヤジ　「三国峠演説」　三七人中一一位での落選

2　衆院議員になる　73
「オイ、お前さん……当選したよッ」　衆院本会議での初登壇　ひたすら「産業」と「生活」　建設省設置の主張　保守本流に潜り込む　政界の黒幕の追及　昭電疑獄から炭管事件へ　東京拘置所への収監

3　獄中立候補——なぜ選挙民は彼を選んだのか　90
拘置所からの立候補　南魚沼という「聖地」　栃尾の街の「上」と「下」

なぜ選挙民は角栄を救ったのか　講和、独立へ　憲法観　国土開発から住宅建設へ　「道路は文化だ」――新道路法へ邁進　ガソリン税を道路へ回せ　議員立法という新鮮な民主主義

第Ⅲ章　新潟三区――越山会と越後交通という力の源泉……113

1　越山会の形成　113
「新潟三区」のなかへ　公開厳禁「全越山会三役名簿」　「日農」の時代
農地改革――社共支持から越山会へ　地主の当主より角栄は気楽に話せる
三宅正一の五万票　「角栄と民衆」の物語

2　長岡鉄道から越後交通へ　126
長岡鉄道の社長に就任　西村英一と角栄　越後交通による新潟三区支配
〝江戸家老〟による「越山会査定」会

第Ⅳ章　閣僚としての手腕――岸・池田政権時代……139

1　郵政大臣就任――テレビ局と郵便局を手中に　139
郵政大臣としての初入閣　東京タワーと省内巡視　労使交渉での「説得の才気」　テレビ免許の大量公布　特定郵便局、二万局拡大構想

2　政調会長から大蔵大臣へ　151
「佐藤派」という派閥のなかで　なぜ佐藤派なのか　六〇年安保闘争、その後の七選　政調会長時代――武見太郎とR・ケネディ　「地域格差是正」の政策思想　史上最年少の蔵相誕生　盟友・大平正芳　魅了される官僚たち　ワシントンでの英語のスピーチ　池田政権から佐藤政権へ

3　二人の女――辻和子と佐藤昭　172
佐藤栄作への複雑な思い　山一証券救済の裏　辻和子のなかの角栄　二人の男児　「淋しき越山会の女王」　もう一人の政治的同志　佐藤昭の半生　最後まで〝女王〟は切れない

第V章　権力トップへの道程――佐藤栄作の値踏み……193

1　幹事長時代――強行採決と国対政治　193
自民党幹事長室　政党人最高のポスト　強行採決に次ぐ強行採決　カネがひとケタ増えた　佐藤の沖縄返還交渉　角栄の戦争観　秘密合意議事録　最後の切り札、田中通産相

2　福田赳夫の台頭と日米繊維交渉　209
叛乱の時代のなかで　「早くベルを鳴らせ」　日米安保、自動延長について　選挙大勝、幹事長留任　佐藤「総裁四選」の野望　福田赳夫　「クラウン・プリンス」として　日米繊維交渉の解決　ふたつのニクソンショック

3　「角福戦争」の帰結――一九七二年自民党総裁選　228
「角福戦争」第一、二、三幕　汚い選挙戦――乱れ飛ぶカネ　「最高の道徳」対「数」の戦い　政治家は風、民衆は大地

第VI章 首相時代――頂点からの滑落……239

1 日中国交正常化――外交の成果 239
北京までの道　なぜ一気呵成だったか　周恩来との丁々発止　角栄の奔放な物言い　毛沢東との会談――下世話な応答　六年後の鄧小平訪問

2 「日本列島改造論」と石油危機 253
支持率低下と衆院選での後退　「日本列島改造論」づくり――九〇万部の売上げ　官僚が上から目線で描いた青写真　小選挙区騒ぎと青嵐会の結成　石油危機の激震　「列島改造論」撤回と福田の蔵相就任　電源三法と柏崎刈羽原発

3 金脈追及から退陣へ――金権選挙と〝告発〟 271
二〇ヵ国訪問と資源外交　アメリカの不興、さらなる歴訪　国土庁の発足　「企業ぐるみ選挙」への批判　三木、保利、福田の閣僚辞任　「田中角栄研究」の衝撃　カネをめぐるファクトと的確な論証　角栄を少し哀れに思った日　首相最後の日――「魔がさしたんだな」

4 角栄後継問題 292
後継椎名への目論見　椎名暫定への大平の反対　椎名裁定――周到に動いた三木の「青天の霹靂」　歴史の狡智

第VII章 ロッキード事件の衝撃――刑事被告人へ……301

1 角栄逮捕――遠ざかる復権 301
クリーン三木　ワシントンからの衝撃のニュース　「これは田中金脈の一環である」　「記憶にございません」の連発　事実究明を求める三木書簡　角栄が読み上げた便箋一枚の所感　「政府高官」とは誰か　「三木ははしゃぎすぎ」という批判　全日空、丸紅の関係者の逮捕　角栄逮捕

2 三木政権から福田政権へ――逆風下、角栄の選挙圧勝 322
二億円による保釈　三木おろし――「挙党協」の旗揚げ　「灰色高官」の公表と弁明　「ロッキード選挙」での角栄出馬　三木退陣と角栄圧勝　福田赳夫の首相就任　ロッキード裁判開廷――角栄の涙　検察の冒頭陳述――角栄は「真っ黒」

3　盟友大平の死と田中派の結束　338
信濃川河川敷問題　総裁選をめぐる福田と大平の角逐　田中派の微妙な空気と角栄の決断　田中派のローラー作戦　大平勝利と「目白の闇将軍」　静かに進む裁判　自民党敗北と「四〇日抗争」　大平は角栄に会いたがった

終章　「今太閤」の栄光と死――判決後の圧勝と田中派離反……355

1　有罪判決――中曽根政権の動揺　355
「オヤジが右といえば右、それが派閥だ」　中曽根政権発足と進むロッキード法廷　中曽根のダブル選挙拒否　判決前の角栄の言葉　判　決――もっとも興奮し、逆上した日　福田、三木、岸らの対応　角栄、中曽根会談――議員辞職を説得できず

2　造反と死――二階堂擁立と創政会　372
生き残りをかけた「お国入り」　一〇九人にカネを配った　角栄の大勝と自民党の敗北　「田中支配」の本質　「二階堂擁立」工作への怒り　「創政会」設立――竹下・金丸の蠢動　世代交代の仁義なき戦い　角栄、死す

あとがき　391
主要参考文献　397
田中角栄 年譜　402

新潟３区（中選挙区時代），太線内

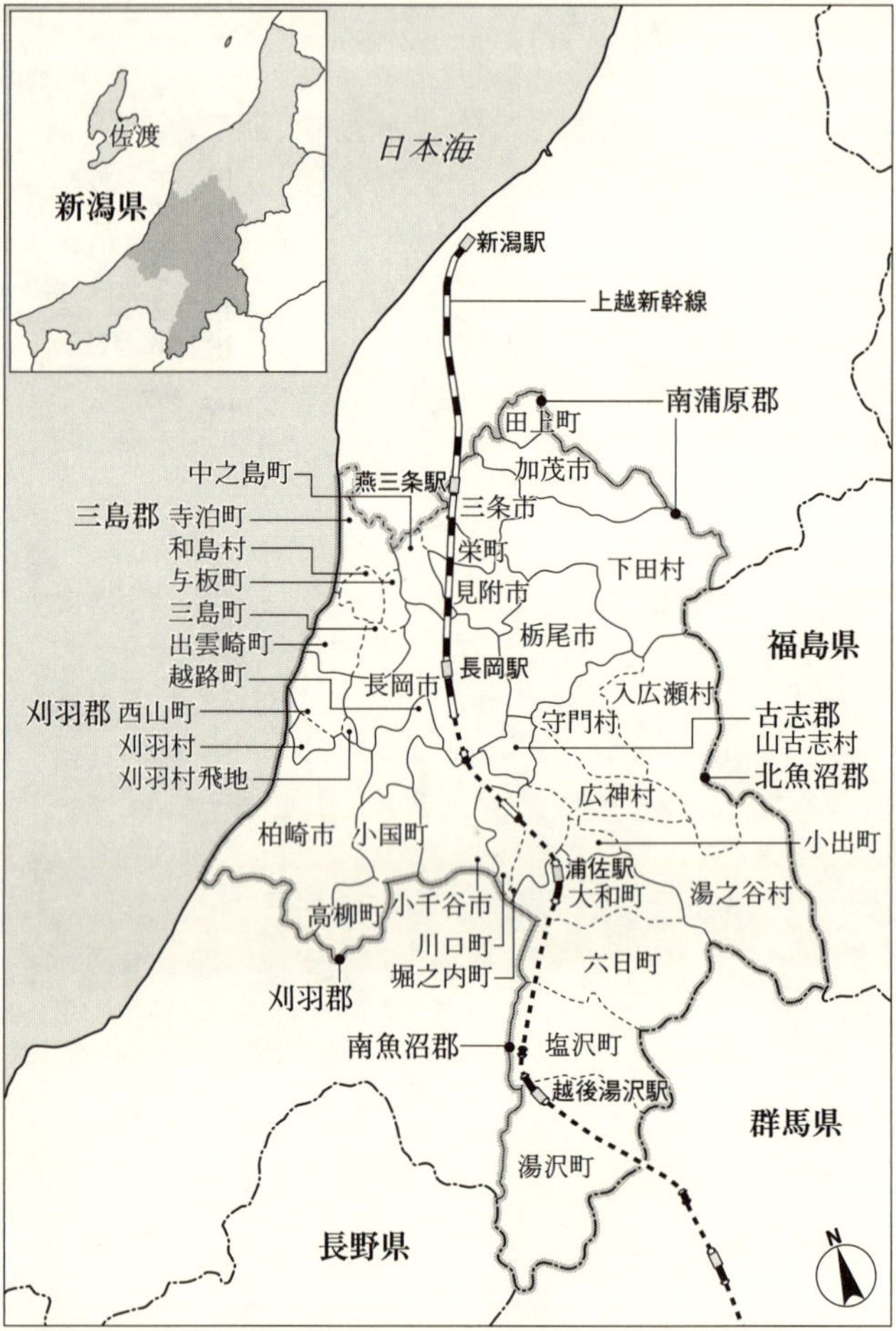

出典：早野透『田中角栄と「戦後」の精神』（朝日文庫，1995年）を基に作成

田中角栄

戦後日本の悲しき自画像

第Ⅰ章　青少年期の思い

1　新潟の貧村のなかで

誕生、父と母

一九一八年（大正七）五月四日、田中角栄は新潟県刈羽《かりわ》郡二田《ふただ》村坂田（現新潟県柏崎《かしわざき》市西山町坂田）で生まれた。そこは、日本海に沿って連なる小高い山並みを少し入った穏やかな農村である。夏はカンナが咲き、秋はコスモスが咲く、雪の頃でなければ、ただののどかな里山風景である。生家の裏庭には、ゆずの木が立っていた。

角栄の父は角次、母はフメ、姉二人と妹四人にはさまれたたった一人の男の子だった。実は、もう一人、「角一」という名の兄がいたが、赤ん坊のときに死んだ。角栄は、この地方で長男を意味する「アニ」とか「アンニャ」と呼ばれた。当時の村落は、各家が家号を持っていて、この家は「角右エ門《かくえもん》」と呼ばれていた。

近在二〇〇戸ほどの村で、そのなかの坂田地区は一八戸、ほとんどが農家である。角栄の生家も「八、九反の田があった」そうだが、その田んぼには角栄少年が「いつ寝るんだろう」と思うほど働き者の母フメが丹精して米をつくった。父角次は牛馬商を営み、鯉を養っていた。牛馬商といえば、馬喰《ばくろう》の鑑札を持ち、損得の大きい、危険な投資だった。どうやら、角次はただの百姓ではおさまりきれない、夢大きく山気のある男だったのだろう。後年の角栄へのDNAを感じないでもない。

父の買った五〇頭もの朝鮮牛が近在を通る鉄道、越後線の西山駅に貨車で着いて、村中の若い衆が集まって、かがり火をたいて騒ぎ、母フメがおおわらわで炊き出しをしたこと、山林を売り払った資金でオランダから輸入したホルスタインが死んでしまって父が酔って荒れたこと、干天のせいで鯉の池が干上がり、それならと鯉揚げして村中に配って食べてもらったこと、そんなこんなでいつしか父の事業が悪いほうへ傾いていって、家が貧しくなっていったこと……。

もっとも角次を知る地元の古老からは「角次さんはボロ馬を売っていた貧乏馬喰だった。角栄が男になったから、角次さんのことも威勢のいい話になった」と聞いたことがある。それは事実かやっかみか、いまではよくわからない。

角栄少年の幼時の記憶は、のちに政界実力者になってしたためた著書『私の履歴書』に鮮明である。二歳のときにジフテリアにかかった。「この大病がもとで、私がドモリになったのだと祖母は言った。口がうまく回らないので、すぐゲンコツを振り上げる」とも書いている。せっかちな気質はその頃からだったのだろう。母が働いていたから、角栄はおばあさん子だった。「祖母コメは庄屋の娘で、村のうわさでは三美人の一人とかいわれ、見識が高く田圃《たんぼ》に入らなかった」そうである。海近いこの地の大晦日には「年とりの鮭」を食べる。男が先、女が後。鮭の頭のほうから、祖父、父、角栄の順番で食べ、尾にゆくにつれ、祖母、母、女の子という順番で口に運ぶ。

時は大正ロマン、あるいは大正デモクラシーの時代、都会では竹久夢二の美人画や高畠華宵の少女絵が一世を風靡して、この地にも少女雑誌が入ってきて、角栄の姉妹も読んでいたけれど、生活はまだ伝統的社会のなかにいた。角栄の生家も中堅農家の生活意識だったのであろう。

ずっと後年のこと、一九七八年（昭和五三）四月一八日、母フメが八六歳で死んだ。角栄の生家で、五月の連休になってから法要を営んだ。すでに首相を降りて、政界の「闇将軍」に甘んじていた角栄は、東京から配下の田中派の議員たち百余人を招集した。田中派担当記者だったわたしも出かけた。総ヒノキに建てかわっていた生家の裏庭にコンロがずらりと並び、煙が屋根まで上って、大ぶりのイワシを焼いて客に振舞った。

こんな場面を目にした。「どうだ、うまいだろう」と角栄。「まだ食べていませんよ」と客。

「うまいものは、食う前からわかるんだ」と角栄。

なんでイワシなのか。「精進料理などつまらん。タイ？　そんなものは東京で食い慣れている、とれたての春のイワシがいいと（角栄が）いうんですよ」と、角栄の国家老といわれた地元秘書本間幸一から聞いた。母フメは「いい気になるな。でけえことをいうな」と角栄が異常に出世しても、息子をたしなめ続けた。イワシは、「わしは、ただの百姓のおばば」と自らを語ったフメにふさわしい弔いのように感じた。

関東大震災――東京への憧憬と憎悪

角栄が生まれた一九一八年（大正七）は、第一次世界大戦の最中にロシアでプロレタリア革命が起きた翌年であって、日本はシベリアに出兵した。その一方で、国内は投機商人による米の買い占めで米価が高騰、富山県魚津のおかみさんが米問屋に押しかけたのをきっかけに各地に米騒動が伝播した年でもある。ただ新潟は日本で数少ない石油の採れる土地だった。二田村近くには日本石油西山鉱業所があって、一家の男たちが「井戸（石油）掘り」に出かけて農業収入のほかにいくらかの現金収入を得ていた。大戦後の不況にあっても多少はほかの土地より景気がよかったのである。

しかしそこに、一九二三年（大正一二）九月一日の関東大震災が起きた。首都は壊滅した。角栄は五歳、まだ小学校に上がる前、小学校の庭で遊んでいて大地が持ち上がってぐらぐらとするのを体験した。その翌日から「たくさんの人が越後線で東京から帰ってきた」ことを覚えている。

越後線は、新潟と柏崎を結んで、角栄の生家のすぐそばを走る。小さな車両、追いかければ飛び乗れるほどにゆっくり走った。汽笛を鳴らせば「フケイキ、フケイキ」と聞こえたと角栄は書いている。のちに母フメは「せがれさんは何にしたかったのですか」と聞かれて「越後線の駅員にでもしたかった」と答えたものである。角栄の係累も大震災で焼け出されて帰ってきた。角栄は、東京から帰って来て、また戻っていった大人たちに悪感情を抱いた。「東京の連中は、米やみそも、よくもまああんなに持てるもんだと思うくらいたくさんかついで帰って行った。私は子供心に、「東京の人たちはいやな人たちだ」と思った。私の母は朝、真っ暗なうちから起きて、たんぼにはいって働いている。牛や馬の世話もある。毎日、仕事の連続だ。そんな努力の集積を、東京の人たちは何食わぬ顔をして持っていく。母親に対する愛情からか、私は無性に悲しくなった」

ずっと後のこと、一九八三年（昭和五八）一二月一八日の総選挙、田中角栄は六五歳、ロッキード裁判で懲役四年の判決を受けていながら二二万票余の驚異的な大量票を得た。「総理大臣の汚職」を断罪された後の総選挙では、さすがの角栄の票も減るだろうと見られていた選挙である。わたしはこの票は一体何なのだろうと思いめぐらせた。開票の六日後、東京・目白の田中邸に角栄を訪ね、「二二万票は、なんだか百姓一揆みたいですね」と水を向けた。角栄は誘われるように答えた。

「そうだ。本家を継いだ長男とその嫁は、田んぼに入り畑をつくり、頬囲《ほおがこ》いして土方仕事に出ている。正月だ、盆だとなれば、東京に出した弟、嫁にいった妹が郷里に帰ってきて長逗留する。長男の嫁は大忙しだよ。弟や妹は東京に帰るときは、米だ、野菜だと両手いっぱい持っていく。二二万票は田舎のつらい思いが爆発したんだよ。そうだ、百姓一揆だよ」

日本海からの風が吹きすさぶ地に生まれた角栄にとって、東京は憧れであり、しかし、なにがしか憎悪の対象だった。のちに角栄は、東京に出て、東京で出世し、そして東京に裁かれた。東京で大邸宅を構えていても、終生、二田村のアニの気分を持ち続けた。

角栄の若き時代、田舎にはどっかりと伝統社会が残り、都会は近代社会に向けて疾走を始めていた。日本の近代、田舎と東京の狭間に生きた、それが角栄の人生だった。

小学校時代と恩師たち

一九二五年（大正一四）四月、角栄は二田尋常小学校に入学した。角栄の生家から裏山を越えたところにあったこの学校に、角栄は高等科二年を加えて八年間通った。

学校は、講堂兼雨天体操場とその左右に木造二階建ての校舎があって、全校生徒は六〇〇人、なかなかの規模の小学校である。この頃の農村は子だくさんだった。角栄のクラスは四十数人、一年生から三年生までは男の子も女の子も一緒、四年生から男女別に編成替えになる。

角栄の自伝めいた著書は、二つある。一つは日本経済新聞連載の『私の履歴書』、もう一つは、漢字にルビを振ったこども向けの『わたくしの少年時代』である。後者は、総理大臣就任から一年後に出されたもので、小学校しか出ていなくても大出世した人物の「偉人伝」という趣だったのであろう、小学校時代の思い出話は『私の履歴書』よりも詳しい。それもそうだろう、中学にも大学にも行かなかった、あるいは行けなかった角栄にとって「学校時代」とは、この八年間しかなかった。

そこで出会ったのが、角栄が終生の恩師と呼ぶ草間道之輔《みちのすけ》校長である。角栄の目からは、飾り気のない、人格的教育者だった。角栄の家と目と鼻の先のお寺、般若寺の離れに下宿していた。三五歳だった。

学校には、いちばん大切な場所とされている天皇皇后の御真影奉安庫があって、そこに校訓が掲げてあった。草間校長の手になる「至誠の人、真の勇者」を真ん中に、ほかに「自彊不息《じきょうやまず》」「去華就実《かをさりじつにつく》」の三つだった。「私という人間のすべては、この三つの校訓に親しんだ八年間に、作り上げられたものと思っている」と角栄は書いている。自ら努めて励むこと、つまりは働き者になること、少年期の角栄の心をつくった。

草間校長は、のちに角栄が衆議院選挙に立候補したとき、まだ地元の人脈を持たない角栄の選挙運動に走り回ってくれることになる。担任の先生は、一年生から毎年代わり、四年生になって新しく赴任したばかりの二〇歳の金井満男先生となる。やはり村のなかのお寺に下宿する。金井は角栄が総理大臣になるまで長い交流を結んだ。五年生から高等科二年で卒業するまでの担任は笠原剛《たけし》先生だった。角栄は頭がよく、ずっと級長だった。

生涯の思考形式――ひたすら「具体」

自伝に綴られる挿話の数々は、どんな少年もそれなりに持っている思い出である。鯉揚げをしたくておなかが痛いと嘘をついて学校をさぼった話、父に雪のなかに放り出されるせっかんを受けた話、「金井先生、生徒を監禁す」という実際より尾ひれが付いて噂された事件が起きて金井先生が転任した話、習字の時間に別の子のいたずらに巻き込まれて先生に怒られ、どもりで言い返せず硯《すずり》を床に叩きつけた話。そしてどもりを克服すべく、学芸会の「弁慶安宅の関」の芝居で弁慶を志望して演じて、節をつけて歌うように切り出すとすらすらと勧進帳を読み上げることができたことなどなど。

角栄と同じ一九一八年（大正七）五月の生まれ、やはり首相にまでなった中曽根康弘は、群馬県高崎市の裕福な材木屋に生まれ、旧制静岡高校から東京帝国大学法学部へ進み、放歌高吟の寮生活、カントや河合栄治郎を読み、フランス語を覚え、俳句を嗜《たしな》んだ「学校生活の思い出」を語っている。角栄と中曽根を比べれば、角栄の「小学校八年間が私のすべて」という自己認識は、あの時代の非エリート層のものであり、中曽根のそれはまごうことなくエリートのそれだった。のちに角栄が「土建屋議員」から這い上がり、中曽根が「緋縅《ひおどし》を着た若武者」と呼ばれた違いは、そこから始まっている。

角栄は一つひとつの体験から、人生訓を引き出すのが癖である。たとえば、金井先生の転勤事件では「真実がなかなか世にいれられないものであることを知った。おとなは案外、真実をわかってくれないものであることがわかった。人は無実の罪で罰せられることもあると知った」と心に刻む。

ずっと後、角栄が成年に達して軍隊に入ったときのこと、兵舎の角栄にラブレターが届いたのが上官にわかって、週番の曹長がそれをみんなの前で読み上げた。「あなたの好きなフリージアの甘いかおりが流れて参ります」という文面に汗をかいた角栄は「私は親書の秘密が必要であることを、このときほど深く感じたことはない」と書いている。角栄は、六法全書で勉強するのではなく、自分の体験で知るのである。

田中角栄に対するもっとも鋭い批判者となる立花隆は「抽象思考ゼロの経験主義者」と断じた。実感的、経験的、そして人生訓的であることは、角栄の生涯の思考形式である。だが、それもやむをえない。角栄は中曽根とは違って、大学の教壇から抽象的想像力、体系的思考を学ぶ機会はなかった。角栄にとって人生は、ひたすら「具体」の積み重ねであって「抽象」ではなかった。

それを角栄の「非」とするのも酷である。往時、「村に大学出などひとりもいなかった」

（角栄の同窓生）のである。ひたすら「具体」に生きたことは、政治家田中角栄の強みともなり、弱みともなる。のちに角栄がへんに肩肘張った国家意識を持たなかったことは、「具体」の生き方の強みだった。また逆に、角栄が出世するのにカネの威力に依存しすぎたことは、やはり「抽象」の価値を持たなかったことの弊だった。

同級生たちの証言

さて、『わたくしの少年時代』の口絵写真に、一枚の見慣れない写真が載っている。八人の少年と三人の先生が写っている。「小学校で鼓笛隊にはいる。後列右からふたりめが著者」という写真説明がついていた。

角栄が鼓笛隊？　角栄は二つの自伝でそのことに一言も触れていない。わたしは興味を覚えて、角栄の死後数年たった頃、そのことを調べるためにすでに八〇歳になっていた写真のなかの少年たちを訪ねた。そこには、時代の波に翻弄される角栄世代の少年たちの物語があった。

東京都三鷹市にあるアパートに江尻直司を訪ねると、少年角栄のどもりがひどかったこと、でもよく勉強ができて、とくに算数が得意だったこと、ずっと級長だったこと、そして卒業生から大太鼓、小太鼓を贈られて、音楽の須田先生と相談して鼓笛隊をつくったこと、級長だった角栄が指揮棒をとって直司は笛を吹いたこと、その頃中国で戦争が始まって村からも出征兵士が出ていくので寂しく送ってはいけない、元気よく送ろうと兵士の家から出発駅まであぜ道をドンドンと太鼓を鳴らしながら行進したこと、そんなあれこれを語ってくれた。

一九三一年（昭和六）九月、角栄一三歳のとき、満州事変が勃発、日本は大陸侵略を本格化させていく。日本の一隅というべき小さな二田村からも、明治から昭和まで一五〇人の戦没者を出したことを、『西山町誌』（二田村などが合併して西山町になる）は記している。

小学校時代の鼓笛隊で　後列右から２人目が角栄

直司は小学校を卒業後上京、都心の高級理髪店で修業した。そこは宮中の御用達であって、ある日、直司が皇居にお使いに行って帰って店に戻ると、重そうな荷をつけた自転車の角栄が待っていた。直司の上京の翌年に角栄も上京、そのときは貿易商のもとで働いていた。

「陛下のトニックを届けてきたんだ」

「僕もいつか宮中に入るぞ」

「がんばれよ、角栄」

角栄の自転車の荷はカットグラス、日本橋高島屋に届ける途中だった。

東京都渋谷区に住んでいた長橋信栄、すみい夫妻は、ふたりとも角栄の同級生である。草間先生は修身の授業などやらないで、『マクベス物語』や『奴隷トム』の物語などを話してくれて、私たちは涙を流して聞いたわね、鼓笛隊の写真を見て、ほら、あの頃子供はみんなハダシだったんですよ、などと思い出しては語った。信栄もやはり小学校卒業で上京して大工の修業に、旧姓牧すみいも上京して姉の家から師範学校に通った。戦争が激しくなって、角栄、直司は陸軍から召集されて満州へ、信栄は海軍、すみいは傷病兵の白衣を縫ったり、誰も行きたがらない伊豆大島の小学校の先生に赴任したりした。そして敗戦、信栄とすみいは「戦争の生き残りと売れ残り」で結婚することになる。

それから幾星霜、一九七二年七月、角栄が総理大臣に就任、その一ヵ月後の八月五日、長橋夫妻を幹事役に、東京のホテルニューオータニで小学校の同級会のお祝いの会が開かれた。角栄は一人ひとりと写真におさまり、思い出話にわき、最後に「仰げば尊し」を歌った。翌朝の食事のテーブルには、前夜の記念写真と旅費として金一封がそれぞれに置かれていた。「これ、どうしたらいいでしょう」とすみいから相談された同行の金井先生は「ありがたく頂いたと（角栄に）言ってあげてくれ」と指示した。角栄にとって、同窓といえば小学校だけなのである。

だが、総理大臣まできわめた田中角栄の栄華の時代はあっというまに過ぎ去って、ロッキード事件で逮捕されてまもなく、すみいは密かに東京・目白の田中邸を一人で訪ねた。

「たいへんだったね。ごくろうさま」

「心配かけたな」

角栄はすみいの肩に手を置いて涙をこぼした。

江尻直司から鼓笛隊の話を聞いてから何年か経って、わたしのもとに「父が亡くなりました」と江尻の遺族から手紙が届いた。日本が近代国家として成長する時代、鼓笛隊の少年たちはみな東京へ、東京へと向かった。そしてそれぞれ人生の変転をくぐって生き抜いた。これは戦後の「三丁目の夕日」の集団就職世代まで続く、「上り列車」の時代だった。小学校の同窓生にとって、角栄アニは東京でどんな失敗を犯したにせよ、自分たちの仲間だった。角栄は「上り列車」の時代をともに生きた英雄だったのである。

卒業、「地球の彫刻家」へ

一九三三年（昭和八）三月二五日、角栄はいよいよ高等小学校を卒業する日を迎えた。角栄一四歳、総代として答辞を読んだ。

「残雪はなお軒下にうずたかく、いまだ冬のなごりも去りがたけれども、わが二田の里にも更生の春がおとずれようとしています」

この年、ドイツではアドルフ・ヒトラーが首相に就任した。日本では、前々年から満州事変、満州国建国、海軍の青年将校らが犬養毅首相を殺した五・一五事件と続いた。日本首席全権松岡洋右が「十字架上の日本」と題する大演説をぶって満州国を認めない国際連盟を脱退したのは、角栄の卒業の一ヵ月前である。帝国主義諸国の抗争は再び世界戦争を起こす危険性を孕《はら》んでいた。

世界経済も変調をきたしていた。ニューヨーク・ウォール街に始まる恐慌は一年遅れで日本を襲い、浜口雄幸内閣がタイミング悪く「嵐に向かって窓を開けた」金解禁政策も重なって輸出不振がひどく、都会の労働者は失業に苦しんでいた。

高等小学校時代

農村は農産物の価格が下落、連年の冷害による凶作に苦しんでいた。東北の地で「娘売ります」の看板が出た。宮沢賢治の手帳に記された「雨ニモマケズ」には、「サムサノナツハオロオロアルキ」という一節が書かれていた。農村の悲惨をバネにする農本主義の政治運動も台頭していた。そんな時代背景のなかで、角栄は卒業した。

角栄の父角次は、相変わらず馬を持って地方競馬を回っては損をしていた。角栄が父親の使いで金を借りに行ったりもした。角栄の頭脳ならむろん柏崎の中学校に進めた。しかし母の苦労を思うと、中学進学には気が進まなかった。高等小学校の二年間を終えても、角栄には卒業後の進路がなかった。

「まったく不景気だった。「さて、これから何をしてやろうか」と考えつづけていた」という角栄である。折しも県が国の補助を得て、「救農土木工事」を始めた。これは恐慌からの脱出を試みた高橋是清蔵相が「時局匡救《きょうきゅう》事業」として農村にカネをばらまこうとした、その事業である。トロッコやネコ車で土や石を運ぶ土方仕事を「やってみよう」と角栄は思って、母フメに相談、地下足袋を買ってもらって一ヵ月間、泥まみれになって働いた。そこで角栄が「現場には、おもしろいじいさんがいて、こんな話をしてくれた」というのが「土方は地球の彫刻家」という話である。

「土方、土方というが、土方はいちばんでかい芸術家だ。パナマ運河で太平洋と大西洋をつないだり、スエズ運河で地中海とインド洋を結んだのもみな土方だ。土方は地球の彫刻家だ」

その話が角栄の心に刻み込まれたのであろう、一九五八年（昭和三三）五月の衆院選挙で、岸信介内閣の郵政相の現職にあって、すでに当選五回を数えていた田中角栄が選挙公報にこう書いた。

「私は世界的政治家や総理総裁になって一党をひきいようというような派手な夢や考えは持ちません。私が道路や橋や川や港、土地改良等に力を入れるので一部のかたがたは『田中は土方代議士だ』といわれるが、私は原水爆禁止運動も世界連邦運動も結構だが、『まず足元から』という気持ちであえてこの批判に甘んじておるわけであります」

一五歳のときの「おもしろいじいさん」との出会いがあればこそ、角栄は終生、「土方代議士」だったのかもしれない。

役場の土木係からの吉報

角栄はしかし、土方を一ヵ月で辞めた。

土方仕事は、男一日七五銭、女五〇銭の相場。年少ながらよく働いた自分は一日六五銭はもらえると思ったのに、女並みの一日五〇銭、一ヵ月一五円五〇銭だった。角栄は、工事を請け負う土建屋に対し「働きぶりを正当に評価していない」と腹を立てた。

柏崎にある県の土木派遣所が雇員を一人募集していた。何気なく応募したら採用通知がきた。要するに給仕だったらしいが、五〇銭で使った少年が、今度は工事を監督する側になったから、土建屋はびっくりした。

鯖石川《さばいしがわ》に橋がかかってその銘板を字のうまい角栄が書いた。当時の柏崎の電話は、土木派遣所が一番、警察が二番、町役場は三番だった。電話で連絡する相手の「三番くん」は声のきれいな女の人で、いつしか時間外も電話するようになった。三つ年上の彼女と柏崎の海沿いにそびえる名峰「米山《よねやま》」の山すその番神堂を散歩したりした。ひとり中学講義録を勉強していた角栄が向学のひそかな志を語ると「三番くん」が励ましてくれた。

一九三四年(昭和九)三月、隣村の役場の土木係の土田という老人から「君は希望通り東京に勉強に行ける」との報がもたらされる。その老人が言うには、「先日、大河内先生にお会いした。君の向学の希望を述べたところ先生は承諾された。君は大河内邸の書生として学校へ通える」とのこと。大河内先生とは、この頃柏崎でも名を聞く子爵大河内《おおこうち》正敏である。

憧れの東京に行ける！　学校で勉強できる！　この「運命の知らせ」がなければ、角栄は東京へいくきっかけをつかめたかどうか。

角栄は読書好きで、明治大正文学全集、姉たちがとっていた『婦女界』や『キング』、講談雑誌を耽読した。国木田独歩、高山樗牛、久米正雄……。後年、角栄に読書体験を訊いたら、「徳冨蘆花の『思出の記』に、いちばん励まされた」と言っていた。その『思出の記』を読んでみると、少年角栄の思いとひどく重なっていることがわかる。

『思出の記』の主人公菊池慎太郎は九州の山村の素封家に生まれながら、父が死んで家は零落する。ヤケになって小学校で落第する。母は慎太郎に短刀を突き付けて「卑怯者、さあ死なんか」と迫る。慎太郎は反省する。「ああもし母が居なかつたら、僕は如何《どう》なつたであらふ。だから僕は今も母の崇拝者」であると。炭焼きの爺《じい》は「坊ちやま、エライ人になつて御帰んなさい。斯《こん》様な田舎に腐つちや、男ぢやありませんや」と励ます。

角栄は、『思出の記』のヒロインお敏さんを「私にとってもいつの日か妻たる人の名」と思うほど、夢中で読んだ。苦難を経て、都会に出て立身出世をめざす若者の物語は、角栄が夢みた自分の未来だった。ちなみに、のちに書いた角栄の『私の履歴書』の文章は、蘆花の『思出の記』と文の調子がよく似ていることに驚かされる。

少年角栄の上京の前途に何が待っているだろうか、母フメは角栄に「お前の月給はそのまま積んでおいた」とお金を渡して「男は腹巻きに必ず十円札一枚入れておきなさい。どこで事故があって死んでも無一文では笑われます」と励まし、「悪いことをしなければ住めないようになったら郷里へ早々に帰ること」と諭した。農村という伝統社会秩序から、都会という近代社会のるつぼへ旅立つ「立身出世」の物語は、蘆花も角栄も「母と息子」の交情の物語でもある。

一九三四年（昭和九）三月二七日午前九時、「その日は朝から晴れ渡り、雪の米山は美しく輝いていた」と角栄は書いている。

「米山さんから雲が出た。いまに夕立がくるやら」と三階節《さんがい》に歌われる米山の雪を車窓に見て、いよいよ柏崎から信越線で東京へ向かう角栄は、まだ一五歳。見送りの人々のなかに、気になっていた「三番くん」はいなかった。が、列車が次の駅につくと、ホームに「三番くん」がぽつんと立っていた。わずかな時間に、彼女から手渡された手紙には、「よく勉強ができますよう、お番神さまに参ります」と書かれていた。

戦中戦後の混乱期をはさんで一二年後、角栄が初めて衆院選挙に立候補して柏崎小学校で第一声をあげたとき、聴衆の最前列にこどもを両脇にした一人の母親を目にした。互いに目礼した彼女が「三番くん」だった。

2　上京——転職に次ぐ転職、そして起業

夢破れても

朝九時に新潟県の故郷の駅を発って、信越回りの列車は午後五時過ぎに群馬県の高崎駅に着いた。ここで角栄少年は、父と一晩を過ごした。父は高崎競馬に持ち馬を出走させていたのである。不景気顔の父に、角栄は懐中の八五円のうち五〇円を渡した。がま口に五円残して後は母の言いつけで腹巻きに移した。

「東京はたいへんなところだ」というのが角栄少年の痛切な体験である。上野駅に着いて、すぐタクシーに乗って、伝手《つて》があって落ち着き先と決めていた日本橋の井上工業という土建会社の東京支店に向かった。タクシーに乗ったのは、「東京はぶっそうなところだから、初めのうちは電車やバスに乗らずタクシーに乗りなさい。そして所番地を書いた紙を運転手に見せなさい」という母の教えに従ったのである。

ところがそのタクシーが雲助だった。一時間も走り回って目的地につかない。ふいに「ここらで降りろ」と下ろされる。「いくらです」「五円だ」「そんな大金はない」「そうか、じゃ交番へ行こう」。そんなやりとりでがま口の五円を召し上げられた。しかし角栄はへこたれ

なかった。目的地の「目と鼻のところへ降ろしてくれたことには感謝しなければなるまい」。角栄には、苦境を苦境とだけ受け止めないで、そこから若干の肯定的側面を見て血路を開こうとする性向があることは、後年の政治闘争のなかに見られる。

さて、角栄の尋ねるべき先は、下谷《したや》区谷中《やなか》清水の大河内正敏の家である。大河内先生こそ、角栄を住み込み書生にして、学校に通わせてくれるはずだった。三月二九日、折からの大雪のなか、角栄は小さなトランクを一つ下げて不忍池《しのばず》をめぐって大河内の屋敷にたどりついた。玄関から声をかけると、女の人がでてきて「殿さまはお屋敷ではどなたにもお会いいたしません」と冷たい声で答えた。手に提げていたトランクが急に重くなったというのは、角栄少年の失望の重さだったろう。その女の人から「本郷上富士前町の理化学研究所へ」といわれても、本郷がどこなのか、理化学研究所とは何なのかもわからない。どこかで行き違いがあったのだろう、大河内邸の住み込み書生になって勉学する角栄の夢は上京二日目であっけなく潰《つい》えた。「東京とはたいへんなところだ」と痛感したゆえんである。

だが、せっかく勉学を志して上京したからには帰るわけにはいかない。井上工業に戻って頼み込んで、そこに住み込んだ。昼間働き、夜は神田猿楽《さるがく》町にあった私立中央工学校に通った。井上工業で知り合ったのが、入内島《いりうちじま》金一である。入内島は角栄より二つ年上、やはり働きながら新宿の工学院に通っていた。のちに角栄の金脈問題で名前が出る「刎頸《ふんけい》の友」が、この入内島である。田中金脈問題、そしてロッキード事件に絡んでくる政商小佐野賢治が角栄の「刎頸の友」といわれたりしたが、「それは違うよ、入内島だよ」というのが角栄の言い分だった。

大河内正敏

さて、大河内正敏なる人物である。一八七八年（明治一一）生まれ、東京帝国大学卒の工学博士にして実業家、初めの出会いこそ空振りに終わって角栄に回り道をさせるけれど、のちに角栄の人生を大きく開くことになる。大河内が「殿さま」と呼ばれるゆえんは、元藩主の家系、子爵、貴族院議員だからである。

理化学研究所は、角栄が生まれる前年の一九一七年（大正六）三月に設立された。角栄の立身に深くかかわることになるので、理化学研究所の由来を記しておく。

設立のきっかけは、「タカジアスターゼ」で有名な高峰譲吉である。アメリカから帰って「これからの世界は理化学工業の時代になる。日本も研究所を設立する必要がある」と提唱、これに実業界の大御所渋沢栄一らが応え、天皇からのご下賜金、さらに政府の補助金を得て設立にいたる。初代所長は菊池大麓、参集した研究者には、長岡半太郎、鈴木梅太郎、池田菊苗《きくなえ》、本多光太郎などそうそうたる科学者の名が並ぶ。「学問の力で、産業の発展、国運の発展を期す」のが設立目的として記された。「国運の発展」、それが日本の科学立国のモチーフだった。

だが、初期の理化学研究所の運営はいばらの道だった。研究者のいさかいや第一次大戦後の不景気で民間からの寄付金が集まらないなどの危機が訪れる。そこに第三代所長として登場したのが大河内正敏である。一九二一年九月のこと、このとき大河内四二歳、角栄はまだ三歳。

大河内は、有益な発明をした者には報奨金を与えてインセンティブを高め、その研究成果を自分たちの手で企業化する方針を打ち出した。「もって国防、産業などの基礎を強固にする」のが目的である。吸湿剤アドソール、金属マグネシウム、陽画感光紙、合成酒など、実用的な発明をしては自ら工場をつくって生産に乗り出した。そんなさまざまなアイデア産業のなかで主力となった事業は、エンジンの部品ピストンリングの生産である。

理化学研究所は、次第に「理研コンツェルン」に発展する。明治時代の産業経済は、三井、三菱、住友、安田などの旧財閥が引っ張ってきた。昭和になって、鮎川義介《あいかわよしすけ》の日産、野口遵《したがう》の日本窒素、中野友礼《とものり》の日本曹達、そして大河内正敏の理研というように、技術者出身のリーダーのもとで新興財閥が台頭した。一九一〇年の韓国併合から三一年の満州事変を経て、日本の大陸進出がとめどないものになっていくなかで、新興財閥は軍需を得て、ぐんぐんと拡大した。鮎川は満州国に進出、野口は朝鮮で水力発電を企て、大河内もまた朝鮮に進出を策していた。

ピストンリングは、エンジンの往復動をスムーズにさせるために必須の部品であって、大河内の配下の海老原敬吉博士が「ピン止め加工法」を発明したのが企業化のきっかけだった。一九二七年、大河内は理化学興業（のちに理研ピストンリング）を設立して、日本で初めての実用ピストンリングの製造を開始、一九三二年には新潟県柏崎町（現柏崎市）に柏崎工場をつくった。

大河内は柏崎に折々出向いたから、当地でその名前が知られ、それが巡り巡って一九三四年三月、「大河内邸の書生として学校へ通える」と角栄に伝えられた出来事につながる。その話を伝えた「隣村の役場の土田という老人」の、それは誤解だったのか誤伝だったのか、角栄がやみくもに上京したきっかけだったのだから、ピストンリングは角栄立志伝の運命の糸だったというべきであろう。この先、角栄と大河内正敏を結ぶ糸は、さらに太く深くもつれあうことになるのである。

井上工業、雑誌記者、高砂商会

ともあれ、「〝案ずるより生むがやすし〟〝捨てる神あれば拾う神もまたあり〟とはよく言ったものだ」と角栄が回想する東京生活が始まる。

はじめは「井上工業の小僧」である。「かんかんと照りつける太陽の下でも、どしゃ降りの雨の中でも労働に対して苦痛を感じたことはなかった。それは土用のさ中の田の草取りや、長いふぶきの冬に耐えて、ひと口のぐちさえ言わぬ故郷の母を思えば、この程度のことはなんのことはないのである」と角栄は思ったと書いている。朝五時に起床、工事現場で夕方五時まで働き、六時に夜学の始業時間に自転車で飛び込む、そんな日々だった。

角栄の自転車が市電に跳ね飛ばされたこと、無灯火で走って「コラッ、ちょっと待てッ」と巡査に捕まったこと、手配の人夫が集まらないで入内島とふたりで沖仲仕《おきなかし》をやったこと、工事現場でとび職の職人との間で「お茶を持ってこい」「おれはお前たちの小僧じゃないぞ」と大ゲンカしたこと、いかにも薄給なので大道の五目並べの店で稼ごうと思って手を出したらまんまとサクラに囲まれて腕時計をむしり取られたこと、授業で眠気を防ぐために指に尖《とが》った鉛筆を当てていたらこっくりした拍子に芯が刺さってその後もずっとその芯が指のなかにあること、スレート屋根の工事をしていたら監督が理不尽に怒るので腹がたってその上を歩いて破損させたこと、それで井上工業を飛び出してやめたこと……。この辺り、『私の履歴書』の思い出話はくわしい。

次は、新聞の求人広告を見て『保険評論』なる雑誌を発行する小山老人の書生となり、記者の卵となる。生命保険、損害保険、そして往時の徴兵保険など、保険の仕組みと保険業界の事情を知ることになったのは、のちに大蔵大臣になったときの貴重な素養だったかもしれない。田中蔵相が保険業界の人に「末ついに海となるべき山水もしばし木の葉の下くぐるなり」と色紙を書いたエピソードを、わたしは知人から聞いた。この文言は、角栄の色紙の定番の一つである。保険雑誌記者の時代、角栄はまさに「木の葉の下」をくぐっていたという思いだろう。

だが、母フメが病気になって望郷の念を抑え難く、『保険評論』を辞め、すわり机を一脚かついで帰郷した。母の回復を確かめて再び東京に戻って、次に就職したのが貿易商高砂商会である。そこで角栄は社長の家族の一員のようにしてもらった。

輸入ものの高級カットグラスを自転車の荷台につけて、髙島屋やら松坂屋やらに納めるのが仕事である。角栄より一年早く上京して理髪を修業していた小学校の同級生、鼓笛隊で一緒だった江尻直司と出会って「いつかぼくも宮中に入るぞ」と語ったエピソードはこの頃のことである。

そんなある日、角栄は特別注文の果物鉢を届けるべく、大急ぎで髙島屋に走って自転車ごと横転した。果物鉢は粉々、角栄は引き返して新たに注文の品を積んで届けた。月給から差し引いてもらって弁償するつもりだったのを、高砂商会の社長は「けががなくてよかった」と言い、奥さんは「損はかせげば取り返せるから、くよくよしないよう」とだけ言って、翌月からの月給も減らなかった。角栄は「寛容」の大切さを学んだと、ここでも処世訓を引き出している。

角栄に若干の心境の変化が訪れる。「満州事変がはじまったあとは、若い世代の中に、軍人志望熱がぐんぐんと高まっていった」と角栄はその頃の時代の空気を書く。徳冨蘆花の『不如帰《ほととぎす》』の主人公の海軍士官のさわやかさ、日露戦争の日本海海戦で活躍した島村速雄少将への憧れ、角栄もまた海軍兵学校をめざすべく、夜、友達が古鉄屋の下請けをしているのを助ける仕事をして収入を稼いで、昼間は学校へ通うことにした。研数学館、正則英語学校などで「めちゃくちゃにガリ勉した」「広辞林やコンサイスを一枚ずつ破いて暗記したら捨てた」日々を送る。

だが、また田舎の母が病気になったという手紙をもらって考え込んだ。いまから軍人になっていつか巡洋艦の艦長ぐらいになっても、母の苦労に報いることができるだろうか。もっとはやく母の重荷を分担しなければと思って職業軍人の夢と訣別する。ここから先は、実業に専心する角栄になる。

起　業——エレベーターでの出会い

さて、田中角栄と大河内正敏、それは若き日の上京の夢でつながっていただけではなく、実業家角栄の成長と政治家角栄の政策思想「日本列島改造論」に結びついていく。

角栄は駒込千駄木町の中村勇吉という温和な人物の建築事務所に勤めるようになる。仕舞《しもた》屋《や》の二階、製図板の乗っている机の周りに技術者が二、三人いるばかりである。だが、中村は、理化学研究所に出入りしていた。理化学研究所はいくつも新会社や新工場をつくり始めていた。中村は、それに対応して工場建設の製図の仕事を下請けする陣容を整えようとしていた。

角栄は驚いた。

上京してすぐ、大河内邸前の雪道をとぼとぼと帰ってから二年半、ここで再び、大河内先生との糸がつながるとは。「人の世のめぐり合わせの不思議というか、私の心は熱く大きく波立ったのである」というのは、その通りだったろう。

理化学研究所が新興財閥「理研コンツェルン」に脱皮するこの時期、いくつもの理研関連の新会社が入っている日比谷交差点角のビルに大河内は出社していた。そのビルを角栄は建築事務所の仕事で訪ねていた。

ある日、エレベーターに飛び乗ったら、そこに大河内が入ってきた。理研の社員は遠慮して乗らない。大河内に初めて出会った角栄は、しかし、一言もしゃべらず、ただ目礼してエレベーターを五階で降りた。それから一週間後、角栄はまたエレベーターで大河内と出会った。顔を覚えてくれていたのか、「君も乗りたまえ」と言われて同乗した。角栄は五階、大河内は六階。その日、大河内の部屋に呼ばれた。

角栄は、故郷柏崎を出て、大河内邸の書生となるべく上京してからの経緯を大河内に話した。大河内は「柏崎は農村工業の発祥地で私のいちばん好きなところである。理研にもこれから全国的に工場が生まれるが、君は今でも理研にはいりたいのか」と角栄に聞いた。角栄は「考えがまとまりしだい、指示をいただきに参ります」と答える。

さて、それから、建築事務所の中村が突然兵隊にとられて、結局、角栄はその事務所を辞めた。角栄は機械の製図や機械基礎の計算を本業とすべく、一九三七年（昭和一二）春、「共栄建築事務所」の看板を掲げて、ついに独立するのである。角栄一九歳。そしてまた偶然、大河内に出会う。これをきっかけに角栄は、大河内の庇護のもとで理研コンツェルン各社との濃厚な仕事のつながりができる。

理研コランダムが発注してくれた水槽鉄塔の設計、ガーネット工場、荒川のるつぼの新工場、那須アルミの鉄筋コンクリート製ロータリーキルン……。角栄は理研産業団の仕事を次々ともらった。「新潟県の小千谷、宮内、柿崎、白根、柏崎に大工場群があった。大河内先生がいかに新潟県が好きであったか、これでわかるような気がする」と角栄は『私の履歴書』に書いている。角栄は、これらの土地の工場建設に上越線でしばしば通うようになる。その多くが、のちに角栄の選挙区新潟三区に含まれることになる。

理研コンツェルンは、ピーク時、六三社、工場数は一二一に達した。一九三五年から四〇年のわずか五年の間に、軍需に引っ張られて事業規模は四倍に膨れ上がることになる。この時期、朝鮮の会社を除いて「あらゆる工場の事業計画と工場設置計画に参画させてもらった」と角栄は書いている。

軍事費膨張というチャンス

角栄が独立し、理研コンツェルンに食い込んで仕事をもらっていた頃、時代はどのように動いていったのだろう。

一九三六年（昭和一一）二月二六日、陸軍の青年将校らが首相ら重臣を襲撃する叛乱が起きた。天皇は激怒して「叛徒」は鎮圧された。しかし、大蔵大臣高橋是清が殺され、それまで増税を嫌い、軍事費を抑制してきた「高橋財政」は急速に転換していく。一九三七年度予算は、前年の二二億円から三〇億円に、とりわけ軍事費は軍部の要求を入れて一〇億円から一五億円に拡大した。二・二六事件は、「軍拡とインフレ」の時代を招来した。

北京郊外で盧溝橋事件が起きて、日中戦争が始まったのは、その年七月のことである。軍部にとっては渡りに船というべきか、近衛文麿首相は臨時議会を開いて「暴支膺懲《ぼうしようちよう》」の決意を示し、軍の要求を入れて「臨時軍事費」なるものをスピード可決した。これによって、軍は本予算に匹敵する二〇億円を手にする。この「臨時軍事費特別会計」は「臨軍」と略称され、その後、戦争の進展につれて軍事費は桁外れに増加していく。

「臨時軍事費」はいわば、打出の小槌だった。通常の予算ならば、軍事費とはいえ、会計検査を受けて決算をしなければならない。ところがこの「臨軍」は、使途を一切明らかにしなくていい、しかも中佐クラスの切る伝票でいくらでも支出することができた。いわば、軍のつかみ金で使い放題だったのである。軍事費の拡大は野放図に続き、一九四四年には三〇〇億円を超える軍事費になり、国家予算の九割を占めるまでになる。

それと車の両輪ともいうべき臨時資金調整法、輸出入品等臨時措置法、軍需工業動員法の戦時統制三法も一九三七年に成立する。一九三八年には国家総動員法、電力国家管理法ができる。軍事が経済に優先して、ふつうの人の生活物資は食料も衣服も手に入りにくくなる「戦時経済」が世の中を覆うことになった。

自動車や航空機など、軍需には欠くことができないエンジンの部品、ピストンリングを生産する理研コンツェルンは、こうしたなかで成長した。角栄が二〇歳にして、不相応な資力を蓄えた実業家に成長したのは、こうした風雲の時代にチャンスをつかんだということだったろう。日本の近代の地底で蠢《うごめ》いていた一匹の幼虫が地上に這い出し、軍事費という栄養で育ち、軍国の風に羽ばたく成虫になったのである。

ちなみに、のちに角栄と深くかかわる小佐野賢治こそ、「臨時軍事費」に巣食った幼虫だった。小佐野は軍の代行商人、つまり軍の下請けとして資材の発注、納入にあたった。軍需局の中佐クラスの軍人に食い込んで、使途を明らかにしないでいい伝票で軍予算を使って商売をした。小佐野はリュックに札束を詰めて自動車部品の取引をしたと言い伝えられ、目の前に積んだ「札束の威力」で買い叩きやボロ儲けに走ったことは想像に難くない。小佐野のこの時代の仕事ぶりは、のちに日本共産党の機関紙『赤旗』の特捜班が「日本の黒幕——小佐野賢治の巻」で詳細に調べ上げた。

さらにいえば、ロッキード事件で田中角栄とともに名を連ねることになる児玉誉士夫もまた、海軍に食い込んで「児玉機関」なる組織をつくり、中国から雲母、銅、ボーキサイトなど、軍需品を採算を度外視して買い集めて納入した。敗戦によって、児玉は巨額の金やダイヤモンド、プラチナを手にして、これを戦後の保守政党の結党資金にしたことはまたのちに触れる。

小佐野は角栄より一年早く生まれ、児玉は七年早く生まれている。少壮の事業家である彼らが法外な「札束」を扱う人間になったのは、無規律な軍国財政のなさしめた罪といっていい。

「日本列島改造論」の源流

角栄と大河内正敏という二つの糸の絡み合いで、もう一つの注目すべき点は、大河内が角栄に語った「柏崎は農村工業の発祥地で私の一番好きなところである」という言葉である。「農村工業」とは何か。これこそ田中角栄の政治思想の中核をなす「日本列島改造論」の源流にほかならない。

わたしはかつて、朝日新聞新潟支局に赴任して、新潟三区を歩いて角栄の政治風土を調べた。その頃新潟県立図書館で、昭和初年に発行された『越佐社会事業』誌をめくって、大河内が寄稿した「多望な農村工業の前途」という論文をみつけた。「越佐」とは越後と佐渡のこと、つまり新潟県全体を指す。そのなかからさわりの部分を引用する。

「わが国人口は明治時代に比し約倍になっているが、農村では今日まであまり人口増をみていない。増加人口はすべて都市に集中した、といってもさしつかえない」

一八八八年（明治二一）、新潟県の人口は一六六万人、日本で一番人口の多い県だった。東京府はこの年、一三五万人で第四位である。一九二〇年（大正九）になると、東京府三六九万人で第一位、新潟県は一七七万人で第七位、そして二〇一〇年（平成二二）には、東京都一三一五万人、新潟県は第一四位で二三七万人である。都市人口の拡大は、大河内や角栄の時代にとどまらない、今日までの社会現象である。大河内は続ける。

「東京近郊の農村では、娘がほとんど東京に出てしまうために、農村に残った青年は妻をめとるに困難を感ずる。もし都会に集まる子女が村に踏みとどまって十分に働き得るようであったならば、人口の不自然な移動を防止することができる」

明治以来、日本の最大の輸出品は生糸である。娘たちは製糸工場に働きに出た。日本の近代化の端緒となる富岡製糸場で士族の娘から工女を募集したのがその例である。一方で、細井和喜蔵の『女工哀史』に描かれる劣悪な労働環境で苦しむ姿もある。農家の長男は跡取りとして、概して農村に残った。角栄は例外である。次三男が都会の労働力の供給源になる。大河内の目には、角栄ら農村青年が陸続として上京して行くのは「人口の不自然な移動」と映った。

「海外移民の道もあるけれど、いかに立派な移民政策を行なったところで、それのみによって百万人の増加人口を処理し得ないことは明白である。この増加人口をもっとも弊害の少ないように活用していかんとするところに、農村工業の重大なる社会的意義が存するのである」

二〇世紀の日本は人口増の時代だった。貧しい農村の余剰人口をどう吐き出すか、一つが海外移民だった。ハワイ、南米、アメリカ、とくにカリフォルニアへの農業移民が多かった。だが、人種差別や国家関係の悪化から、一九二四年、アメリカで排日移民法が成立する。日本は大きな移民先を失い、満州事変以降の大陸進出を促す一因となる。

たとえば、田中角栄の地元柏崎では一九四二年、「満州国柏崎村建設期成同盟会」が設立され、ソ連国境に近い寒気と不毛の地に入植した。しかし、大河内は、そんな海外移民よりも「農村工業」で農村の余剰労働力を吸収したらどうかというのである。いわば、「満州国」という帝国主義侵略に対置されるのが「農村工業」なのである。

この時期、のちに総理大臣になる石橋湛山が東洋経済新報記者として、日本は植民地を持つ必要はない、四つの島で十分に国民を食べさせていけるという「小日本主義」を唱えていたのと通ずるものがある。

人口流動現象を逆転させる

大河内は、代表例として柏崎の農村工業の実情を説明する。

「筆者はいま一昨々年八月から自動車の部品のごく簡単なものを越後柏崎で造っている。若い農村の女子ばかり四百人ほど集め、鉄を溶かし鋳物とし、それを削って、仕上げるまで全部やらせている。その結果は、自動機械でつくるよりも精密なものがはるかに余計できる。女子の働きぶりをみると想像の及ばないぐらい上手である」

柏崎のピストンリング工場は、陸海軍の飛行機エンジンのピストンリングを大増産するために従業員はなんと一万人に及んだ。下請け工場や農家の作業所をあてた「農村工業共同作業所」で働く人々をあわせて柏崎はさながら理研の町と化した。

敗戦によって軍需が終われば、ピストンリング工場は平和産業として農村の雇用維持に価値あるものになる。一九七二年、角栄が総理大臣を目指す時期に、全国に新幹線網、高速道路網を張り巡らせて農村地域に第二次産業を配置する構想を唱えたのが「日本列島改造論」である。その発想は、はるか昔、角栄と大河内の出会いに胚胎していた。

一九八〇年六月、田中角栄は長岡市で選挙演説したときにこんな言い方をした。

「昭和六〇年（一九八五）にね、上越新幹線が開通します。これはね、明治維新からの折り返し地点になるということですよ。それによって工場がくる。こちらには労働力も水もある。電力はね、こちらから東京へ送るのに電力ロスが二五%ぐらいある。こちらで使ったほうがいい。交通網ができれば、長岡も三条も組立工場になるんです。日本の新しいスタートになるんです」

「明治維新からの折り返し点」——日本列島改造論に角栄がこめていた思想は、明治維新以来から今日まで続く都市への人口流動現象を逆転させることだった。

柏崎に荒浜砂丘と呼ばれた地域がある。そこにいま、東京電力の柏崎刈羽原子力発電所が七基、立っている。これもまた、戦後の理研ピストンリング社長の松井琢磨が地元に勧めたのが設置のきっかけである。不毛の地に雇用を生み出すものとして、大河内正敏の「農村工業」論の応用であったに違いない。角栄は、この原発設置にあわせて電源三法をつくって、設置自治体に国の交付金が落ちるようにした。角栄にとって、新潟、そして福島に林立した原発もまた「日本列島改造論」の実践だったのである。

だが、二〇一一年三月一一日の東日本大震災で、福島第一原子力発電所が爆発を起こした。「日本列島改造論」は、大きく頓挫した。原発と角栄の関係は、のちの物語である。

3　苦い軍隊体験と朝鮮での敗戦

徴兵と女性

一九三八年（昭和一三）春、田中角栄は郷里柏崎で徴兵検査を受けた。大日本帝国、男子二〇歳の義務である。「甲種合格」だった。角栄は馬喰の息子である。それだからかどうか、騎兵科に決まった。

甲種合格となれば、いずれ入営の通知が来て、陸軍の兵として二年間を務めなければならない。「入隊通知まで半年ぐらいだろうか、その日まで精一杯働こう」と考えて、角栄は東京へ戻った。果たして、その年の暮れ、盛岡騎兵第三旅団第二四連隊第一中隊に入隊せよとの通知が来た。

徴兵とは人生の断絶である。角栄はがむしゃらに努力して建築事務所を独立させたと思ったら、二〇歳でぷつんと断ち切られる。

「私はそのころ、駒込三丁目にアパート兼事務所をもって移り住んでいた。仕事が忙しいので、身のまわりを世話してくれるハウスキーパーのような立場の女性が一人いた」

ハウスキーパーとは、戦前の左翼活動家の世界で、やや特別なニュアンスをこめて使われた言葉である。角栄にとっては、つまり同棲女性ということなのだろう。角栄が入隊することになって、荷物を引き揚げにすぐ上の姉のフジエが上京してきた。

「その晩から姉は私がいなかへ引き揚げるまで二、三日いっしょに泊まっていたが、私と彼女との真ん中にふとんを敷いて寝るのにはちょっと度肝をぬかれた」

姉は荷物を彼女と半々に分けて始末した。

角栄の『私の履歴書』には、柏崎の「三番くん」、小さなおでん屋の「桃ちゃん」、長岡の萬世楼に泊まった雪の夜に枕もとに座った美人、このハウスキーパーの女性というように、数々の女性が登場する。さらに後年、角栄はのっぴきならない女性との交情も続けることになる。

　角栄の人間性をまるごと把握することによって田中角栄の政治を検証しようとするならば、「角栄と女性」はやはり重要なファクターである。そこに現れているのは、田中角栄という人物の、類い稀な愛情量の大きさというべきか。それは一ファクターというより角栄政治の本質にかかわるかもしれない。

　わたしがのちに角栄とある程度、機微に触れる話ができるようになった頃、角栄にとっての「女性」を聞いた。角栄はしみじみとして「男にとって女は砥石《といし》だ」と語った。男は「女の苦労」によって、精根をすり減らしつつ人間が磨かれていくということかと、角栄の思いを受け止めた。

即物的な軍隊の記憶

　一九三九年（昭和一四）三月末、角栄ら新兵は広島に集められ、満州に向かわされる。宇品港から貨物船に乗せられ、瀬戸内海から関門海峡を抜けて北朝鮮の羅津《ラジン》港に向かった。「元気いっぱいで生まれてはじめての船旅を楽しんだ」というのだから、まだ戦地へ行く緊張はない。そこから上陸、汽車で佳木斯《チャムス》まで運ばれ、さらにトラックでソ連との国境近くの駐屯地・富錦《フーチン》に着いた。「はじめて皮膚に当たる満州の風は春とは名のみ、刺すように強い寒さであった」と、さすがに「離れて遠き満州」に来てしまった実感がした。

『私の履歴書』に描かれている角栄の軍隊記は、聖戦の興奮でも皇軍の誇りでもない、五族協和の理想でもなければ大東亜共栄圏の野望でもない、まことに即物的な「内務班生活」の記録である。当時のメディアが喧伝《けんでん》した軍国美談はさらさらない、古参兵による新兵いじめのエピソードばかりである。そういえば、わたしはのちの角栄に接して、その口から「日の丸」の話も「君が代」の話も聞いたことがなかった。

富錦の兵舎にたどりついた晩、上官による私物検査があった。手元の現金はすぐ貯金させられるのだが、「二百円ほどの金を持って家を出たのに、大阪や広島で遊んだり、輸送途中、仲間になった兵隊たちに大盤ぶるまいしてきた」ので財布はほとんどカラだった。のちに政治の世界で「ひとケタ違うカネをばらまいた」といわれるようになったのは、この頃から身についていた大盤振舞の癖かもしれない。

それはともかく、班長の軍曹が角栄の荷物から一枚の写真を取り出した。「これはだれだ」「私の好きなタイプの女です」「なぜこんな写真を持参したか」「こんな女を将来自分のワイフにしたいと考えています」という問答があって、突然、まったく突然（と角栄は強調する）、頬をいやというほど張り飛ばされた。その写真は映画『オーケストラの少女』の女優ディアナ・ダービンのブロマイドだった。

『オーケストラの少女』は、一九三七年公開、名指揮者レオポルド・ストコフスキーも出演した話題のアメリカ映画で、主役ディアナ・ダービンは世界にブレイクした。ヒトラーの迫害を避けて隠れ家にこもったユダヤ人一家の記録『アンネの日記』の少女アンネ・フランクもディアナ・ダービンの写真を自分の部屋に貼っていた。

さて、ワイフなどと気の利いたことを言ったのかどうか、ともあれ、軍隊生活をしばらく過ぎてようやく角栄は、新兵がこんな写真を持っていたら、「帝国軍人の下士官たるもの、怒髪天をつくのがけだしあたりまえ」と気づくのである。

その翌日、角栄は兵舎の入口で、一人しゃがみこんで靴の泥を落としていた。だれかに呼ばれて立ち上がったとたん、右の頬を殴られ、「何をするッ」とわめいたら、今度は左の頬にビンタを受けた。なぜ殴られたのか。「第一は営内靴をはいて営庭にでた。第二は上官に敬礼をしなかった。第三は厩舎《きゅうしゃ》のそばは禁煙なのに、くわえタバコであった」と言われて納得はしたものの、「これはたいへんなところに来てしまった」と思うのである。

ラブレターを読み上げられて

最初の訓練期間二ヵ月が経ったところに一通の電報が届いた。角栄の郷里の家で肺を病んでいたすぐ下の妹のユキ江が一九歳で死んだ。

その頃、角栄は一週間に二晩か三晩は「必ずというほど班の中で〃ヤキ〃を入れられた」。するこ ともない古参兵が新兵を鉄製の寝台の前に立たせて、銃や軍刀の手入れが悪いとかいう理由をつけて殴る。「革のスリッパで両ほおをやられて二、三日めしがのどを通らず、困った」と角栄。ある晩、予感がして、銃も軍刀も靴も整え、手箱の中の縫い針の本数までそろえて泰然自若としていたら、それでも猛烈に殴られた。「どこが一体悪いのですかッ」と聞くと、「その態度が悪いんだ」と余分に一つ殴られた。

夕方の点呼後、下士官からその日届いた手紙が渡される。前述のラブレター読み上げ事件が起きる。角栄が渡された一通の封書は、開封され、検閲されている。「オイ、それをそこで読んでみろ」と言われ、何気なく読み始めて絶句して、代わりに週番の曹長が読み上げた「あなたの好きなフリージア」という書き出しは、ハウスキーパーの彼女からのものだった。だが、角栄は軍隊の理不尽ないじめを自身のなかから湧き出てくる「生きる才覚」で乗り越えていく。

のちの角栄の選挙区、新潟三区の新潟県栃尾市議となる今井光隆は角栄と同年で、角栄と同じ第一中隊第二班に属した。今井は「政滝号」という臆病な馬を扱いかね、角栄は「久秀号」というくせ馬を与えられて落馬したりした。

「頭がよくてきかん気なくせに、力仕事になると弱い」角栄を「百姓っ子で体には自信のある」今井がこっそり手伝ったりした。角栄は「酒保《しゅほ》、糧秣《りょうまつ》などの勤務を続け、実戦のほうとは直接の関係がなかった」と書いている。酒保とは、兵士が酒や食料や身の回り品を買う、いわばコンビニである。角栄はその運営を任されて、結局のところ、除隊まで戦闘や殺戮を体験することはなかった。それは、のちに総理大臣として、日本と中国の国交正常化交渉に臨むにあたって、気後れしなかったところだろう。

角栄入営の一九三九年（昭和一四）は、満州国とモンゴルの国境線をめぐって、ノモンハン事件が起きた。日本軍の戦車隊とソ連の戦車隊が二度にわたって衝突、そこへの出動命令がきて、角栄の連隊からも古参兵の半分以上が戦地に送られた。三、四日後には戦死の公報がどんどん入ってきた。「古兵はいやいや引っ張り出されて、ほとんど死んだ」と今井の胸は痛んだ。

ノモンハンの死を免れた今井と角栄は、入隊から一年後、今井が華北の部隊に転属することになって別れることになる。入れかわりに初年兵が入ってくる。その前夜、角栄は教官の兼田喜夫に言われて夜一二時を回るまで「初年兵教育計画」を作っていた。兼田は角栄と今井の別れに「一杯飲めよ」と一升瓶を差し入れてくれた。わたしが今井から聞いた思い出話である。

軍隊時代

政治家生活の原型

角栄は、その事務処理の才能、意外な達筆などを上官から見込まれて、部隊運営の有用な一員に潜り込んでいったらしい。しごきにへこたれずに達者に振舞っているうちに、上官の心をつかんで、暴力支配からするりと抜け出したようである。

毎日新聞の田中番記者だった馬弓良彦の著書『戦場の田中角栄』は、角栄の軍隊でのエピソードをよく伝えている。

連隊本部からずさんだと突き返された書類を作り直すのに角栄が起用され、古参兵を指揮して仕上げたことを片岡甚松見習い士官が見ていて「たいへんな男だ」と感嘆した。酒保の部屋で角栄が音頭をとって茶碗で酒盛りをしていたところに上官が見回りにきた。角栄は「酒保の棚卸しです。壊れた一升びんの整理中です」などと巧みに言い抜けたことなどを、馬弓は戦友から取材して書いている。

軍隊生活の合間に、角栄は早稲田大学の建築に関する講義録を読んだりもしていた。角栄の適応能力は傑出していた。いつのまにか上のふところに飛び込んで出世していく、それが角栄の本領だった。政治の世界に入っていつのまにか時の権力者吉田茂の目を引き、池田勇人、佐藤栄作に重宝がられて権力の階段を上っていく、内務班生活はその原型だったと思われる。

ちなみに、角栄が軍隊で知り合った上官たちは戦後も角栄との縁が続く。

兼田喜夫は岩手県久慈市出身、自民党事務局に入って、選挙部長をした。自民党の各種選挙全般を指揮して「選挙の神様」と呼ばれた。兼田の「選挙の十則」は、自民党政権が全盛だった頃の、いわば「十戒」だった。

第一に「選挙は戦い、戦いは作戦。作戦の基本は候補者のイメージアップ（相手候補のイメージダウン）」……。十則には地域の人間関係をつないで足で稼ぐ選挙戦の心構えが列記され、これは田中角栄の選挙要領にほかならなかった。

兼田は「中隊長」とあだ名されて、東京・目白の田中邸での元日の集いに顔を出して酔って角栄を部下扱いにしたりして角栄との親密さを楽しんだ。東北新幹線のルートが八戸回りか日本海側回りか争ったときには、八戸回りに与《くみ》して地元の陳情を角栄に取り次いだりした。片岡甚松は、田中角栄の地盤となる越後交通の社長を務め、角栄の後援会「越山会」会長となって角栄を支えることになる。

病魔による内地送還、除隊

一九四〇年（昭和一五）一一月、角栄はクルップス肺炎になって倒れた。右乾性胸膜炎併発で後方の病院に送られ、さらに大連から船に乗って内地送還となる。大阪の日赤病院で一ヵ月、病気は急速によくなって「満州で別れてきた戦友たちに申しわけない思いの日々」を過ごした。

折も折、角栄の二番目の妹トシ江が肺を病んで故郷の家で寝ていた。角栄は外出許可をとって北陸本線で吹雪のなかを帰郷した。痩せこけた妹の枕元には西条八十の詩集が一冊、荒い息遣いの妹を抱きしめて、一晩の外泊で病院に戻った。その晩から今度は自身が高熱でうなされ、患者転送の輸送列車に乗せられ、上野から仙台陸軍病院宮城野原分院に送られた。一九四一年四月三日のことだった。

角栄の病は、死の淵まで行くことになる。陸軍では兵隊が病気をしたとき、親元にまず「病い重し」と第一報の電報をうつ。二報は「危篤」、三報で「死す」となる。一報と二報の間に、一階級、兵の位が上がる発令がある。角栄は自分が第一報患者と知る。そこにトシ江の一九歳の死を知らせる電報が来た。医者は財布や時計を調べて遺品の準備をした。角栄は夜中に目をぎょろりと剝き出して見回りの看護婦を驚かせたりした。二週間、生死の間をさまよって回復する。

軍の病院だから、回復すれば病院の雑役もする。軍歴が長い衛生兵が患者兵にビンタを張ったりするできごとも起きる。そんななかで角栄に除隊通知がくる。一〇月五日、角栄は退院、故郷に帰った。「裏門から出なくてよかった」、つまり死なないでよかったというのが、二年七ヵ月の軍隊生活を終えた角栄の感想だった。死なない、生き抜く、そのために知恵を傾ける。「名誉の戦死」なんてばかばかしい、それが角栄の生き方だった。除隊からまもなく、一二月八日の真珠湾攻撃があって、太平洋戦争の長く悲惨な歳月が始まる。

長い戦争の間に二度、三度、召集を受けて戦地に送られた人も少なくなかった。角栄にはこれを最後に召集令状は来なかった。角栄は軍人傷痍記章を持っていたし、理研コンツェルンに結びついて軍需の仕事に役立っていたから、あるいは目こぼしがあったのかもしれない。

結婚

角栄が軍隊から戻って二ヵ月後に始まった太平洋戦争は、それから三年八ヵ月続いて、ようやく終わった。富国強兵から軍国列強の夢を追った日本の近代が潰えた。角栄の前史もまた終わって、政治家田中角栄が羽ばたく「戦後」が始まる。だが、そこにいたるまで、もう少し軍国の崩壊のなかで蠢く角栄の跡をたどりたい。

一九四一年（昭和一六）一〇月五日、角栄が仙台陸軍病院から退院、故郷の家に帰ったとき、父母、姉二人、妹四人の一家は、ユキ江、トシ江の妹二人が肺を病んで亡くなっていた。角栄は三晩家に泊まって、上越線回りで上京した。警視庁の技師を辞めて建築の請負をしながら早稲田大学の専門部に通っていた親友の中西正光の情報で、角栄は飯田橋駅近く、当時の麴町区飯田町二丁目に事務所を開いた。退院してから一ヵ月目のことだった。

その事務所を借りた家は、坂本木平という土木建築業者の家であって、そこに「十年前に一度婿をもらって子供が一人生まれたが、その後何かで不縁になったまま」という娘はながいた。「田中さんのお店に出入りする人の中によい人があったら、お世話下さい」と頼まれていた角栄は、「このひとなら私が妻にもらい受けてもよい」と思って、一九四二年三月三日、角栄とはなは一緒になった。

その夜、妻に三つの誓いをさせられた。「その一つは出て行けといわぬこと、その二は足げにしないこと、そしてその三は将来私が二重橋を渡る日があったら彼女を同伴すること」で、それ以外は「どんなことにも耐えます」と結んだという。戦後、日本国憲法二四条が「男女の平等」を謳う前の、日本女性の価値観はこういうものだった。

わたしはずっと後年、田中角栄邸に出入りするようになって、はなにも何度か行きあったけれども、挨拶ぐらいであまり言葉をかわさなかった。控えめ、決して表に出ない人だった。血糖値の高い角栄のために、はなが用意した煮物とかおひたしの昼ご飯を角栄が食べるのをそばで見ていて、はなの存在を感じたりしていた。

角栄は『私の履歴書』で「三つの誓いを守って、ことしで二十五年目を迎える」と書き、「いま考えてみると、そのときから彼女の方が私より一枚上であったようだ」と結んでいるけれども、さて、これはなにを意味しているか。角栄はほかの女性とのただならぬ関係を、妻にはすまないと感じていたのかどうか、妻があえてそれを黙過してくれていたと思っていたのか、このへんはただ想像するほかない。

田中土建工業株式会社

角栄が除隊する前後、日本の中国での戦争は泥沼化、それを打破するために南部仏印に進駐した。アメリカは石油輸出全面禁止の報復措置に出た。当時、日本にとって最大の石油供給国はアメリカだった。優柔不断の近衛文麿が投げ出した首相の座を継いだ陸軍の切れ者東条英機が、そのアメリカと戦争を始めるのだから、石油がなくても戦えると思ったのかどうか、軍国指導者の非合理性にはあきれるほかない。

一九四一年（昭和一六）一二月八日、ハワイ真珠湾への奇襲攻撃で緒戦の勝利を得たものの、はやくも翌年六月のミッドウェー海戦で日本の機動部隊は大敗北を喫して、以後、戦局は好転することはなかった。軍国日本が「神州不滅」の錯誤のもと、成算のない戦争を「国民総動員」で戦っているなかで、角栄は資産形成の基盤をつくり、家族をつくった。

一九四三年、「田中土建工業株式会社」に組織変更した。資本金は一九万五〇〇〇円、年間施工実績で全国五〇社のうちに数えられるまで成長した。はなとの結婚で坂本の事業を吸収したことがバネになったのであろう、そして長男正法《まさのり》、次いで長女眞紀子が生まれた。正法は幼少のときに病死、眞紀子はのちに母に代わって総理大臣田中角栄のファーストレディー役を務め、さらには角栄の跡を継ぐかたちで新潟三区から衆院議員に当選、科学技術庁長官を経て、小泉純一郎首相と組んで外務大臣になり、しばらくして更迭されるなど、日本政治のなかで異色の存在感を持つようになる。

太平洋戦争の間、召集令状が来なかった角栄にとって、理研グループとの事業関係の復活は、大河内正敏から目をかけられていることが知られていたから簡単だった。とりわけパイプになってくれたのは、柏崎ピストンリング工場を率いていた星野一也である。星野はのちに角栄が選挙に出たときにも、大きな役割を果たしてくれる。

飯田橋駅近くの小さな理髪店の美人店員がいたずらで剃り残したのをきっかけに、角栄はちょび髭を生やした青年実業家となる。

「新生朝鮮に寄付する」

戦争は次第に敗色濃く、アメリカの爆撃機B29の空襲が始まると、日本政府は軍需工場を満州や朝鮮に疎開させようとした。理研の王子、熊谷、宮内などの工場も移し始めていた。

角栄は、王子神谷町にあったピストンリングの工場設備一切を朝鮮の大田に移設する工事を請け負った。一九四五年(昭和二〇)二月、角栄は会社の幹部六人ほどをともなって朝鮮に渡った。角栄の受け持った工事は総額二〇〇〇万円、必要な人夫の延べ人員が三七万五〇〇〇人だったそうだから、物価を五〇〇倍で換算すれば一〇〇億円の工事になる。角栄たちは朝鮮各地で材木の買い付けに駆け回った。彼らが京城(現ソウル)に戻って集結したのは八月九日のことである。折しもその日、ソ連軍が満州国境から対日参戦してきた。

日本は広島、長崎に原爆を落とされ、中立条約を結んでいたソ連の侵入をみて、ついにポツダム宣言を受諾、つまり無条件降伏を決断するにいたった。八月九日以後の時勢の変化を描いて、角栄は的確である。

「その日から、京城から大田行きの汽車の中の空気までがガラリと変わったのがよくわかるほどになった。日本語しか耳に入らなかったのに、大勢の、しかも大声の朝鮮語が耳にはいる。そして潮騒のようにそれは広がっていった」

角栄の嗅覚は、日本帝国主義、植民地支配、大陸侵略が終焉を迎えていることを捉えていた。角栄は割り切るときは割り切って大きく転換する。角栄は現地採用職員を集めて、最後の国旗掲揚をして、在朝鮮の全財産、工事材料、現地投資の一覧表を示し、「新生朝鮮に寄付する」と宣言した。その一覧表は、二〇人ほどの財産管理委員を指名して渡し、宿舎の昭和荘旅館に引き上げた。どうせ没収される、それならば先手を打って全部寄付するという政治勘だったろう。角栄は、時代の変化を捉える「鼻」が利いた。

敗戦、引き揚げ

一九四五年（昭和二〇）八月一五日、ポツダム宣言を受諾する天皇の玉音放送がラジオから流れた。「堪え難きを堪え、忍び難きを忍び」と初めて声を聴く天皇の言葉に泣く国民が少なくなかった。「私は在朝鮮全財産を公開してそのメモを相手に渡してしまっていたし、それまでの人気も手伝って身の危険を覚えるようなことは全然なかった」というのが角栄のその日の感慨である。角栄には、「国家の命運」もさることながら、どうやって自分が生き抜くか、どこまでも「具体的」で「実際的」なのだった。

海外からの引き揚げの苦難と悲劇が始まるときに、角栄は才気を働かせて、するりと帰国した。八月二〇日朝、角栄は釜山の埠頭に出た。米の積み込みがすんだ海防艦三四号に乗り込んだ。乗り込んでいいのは、女と子どもだったはずなのに、なぜ角栄はそこに乗ったのか。乗船名簿には「田中角栄」と書いたのに、「角」を崩して書いたので「菊」と読めて女と間違われて、角栄と部下六人が帰還したというのが角栄の著書『私の履歴書』で語るところである。

だが、この話はあまりに不自然である。一目見れば、ちょび髭をはやした男なのだから、そこで断られるだろう。角栄が首相になって出した『わたくしの少年時代』には、このくだりは載っておらず、ただ海防艦三四号で日本に引き揚げたと書いてあるだけである。

この不自然さをどう説明するか、星野一也らの証言をもとに、角栄は朝鮮での工事費の軍票を現金に替えて大金を手にしていたはずだとか、それで海防艦を買って日本に帰還できたとか、帰ってきたのは角栄とあと一人だけで残りは自力で帰ったとか、もろもろの説がある。だが、このあたりは伝説めいていて、判然としない。

海防艦は舞鶴港ではなく青森港に着いた。雨だった。そこは樺太からの引揚者でいっぱいだった。角栄らは無蓋の貨車に詰めこまれて東京に向かった。八月二五日の明け方に着いた東京は焼け野原だった。だが、幸いなことに、角栄の資産は神田川岸の製材工場が焼けただけで、飯田橋周辺に散在していた事務所や住宅、寮やアパートなど、いずれも無傷で残っていた。「これも神様のおぼしめし」と思って、「世の中のために、私のなし得る何かをしなければ」と激しく感じたというのである。のちに選挙に立候補したのは、このときの思いだったと角栄は回想する。

ともあれ、戦争が終わった。東京は焼け野原になった。

角栄の選挙区、六日町で角栄を支え続けた地区の重鎮は、角栄のことを「大将」と呼んでこう語った。

「人間はやはり悪運が強いのは大事だ。インテリでもどことなく影が薄いのは戦場の弾もよく当たるんだ。東京で土建屋を始めたけど、ああいう性格だ。朝鮮はもう危なかったけど、軍の仕事は全部現物支給だ。大将は、よし、おれがやると朝鮮にでかけた。そこで敗戦だ。大将のすごいところは、ぱっと行動できるところだ。漁船みたいのを二、三隻チャーターして、その材料を積み込んで帰ってきたんだな。焼け跡の東京で、釘とか金具とかから大儲けした。その金でひとつ選挙に出てみるかということになったんだな」

そんなタフな角栄に、郷土の発展を託してみたいということだった。

一九四六年四月、無頼派作家坂口安吾は雑誌『新潮』に「堕落論」を書いた。「半年のうちに世相は変った」。安吾はこの一文で、戦前の倫理の虚飾をあばき、人間がホンネで生きる時代の到来を告げた。

「醜《しこ》の御楯《みたて》といでたつ我は。大君のへにこそ死なめかへりみはせじ。若者たちは花と散ったが、同じ彼らが生き残って闇屋《やみや》となる。ももとせの命ねがはじいつの日か御楯とゆかん君とちぎりて。けなげな心情で男を送った女たちも半年の月日のうちに夫君の位牌《いはい》にぬかずくことも事務的になるばかりであろうし、やがてあらたな面影を胸に宿すのも遠い日のことではない。人間が変ったのではない。人間は元来そういうものであり、変ったのは世相の上皮だけのことだ」

特攻隊は闇屋となり、貞淑な銃後の妻も新しい男をみつけて、生きていかなければならない。人間は堕落する。日本人は堕ちる道を堕ちきることによって、新しい日本をつくらなければならない。

安吾と角栄は共通する。天皇制国家イデオロギーに何の共感も見出さなかった角栄が才知と度胸と立ち回りで儲けて、生き抜くべき混沌の時代がきた。

安吾は新潟市の出身、若き日の安吾が学校をさぼって寝転んですごした海岸の松林に安吾の文学碑があって、「ふるさとは語ることなし」と刻まれている。

遠く佐渡の島影が見える。

第Ⅱ章

政治の世界へ――無名の一〇年間

1　神楽坂からの立候補

神楽坂というホームグラウンド

東京の山の手と下町の境、JR飯田橋駅近くに「神楽坂」という街がある。このあたりほど、空襲によって焼けてしまって昔日の面影を失ってしまったところはない、と作家佐多稲子は書いている。

「ここに営まれた生活の余映さへとどめず、ゆるやかに丘をなした地形がすつかり丸出しにされて、文字どほり東京の土の地肌を見せてゐる」

この神楽坂が、敗戦前後の若き実業家田中角栄のホームグラウンドである。

古い街並みである。徳川三代将軍家光のときに開かれた。坂の周りには牛込見附から江戸城に登城する武家が住んでいた。大正から昭和にかけては、東京でも有数の花街として発展した。待合や料亭一二〇軒がひしめき、芸者七〇〇人がいた。いまでも石畳の裏道が当時の風情を伝える。

田中土建の事務所は、JR飯田橋駅の東口を出たあたりにあった。西口を出ればそこが神楽坂である。その頃、角栄の自宅は神楽坂からほど近い高台、牛込南町にあった。神楽坂をはさんで職住接近の生活圏だった。戦災で焼けてしまった神楽坂の花街は、たくましく復活する。敗戦の年の暮れにははやくも待合の仮小屋ができた。

敗戦前、理研コンツェルンと結びつき、若い身には釣り合わない収入を得た角栄は、花街の遊びにも早くから手を染めた。角栄の建物は幸運にも焼け残っていたから、いちはやく事業を再開できた。破壊のあとの復興需要で、角栄はますます羽振りがよかった。

一九四六年（昭和二一）秋、まだ仮営業で再開していた待合の「松ヶ枝」のお座敷で、芸者円弥《えんや》を名乗る辻和子は初めて角栄と出会った。その座敷で、角栄は事業をともにしていた中西正光と一緒だった。

辻和子の回想『熱情——田中角栄をとりこにした芸者』はこんな場面で始まる。

「「おれ、選挙に落ちちゃったんだ」

おとうさんは、その年の四月に行われた戦後第一回目の総選挙に出身地の新潟のほうで立候補したけれど、あえなく落選してしまったと言っていました。でも、すでに戦後の土建ブームがはじまっていて景気がよかったせいか、おとうさんの顔からは暗いものがまるで感じられませんでした」

「おとうさん」とは、和子がのちに深い縁を結ぶ角栄のことである。敗戦まではひたすら実業で身をたてた角栄は、戦後、神楽坂の焼け跡の花街に遊びながら政治の世界に乗り出すことになる。

大麻唯男からの献金の無心

角栄が政治の世界に引き込まれたのは、敗戦の年の一一月、大麻唯男《おおあさただお》に呼ばれたのがきっかけだった。

戦前から、田中土建には三人の顧問がいた。大麻唯男、白根松介、岩崎英祐の三人で、その後、正木亮《あきら》が加わる。その大麻から新橋の「秀花」という料亭に呼ばれた。大麻は寒々とした洋間に置かれた椅子に座っていた。角栄は、大麻から「進歩党」への献金をねだられたのである。

「進歩党」という政党は、どんな政党だったのか。少し、政治史を戦前にさかのぼらなければならない。

一九四一年(昭和一六)一二月八日に太平洋戦争が始まってからは、日本の政治は軍部に追随するだけの存在になっていた。臨時議会が開かれ、東条英機首相の開戦の報告に対し質疑を取りやめ、全会一致で陸海軍への感謝決議をした。「バスに乗り遅れるな」。すでに、政党は「大政翼賛会」に合流すべく、あわてふためいて解党していた。

一九四二年四月の総選挙で、東条内閣は、大政翼賛会の推薦候補を推し、軍部に協力する議員一色で染めようとした。現職議員の大部分は推薦から外されてはたいへんとますます軍部にへつらった。選挙結果は、四六六人の定数のうち、三八一人が推薦議員。ただ、激しい選挙干渉を受けながら、八五人の非推薦議員が当選したことは注目に値する。

大麻唯男

翼賛議員の有力者だった大麻唯男は、「大東亜戦争完遂」のために、東条内閣の国務相になる。翼賛議員たちは、「大日本政治会」をつくり、あげて戦争に協力する。東条内閣はさらに、財界や言論界代表を集めて「翼賛政治会」を立ち上がらせる。そのメンバーのなかに、角栄の庇護者だった理研コンツェルンの大河内正敏もいた。

戦争に敗れて、「大日本政治会」は解散した。戦後、これらの翼賛議員が新しい党をつくろうと集まったのが「進歩党」である。だが、この体制追随に終始しただけの議員集団は、宇垣一成と町田忠治が党首を争ってまとまらない。GHQの指令で、戦後最初の総選挙も近く予想される。そこで大麻が「どちらか早く三百万円をつくった人を党首に」と提案した。

大麻は町田を推し、角栄に「君、いくらか出してくれんか」というわけだった。角栄は快く承諾した。角栄はいくら出したのか。一説には一〇〇万円といわれるが、確かめようがない。いずれにせよ、巨額の献金だったろう。

角栄の政治とのかかわりが、政治資金の無心に応えることから始まったのは、象徴的だったというほかない。

角栄と同年の中曽根康弘は戦地から帰って、青雲の志に燃えて立候補、警視庁勤務の退職金二八〇〇円で自転車を買い、それを白く塗って「赤旗と戦う白馬」に見立てて選挙運動をした。角栄の「カネ」絡みのスタート、中曽根の「国家再建」への肩ひじ張ったスタートは、後年の政治航路の差異をうかがわせる。

ちなみに、中曽根の回顧録『政治と人生』には、徳富蘇峰から聞いたという大麻唯男についての人物月旦を書きとめてある。「茶坊主第一等。手をたたけば最初にお茶を持ってくる。ウナギのようにどこかへもぐりこんで、ひょっと頭の上の石垣の穴から顔を出す。喧嘩をとめたり、人のやりくりに適任。カネに近いが、カネにきれいで蓄えない」というのが蘇峰の評価だった。

二七歳、立候補の決意

ところで、角栄が戦前から顧問に戴いていた三人はどんな人物だったのか。

大麻唯男はすでに触れた。白根松介は東京帝大卒、男爵、宮内省に勤めて宮内省次官にまでなった。白根はのちに小佐野賢治とつきあいができて、小佐野から「貧乏百姓のせがれであるわたしは、華族のお嬢さんと結婚したい」と頼み込まれた。白根の伝手で、「学習院戦後最高の美女」と言われた堀田英子と小佐野は結婚した。

もう一人の岩崎英祐は、水戸の出身、明治大学に進んで弁論でならし、報知新聞、講談社など言論界へ進んだ。その後、建築協会関係の専務理事に就任、そこでてきぱきとして如才ない角栄を見込んだらしい。のちにロッキード事件で角栄が逮捕された後も「あんないい男が収賄をするはずがない」と言ってはばからなかった。

三人の顧問からは、角栄の周到な事業戦略がうかがえる。一人は政界、一人は華族、もう一人は言論界で、当時の角栄ではうかがいしれぬ人脈ルートにつながる。そして戦後に顧問になってもらった正木亮は弁護士で、角栄は正木から小佐野賢治を引き合わせてもらうことになる。

進歩党へのカネの無心から半月ほどして、大麻は「今度の選挙に立候補しないか」とまた角栄を誘ってきた。いったんは断ったけれども、大麻側近の代議士連中も言ってくる。しまいに角栄が「いくらくらい金が必要ですか」と聴いたら「一五万円出して、黙って一ヵ月間おみこしに乗っていなさい。きっと当選するよ」といわれた。かくして角栄は敗戦の年の暮れ、立候補を決意した。角栄二七歳である。

「料亭政治」を身につける

さて、舞台は「神楽坂」である。

神楽坂は三業地、つまり待合と芸妓置屋、料亭の街であって、遊郭ではない。東京では、たとえば新橋の花街には海軍、赤坂のそれには陸軍の将校たちが出入りして繁盛した。辻和子の『熱情』は当時の神楽坂の芸者の生活ぶりを描いて、神楽坂文化史ともいえるものである。待合「松ヶ枝」にまつわるこんなくだりもある。

「「待合政治」という言葉もありますが、有力政治家の三木武吉先生が肩入れをされるようになってから、ここには政治家の先生方もよくお見えになっていました。〔中略〕ある日、そんな待合に、わたしたち三人の芸者衆が呼ばれました。お客様は、小柄で頭を坊主刈りにした、いかにも人徳がありそうなやさしい方でした。〔中略〕一方、お連れのお客さまは逆に大柄で、このお客様のお座敷には何度か呼ばれたことがありましたが、警察官僚のトップクラスの方です。その警察のトップの方が、主賓である小柄なお客さまに対しては頭があがらない様子です。

その小柄なお客さまがじつは児玉誉士夫先生で……」

神楽坂は児玉も利用したらしい。神楽坂のなかほどに毘沙門天善国寺があって、その門柱には「昭和四十六年五月十二日　児玉誉士夫建之」と刻んである。

実は、わたしは物心ついてからずっと、この神楽坂界隈に住んで育った。ここは田中角栄のいわば都市伝説の街だった。神楽坂からちょっと入ったところ、辻和子の住む家には時折角栄さんがきて子どももさんもいるのよという話は、街の噂で伝わっていた。あとでわかったことだが、私が通った新宿区立津久戸小学校には角栄と辻和子の間の男の子である田中京も通っていた。のちに音楽評論家になった京は思い出を『絆――父・田中角栄の熱い手』という本にしている。

都市伝説の最たるものは、正午を境に一方通行の方向が変わる、神楽坂の交通規制のことである。夜中から正午までは坂上から坂下へ、これは角栄さんが目白の自宅から神楽坂を通って国会へ向かう方向であって、正午からは坂下から坂上へ、これは角栄さんが夜帰るときに国会から目白に向かう方向になっているんだよという話である。角栄さんはそんな力のある政治家なんだというわけだが、しかし、この規制が導入されたのは一九七九年四月で、角栄はロッキード裁判の渦中にあり、これはおそらく事実ではない。

いずれにせよ、田中角栄は、神楽坂で「待合政治」あるいは「料亭政治」の世界を身に付けた。

酒を飲む。話が面白い。シモネタも交える。芸者の芸を楽しむ。時には自分でも浪花節をうなり、小唄を披露する。席が盛り上がる。打ち解ける。折をみて取引話をする。相手にうんと言わせて、また酒を飲む。芸者衆だけでなく、仲居さんや板場、玄関番のじいさんにいたるまで心付けを渡す。それもそっとわからないように渡す。金離れがいいということがなんといっても粋である。

神楽坂の花街は、いま時代の波に敗れて衰退しているけれども、往時を偲《しの》ばせる石畳や黒塀の料理屋も残っている。最近は、フランス人がパリの風情に似ているとここに住んだりして人気スポットになっている。ともあれ田中角栄は、一つは新潟の貧しい農民の情念、もう一つは神楽坂で学んだ浮世の作法をひっさげて政界に歩を進めることになるのである。日本の保守政治は、おおむね昭和の年代が続く間、言いかえれば角栄が政治活動を続けている間、いわゆる料亭政治の時代だった。

新潟入りしたものの

「敗戦のいたみをしばし忘れたり花吹雪あび投票に行く」

女性運動家で、のちに津田塾大学学長になる藤田たきがこう詠んだ戦後第一回目の衆院選挙に田中角栄は立候補した。これは大日本帝国憲法のもとで、帝国議会議員を選ぶ最後の総選挙だった。しかし、マッカーサー治下の最初の選挙でもある。それまでは二五歳以上の男だけだった投票権が二〇歳以上の男女に一人一票与えられた、最初の民主選挙だった。投票日は一九四六年（昭和二一）四月一〇日だった。

GHQ（連合国軍最高司令官総司令部）の進駐以来、マッカーサー元帥による「日本民主化」

の指令は矢継ぎ早だった。

一九四五年九月一一日、東条英機らA級戦犯にあたる軍国指導者の逮捕が命じられた。東条は捕まる間際にピストル自殺を図って、弾が心臓を外れて生き残った。憲法改正を任されたつもりでいた近衛文麿は、戦犯として逮捕される直前の一二月一六日、服毒自殺した。戦前の天皇制国家の継続を漫然と期待していた旧指導層、すなわち政治、軍、行政、経済、言論、教育などの広範な分野で戦争協力してきた「好ましからざる人物」は自らの退場を求められているのを知る。

人権指令によって治安維持法が廃止され、徳田球一、宮本顕治ら、長く獄中にいた共産党員をはじめ政治犯、思想犯が釈放された。秘密警察も廃止され過去のものとなる。マッカーサーは幣原喜重郎首相に対し「憲法の自由主義化」を求め、さらに女性への選挙権付与や労働組合の結成を促し、経済機構の民主化を指令した。敗戦の年が明けて、天皇は「人間宣言」をした。天皇は神から人間になったのである。花吹雪のもと、初めて女性が投票所に足を運んだのは、「上からの民主主義革命」の一環だった。

「一五万円出して一ヵ月おみこしに乗っていれば当選する」と大麻唯男から立候補を勧められた角栄は一九四六年一月、新潟に乗り込んだ。この衆院選挙は大選挙区制、二名連記で投票することになっていて、角栄は新潟二区から立候補するつもりである。幣原内閣としては、一月に選挙を実施する予定だったのだが、GHQの指令で急に四月まで延期された。なぜそうなったのか、角栄はそのわけを聞いて驚いた。一月四日、GHQは、戦前議会で大政翼賛会が推薦した議員らを公職追放した。議会を構成する人物をがらりと替えて新しくしようというのである。その対象のなかに大麻唯男もいた。

政党再建と政党資金

翼賛議員らの「大日本政治会」の大部分をメンバーに吸収して結成された日本進歩党は、この公職追放によって、町田忠治総裁、鶴見祐輔幹事長、そして大麻唯男ら有力議員の数多くが追放され、二七四人の衆院議員のうち二六〇人が失格、幹部級で免れたのは、戦前の議会で「粛軍演説」をして議会を除名された斎藤隆夫だけという大きな打撃を受けた。角栄が立候補しようとしたのは、この進歩党からである。

一方、戦時中、大政翼賛会から外された「反東条」系の自由主義派の議員たちは、時至れりと日本自由党を結成した。軽井沢に逃避していた鳩山一郎が東京に戻ってきた。軍閥政治にあらがっていた非推薦の芦田均、安藤正純、植原悦二郎らが鳩山をかついで結集した。鳩山は、「いっそ無産政党勢力も含めた政党をつくろう」と西尾末広、平野力三らにも一時呼びかけたけれど、これは「育ちが違う」ということになって実現しない。自由党は、総裁に鳩山、幹事長には河野一郎を抜擢、ともかくも「軍国主義根絶、民主的責任体制」を盛り込む綱領をつくった。

問題は、これらの政党資金である。進歩党は、町田忠治か宇垣一成か「はやく三〇〇万円を集めたほうが総裁になる」という話に角栄が絡んだことは前述した。もし、角栄が資金を出しただけで自らは政治家にならなかったとしたら――「児玉誉士夫や小佐野賢治のように裏舞台にいて政治に隠然たるニラミをきかせる黒幕になっていたことは想像にかたくない」というのは、朝日新聞の政治記者冨森叡児《とみのもりえいじ》著『戦後保守党史』の見立てである。

日本自由党の資金には、その児玉誉士夫が絡んだ。鳩山の私費三〇〇〇円の投入ではむろん足りない。河野一郎は資金調達を戦前の政党、政友会の黒幕だった実業家辻嘉六に依頼、辻は児玉を鳩山に紹介した。

戦時中、「児玉機関」をつくって、上海で海軍の物資調達にあたっていた児玉は、金の延べ棒、ダイヤモンドなどの財産をそっくり日本に持ち帰り、退任前の海相米内光政に返却を申し出た。その米内からは「もう海軍はなくなった。国のためになることに使ってくれ」という返事を得ていた。児玉は、辻から「鳩山は軍部にもへつらわなかった。この男をおいて政党の再建はない」と聞かされて鳩山に会った。児玉が「条件はただひとつ。ぜったい天皇制を護持してください」と言うと、鳩山は涙ながらに受け取った。児玉の提供財産はいくらぐらいに相当したのか、これを河野が使いまくって自由党の組織づくりをした。

児玉はのちに自伝『悪政・銃声・乱世』を書いて、こんな経緯を明かした。ここから戦後保守と児玉の長き腐れ縁が始まる。

こうした「闇の政治資金」のありようは、のちのロッキード事件で、田中角栄、小佐野賢治、児玉誉士夫の関与が明るみになるまで続いた。しかし、この頃はまだ、角栄は二七歳、小佐野は二八歳、児玉は三四歳。野心的で抜け目なく、しかし、まだ海のものとも山のものともわからない存在として、政治の水面下に蠢いていた。

モーニング姿へのヤジ

ともあれ立候補をめざす角栄は、一月から三月まで、大雪の新潟で初めての演説の旅を続けた。

あす告示という三月一〇日、柏崎の小学校で立会演説会があった。角栄は、散髪をして下着をかえ、モーニング姿で居住まいをただして登壇した。ところが、他の候補者をみれば、泥だらけのゴム長靴やら、詰襟の国民服を着たのやらで勝手が違った。「われわれ農民と労働者は」と演説を切り出したり、「憲法〇条は」などと叫んだり、演説の雰囲気も違うので角栄は驚いた。選挙戦に入る直前に、政府は、マッカーサーに促されて、「国民主権」と「戦争放棄」をうたった新憲法草案を発表していた。

社会主義者たちがつくった日本社会党、弾圧されていた日本共産党も躍り出た。角栄には「モーニングを脱げっ」などとヤジも飛んだ。聴衆もむろん貧しい。戦地帰りのよれよれの服、女はモンペ姿が少なくなかった。

ずっとのち、わたしは政局取材の合間にこの頃のことを角栄に聞いたことがある。角栄はこんなふうに思い出を語った。

戦後の最初の頃の選挙はおもしろかったな。演説会で「民主主義」とは何かと聞かれたりした。長靴履いて走り回っている候補は、ブルジョワがどうとかこうとか難しい話をしていた。なかには「アデナウワー（西ドイツ初代首相）がどうの」などと持ち出していたやつもいた。たまたまアデナウワーの名前だけは知っていて、何でも知っているような口ぶりでしゃべっていたよ。

お前はどうかと言われて、これは困った。それでこう言ったんだ。

たとえば、オヤジは共産党に入れたい。そのとき女房には「お前は社会党に入れろ」というかもしれん。しかし、オヤジが社会党のとき、女房から「私は共産党に入れます」と公言するのは、あまりよくない。それでは家が壊れる。しかし、投票は秘密投票なのだ。女房はオヤジに「ハイハイ」と言っていればいい。それで投票所に来て、「田中角栄」と書けばいい。それが民主主義です。

角栄なりに懸命に考えて「民主主義」を語ったということだったろうか。『私の履歴書』には、「ふんいきに圧倒されて、少し自信がぐらぐらするような気がした」と書いている。

それもさることながら「戦わない前に何かいやな気持ちになった」のは、田中土建の監査役で角栄の応援をするためにいっしょに新潟入りした塚田十一郎、長岡地区で応援してくれるはずの吉沢仁太郎らが次々と立候補を宣言したからだった。これでは、角栄のおみこしの担ぎ手がいなくなる。なんのことはない、どうやら角栄が配った選挙資金は食いものにされたらしい。

選挙区の魚沼地区の重鎮からは、こんな思い出話を聞いたことがある。「田中はこの辺りの有力者のIに一〇万円渡した。まだ、明治大正の頃の選挙運動みたいに、地域の有力者に金を渡せば票はまとまるもんだと思っていたんだな。ところが全然動きがないんで、秘書の曳田《ひきた》照治《てるじ》が調べた。そしたらIは一〇万円持って、新潟で芸者をあげて遊んじまっていたんだよ」

「三国峠演説」

われもわれもと立候補したから、新潟二区は定数八人に三七人の候補者が乱立した。地元柏崎からは角栄を含め四人も名乗り出ていた。「いやな気持ち」だった角栄は、告示から四日間迷ったあげく、やはり立候補した。いったん決心したからには、ひたすら走り回る以外になかった。目も口も開けていられない吹雪のなかを、馬ソリを走らせて演説に回った。

角栄は「若き血の叫び」「祖国愛に訴える」をポスターのスローガンにした。角栄はどんな演説をしたのか。角栄を「オヤジ」と呼ぶずっと後の秘書早坂茂三が『オヤジとわたし』に書き残すのは、有名な「三国峠演説」である。

みなさーん、こ、この新潟と群馬の境にある三国峠を切り崩してしまう。そうすれば、日本海の季節風は太平洋側に抜けて、越後に雪は降らなくなる。みんなが大雪に苦しむことはなくなるのであります！　ナニ、切り崩した土は日本海へ持って行く。埋め立てて佐渡を陸続きにさせてしまえばいいのであります。

『昭和史』などの著作のある作家半藤一利は、敗戦をはさんで三年間、長岡市近郊の寒村に住んで、長岡中学（現長岡高校）に通っていた。半藤は、若き田中角栄が長岡の街角でこう演説するのを、実際に聞いた。

「越後の人間はこれまで西の海にすとんと落ちる夕陽しか見てこなかった。いいですか、みなさん、私がかならず皆さんに、東の海からゆらゆらゆったりと昇る朝日を見せてあげる。約束しますぞ。越後山脈のどてっ腹に穴を開け、高速の鉄道を建設し、道路を通し、二時間か三時間で東京に着くようにしてみせる。そうすれば朝日が確実に見られる、そうでしょう、皆さん」

角栄はいろんな言いまわしをしただろう。そこには、すでに雪国越後の忍従をどう晴らすのか、「新幹線と高速道路」という角栄思想の芽がうかがわれる。ともあれ選挙民は、やたらに元気でホラにも思える奇想天外な演説をする田中角栄という男を記憶した。

三七人中一一位での落選

そして一ヵ月。だが最初の挑戦は奮闘むなしく、角栄は、三七人中一一位、得票は三万四〇六〇票で落選した。塚田十一郎、吉沢仁太郎らは調子よく当選、柏崎で競合した角栄ら四人はみな落選した。角栄は「よい勉強だった」として、「私はその日から、ふっつりと政治のことを忘れて事業の中へかえったのである」と書いている。

東京のホームグラウンド神楽坂の待合「松ヶ枝」で、芸者円弥つまり辻和子に出会って「おれ、選挙に落ちちゃったんだ」と話したというのは、この初回の挑戦のことである。

さて、この選挙は、戦前派の議員が追放され、そのあとを新しい世代が襲った新旧交代選挙だった。四六六人の定数のうち、新顔が三七九人、八一・三％を占めた。その顔ぶれのなかには、のちに田中角栄の腹心となる二階堂進、角栄とともに仕事をすることになる坂田道太、角栄と敵対する三木武夫政権を支えた井出一太郎らがいる。井出は歌人でもあって、当選の日をこう歌った。

「大理石白亜まぶしき殿堂に客となる身の責をこそ思へ」

新しき時代を背負う昂《たかぶ》りが感じられるではないか。角栄は一歩遅れた。きっと角栄は、

「ふっつりと忘れた」どころか、内心は捲土重来《けんどちょうらい》を期していたことだろう。

鳩山一郎の率いる自由党が一四一議席で第一党、進歩党は時代の波に追われて九四議席に後退した。社会党からは鈴木茂三郎、荒畑寒村、森戸辰男らが当選、共産党からは、「愛される共産党」を唱えた野坂参三、徳田球一、志賀義雄らが当選、社共を合わせて九八人が進出した。そして史上初めて女性が七九人立候補して、三九人が当選した。社会党の加藤シズエ、戸叶里子、山口シヅエ、そして餓死防衛同盟の松谷天光光らがいた。のちに、松谷は園田直と「白亜の恋」事件を起こすことにもなる。

この選挙で過半数を占めた政党はなく、だれが首相になるかでもめた。第一党の自由党の鳩山が組閣しようとしたとたん、GHQは鳩山を公職追放した。鳩山には戦争責任があるのかないのか、鳩山がアメリカの原爆投下を批判したことが響いたのかどうか、鳩山の追放で党首を失った自由党は、身代わりに吉田茂に白羽の矢をたてた。

吉田は外務官僚として出世、東条英機に反対して、「敗戦はもはや必至」とする「近衛上奏文」に絡んで憲兵隊に検挙され、四〇日ほど拘留された経歴を持つ。敗戦の際には、「If the Devil has a son, surely he is Tojo. 軍なる政治の癌《がん》切開除去、政界明朗国民道義昂揚、外交自ら一新可致《いたすべく》……此敗戦必らすしも悪からす」と来栖《くるす》三郎に書き残したりしていた。

吉田は、①金はつくらない②閣僚の選定に口を出すな③いやになったらいつでも投げ出すという、ずいぶん勝手な三条件を持ち出していやいや応諾した。そして吉田は自由、進歩両党の連立内閣をつくる。

鳩山はそれから長い隠遁生活を余儀なくされ、吉田は思いもかけぬ首相の座を得て、戦後日本の再建を担うことになる。この運命の分かれ目がのちに、鳩山対吉田の血で血を洗う政争を呼ぶことになる。

そんな政争にはまだ関係のない角栄に、次のチャンスが来る。「人の世とは皮肉なものである。それからちょうど一年経った二二年春、二・一ゼネストを機会に戦後二回目の総選挙が……施行されたのである」。

2　衆院議員になる

「オイ、お前さん……当選したよッ」

食糧難、農家への買出し、激しいインフレ、新円切り替え、闇市、浮浪児、パンパンガール、街を流れるリンゴの唄。「ナンジ人民飢えて死ね　ギョメイギョジ」というメーデーのプラカード。そんな世相のなかで、一九四七年（昭和二二）二月一日、全官公庁労組は賃上げと民主政権樹立を要求して四〇〇万人のゼネラルストライキを企てた。しかし、GHQは中止を命令、伊《い》井《い》弥《や》四《し》郎《ろう》議長は涙ながらに中止のラジオ放送をした。

角栄が「ふっつり忘れていた」間に、吉田内閣のもとで、帝国憲法に代わる日本国憲法ができあがっていた。

天皇は、絶対の地位から国民統合の象徴に変わる。国民主権になる。九条で戦争放棄がうたわれる。陸海空軍は持たない。国会が国権の最高機関になる。貴族院は廃止され参議院になる。その日本国憲法が施行される五月三日を前に、自治体の首長、参議院議員、衆議院議員、自治体議員の順にいわゆる「四月選挙」が行われ、新しい憲法にふさわしく、新しい統治体制をつくることになったのである。

総選挙の投票日は四月二五日。さすがに角栄は、うかうかとおみこしに乗って失敗した最初の選挙の轍《てつ》を踏むことはなかった。選挙を人任せにせず、柏崎と長岡の田中土建の出張所を設けて一〇〇人の社員を採用してきっちりと選挙運動をさせた。いわば、「選挙の事業化」である。

選挙区は前回の大選挙区から中選挙区に替わった。角栄が出馬したのは新潟三区、定数五である。北は柏崎から寺泊までの日本海岸から、南は湯沢の群馬県境の分水嶺まで、海から山まで、のちに田中角栄が日本最強の選挙組織「越山会」を張りめぐらす三三市町村を擁する広大な地域である。

角栄の選挙には、理研の柏崎工場長の星野一也と角栄の小学校長だった草間道之輔が支援に走り回った。地盤らしきものは、若き実業家として必死に食い込んだ理研コンツェルン、そして小学校人脈しかなかった。角栄は、一升瓶をぶらさげて集落を回り、酒をついで回った。一年前の選挙で「若き血の叫び」のポスターを貼っていたことを子どもたちが覚えていて、「若き血の叫びが来たよ」と車のあとをつけてきた。

投票日、角栄は一日中、実家で眠りこけていた。星野一也と草間先生の顔が交互に夢のなかに浮かんでは消えた。

「ふと障子があいてすぐ上の姉が顔を出した。「オイ、お前さん……当選したよッ……代議士というんのになったよッ……」とどなるような声を出したが、私の耳にはそれが夢かうつつか、定かなものとはならなかった。私はそれからまた、何時間かそのままで眠り続けたのである。

この日とは、昭和二十二年四月二十六日のことで、私が二十八歳のときのことである」

評論家小林秀雄が「達意の文章」と褒めたという角栄の『私の履歴書』の最後のくだりは、小学校を出て上京、がむしゃらに働いて資金をつくり、ついに国会議員に成り上がるまでの青年の物語として読めば、それはそれで感動的である。

衆院本会議での初登壇

一九四七年（昭和二二）四月、戦後二回目の衆院選挙で、田中角栄は新潟三区に出馬、三位で当選した。当選者は次の五人だった。

亘　四郎　自由前　四九、五五五票
神山栄一　民主新　四九、三五〇票
田中角栄　民主新　三九、〇四三票
清沢俊英　社会前　三七、〇二〇票
稲村順三　社会前　二六、二六〇票

角栄の所属政党は、初回の挑戦のときの「進歩党」から「民主党」に変わっていた。「進歩党」は、大政翼賛会にお化粧を施したようなもので、「反東条」の政党人がつくった自由党からは「偽政党」とくさされてもいた。戦後の最初の選挙で後退、自由党の後塵《こうじん》を拝して、吉田茂率いる自由党内閣の連立与党に甘んじていた。二回目の選挙を控えて、「新憲法の精神を堅持し、民主主義政治体制を確立して、平和国家の建設に緊密な革新政策を断行する」という革新的綱領をつくって「民主党」に衣替えした。自由党と社会党の間を狙ったのであろう、角栄もまた「進歩党」から「民主党」に変わったのである。

この選挙の結果は、社会党が一四三議席を得て第一党に躍進し、自由党は一三一議席、民主党が一二四議席で、おおむね三分した。国民協同党三一議席と続き、共産党は大幅に後退して四議席となった。

「西尾さん、社会党が第一党ですよ」

「ぼくの当選はどうなっている？」

「なにを言うのです。それより社会党が第一党になったんですよ」

「本当かい、君、そいつぁえらいこっちゃぁ」

社会党書記長だった西尾末広は、記者から初めて「第一党」と聞いてあわてた。政権担当の心準備はまったく持っていなかった。だが、第一党になった以上、片山哲委員長を首相にすべく党首会談を重ね、社会、民主、国民協同の三党連立内閣を発足させた。吉田茂の率いる自由党は下野した。吉田が自由、民主の保守連立による多数派工作を排したのは、第一党である社会党が首班を担うのが「憲政の常道」と認めたからだった。

戦後の混沌とした政局のなかで、新人議員田中角栄が国政壇上に登場するのは、当選から三ヵ月、一九四七年七月一〇日の衆院本会議である。当時は、戦後民主主義の実験期であったからだろう、「自由討議」という時間が設けられた。議員が次々と登壇して一〇分ずつ、自分の思いを語るのである。角栄のデビューは「民主主義」論である。これがなかなか面白い。

「自由討議の存在理由は、〔中略〕尽されぬ論議、隠されたる意見、少数意見を、遺憾なく発揚するにあるのであります。〔中略〕明朗なる政治、すなわちガラス箱の中での民主政治の発達助長に資すること大なりと思うものであります」

「質問時間を一〇分間と規定いたしましたるにこだわりまして、一分前にベルを鳴らしながら、時間です、時間ですと言いまして、あと二、三〇秒で尽きる議論を、あたら中途半端に終わらせるようなことをせず……」

角栄の加わった国会は、まだまだ「低級なヤジ」がはびこっていた。

「明治大帝陛下も、よきをとり悪しきを捨てよ、と仰せられましたごとく、他議員の発表はよくこれを聴き、しかして、それに対する賛否は自由なのであります。おのれのみを正しいとして、他を容れざるは、民主政治家にあらず、それもし一歩を誤まれば、戦時下におけるあの抑圧議会の再現を見るのであります」

少数意見の尊重、ガラス張りの公開性、おのれのみを正しいとしない。戦後二年間で、「鼻」の利く角栄は「民主主義」を心得た。吉田茂が「政治家の資質で一番だいじなのは、時代をかぎわける鼻が利くということだ」と述べていた、その鼻である。

「議員は一人というも、これが背後に一五万五千人の国民大衆があって、この発言は、まさに国民大衆の血の叫びなのであります」

世の中が民主主義になっていなければ、田中角栄のような馬喰の息子がこんな場面に現れることはなかった。「戦後デモクラシーの大波から出た民衆の子」という秘書早坂茂三の認定は間違いではない。

ひたすら「産業」と「生活」

九月二五日、角栄の二度目の「自由討議」登壇は、「中小企業」をテーマにした。多少早口でしゃべるが、簡明に話すので拍手を願いますと、変な前置きをして語った。

「わが国の産業の長い歴史は、中小企業をもって母体として築かれてまいったのであります。〔中略〕昭和初年において、都市集中の大企業に圧迫され、〔中略〕加えて今次戦争開始により、軍閥官僚の強度の統制による企業合同となり、あるものはやむなく休業もしくは廃業の運命となり……」

角栄は、かつて世界市場に送り出された中小企業の製品として、自転車、電球、時計などをあげ、こう語り継いだ。

衆院議員１期目

「中小企業の振興は、沈滞せる国民の生産意欲を向上し、〔中略〕自由貿易を活発ならしめ、〔中略〕加えて農村工業の発達により、農山漁村生活の合理化となり、中小工業都市の発達は、大都市人口集中の排除ともなり、わが国再建の意気まさにここに生まるるというのも、過言にあらざる次第であります」

大河内正敏譲りの「農村工業」の発達、中小工業都市の発達、人口集中の排除である。「日本列島改造論」のモチーフそのままである。角栄は中小企業を「平和日本の尖兵」と位置づけて、政府の融資強化を迫った。角栄の「国家再建」の視座は、ひたすら「産業」と「生活」だった。

同じ戦後二回目の衆院選挙で、角栄と同年生まれの中曽根康弘も群馬三区で、やはり民主党から出馬して当選した。「天皇制を維持して社会改革の青写真をつくり、傷つけるものをいたわり、悲しめる者を慰め合って、民族の個性と伝統を守りながら独立に向かわなければならない」と演説して回った中曽根の「国家再建」は「民族」がテーマであって、角栄とニュアンスを異にしていた。

建設省設置の主張

一九四七年一二月、角栄は衆院国土計画委員会で、片山哲首相と質疑をした。テーマは「建設省設置」と「住宅問題」だった。

GHQは、天皇制国家の統制行政の根幹だった内務省解体を命じた。片山内閣は、その一部を代替するものとして「建設院」をつくることを提案した。角栄はこう反論する。

「私は土木建築業者でございまして、〔中略〕わが国の建築行政は多岐にわたり、その一例として終戦後の特別建設工事があります。すなわち進駐軍に関する渉外工事であります。〔中略〕終戦後にインフレを助長したものは土木建築業者であるというようなことも、まことしやかに流布されております」

角栄の自意識は、「土木建築業者」が国会議員になったというところにあって、議論はいささか業界話に回り道しながら、この膨大な建設行政は「建設院」では足りない、「建設省」でなければ間に合わないと主張した。

「住宅という問題でも、現在六〇〇万戸も不足であるということを考えまして、〔中略〕戦前に復帰するまでに、住宅問題だけでも少なくとも三〇年間かかるというのが現状でありま す。米もない、着物もない、住宅もないということになりますと、人間生きるための必需条件であるところの衣食住、しかもその住宅問題は一家の団欒《だんらん》所であり、魂の安息所であり、思想の温床であるその住宅が三〇年間も戦前に戻れない状態であったならば、これはえらいことになる」

角栄は、委員長から質問をはやく切り上げるようにしばしば注意されながら長広舌を振るった。角栄の関心事は、生活インフラ整備のための制度とカネをどう整えるかということにあった。角栄のデモクラシーは、飢餓デモクラシーであり、生活デモクラシーであり、業者デモクラシーだったのである。

さて、片山内閣は社会党中心の内閣だった。総理大臣は片山哲、官房長官は西尾末広。政権中枢は社会党だった。結局、八ヵ月の短命内閣だったけれども、民法改正で家族制度を廃止し、刑法改正で不敬罪や姦通罪を廃止し、警察の制度改革など、一連の民主化立法をGHQの指示に沿いながら実現した。しかし、『西尾末広の政治覚書』によれば、「唯一の社会主義的色彩をもつ、いわば金看板の政策」として炭鉱国家管理法案を掲げていた。
この法案が角栄の運命を大きく揺るがすことになる。

保守本流に潜り込む

片山内閣ははじめ、石炭、鉄鋼、電力、肥料、船舶の五部門を国家管理に移すことをもくろんでいた。しかし、一挙に社会主義国家をつくるような、こんな大改革ができるはずもない。日本経済の焦眉《しょうび》の急は、石炭の増産である。まずは石炭の「傾斜生産」を進めるべく、片山内閣は「炭鉱国管」に狙いを定めた。

石炭産業の本社機構と生産現場を切り離し、国が生産現場を押さえて増産を図り、そこに炭鉱労働者も参加させるというのだから、いったいどんな経営形態になるのか、さすがに机上の空論ともいうべき構想である。一九四七年一一月、この法案をめぐって、連立与党の民主党が分裂した。あえて炭鉱国管を認めて社会党との連立を維持しようとする芦田均総裁ら主流派に対し、社会主義的政策には与しないとする幣原喜重郎の一派二三人が法案に反対投票をして脱党、片山内閣はひび割れした。幣原ら脱党組でつくった「同志クラブ」のメンバーのなかに田中角栄がいた。

「炭鉱国管」反対は社会主義うんぬんの話ではなく、これに反対する炭鉱業者の運動資金が議員に渡っているからだという噂が出回っていて、それはいずれ事件として火を噴くことになる。ともあれ炭鉱国家管理法案は、その一二月に修正成立した。だが、現実にそぐわない「炭鉱国管」は三年後には廃止される。

社会党はといえば、これも左派と右派の対立が激しかった。一九四八年三月、公務員給与を引き上げる財源に国鉄、郵便など公共料金を値上げする政府追加予算案に対し、鈴木茂三郎ら左派の握る予算委員会は「組み替え動議」を可決、片山内閣は立ち往生してあっけなく崩壊した。そのあとは与党内のたらい回しの形で、民主党の芦田均内閣が成立した。

その間に、民主党からの脱党は斎藤隆夫らが続き、それらをあわせて「同志クラブ」は「民主クラブ」になる。そして、一九四八年三月一五日、「民主クラブ」と自由党が合同して、衆院で一五二人の民主自由党ができた。総裁は吉田茂。注目すべきは、「民主クラブ」にいた田中角栄がここから、いわゆる「保守本流」となる吉田茂の流れに潜り込んだことである。どこで吉田に見込まれたのであろう、角栄は「選挙部長」のポストを得た。後年、わたしが角栄から聞いた「えらくなるには大将のふところに入ることだ」という言葉の通り、吉田のふところに飛び込むことによって、以後、あたりを払う勢いで、権力の階段を上っていくことになるのである。

政界の黒幕の追及

さて、敗戦という国家の崩壊は、政府や軍が保有していた物資を、要領のいい者や抜け目のない者、ずる賢い者が隠したり、手に入れたり、横取りしたり、そんな不正の横行をもたらした。ダイヤモンドから軍服、飴玉まで、国会ではこうした不正を追及するために、まずは「隠退蔵物資等に関する特別委員会」、次いで「不当財産取引調査特別委員会」ができた。この時期、角栄のもう一つの活動は、この不当財産取引調査特別委員会理事の仕事だった。一九四八年一月三一日、委員会では、政界の黒幕・辻嘉六があちこちにばらまいたとされる政治資金疑惑が俎上《そじょう》にのぼっていた。

初登場の田中角栄は、「本調査委員会は、終戦後におけるわが国経済界の混乱、無秩序な状態において不正が行われやすかったという、大きな問題を取り上げるのが本旨である」と述べて、臨時軍事費の支払調書、出納官庁、支払い先、金額、支払い月日、支払い物件名の資料を提出せよと迫った。軍への立ち入り業者が食い物にした、あの臨時軍事費である。さらに官有林の払い下げ、製塩への政府融資問題など、政府資料の提供を要求した。むろん、疑惑追及というだけではなく、そこには片山内閣を揺さぶる政治的意図もあったろう。

そして片山内閣から芦田内閣に代わっていた四月一三日、角栄は、辻嘉六と仕事のつながりがあって辻に一〇〇万円の献金をしたという実業家を証人喚問で追及した。さらに辻と児玉機関とのつながり、献金の帳簿の有無なども鋭く問いただした。

翌一四日には、辻からの政治献金をめぐって、公職追放中の鳩山一郎が証人に呼び出された。鳩山は「辻さんは金を出すのに、条件を考えて金を出すという種類の人ではないのです」などと辻をかばう。

のちにロッキード事件で、角栄の名と児玉の名が並んで登場したことを思うと、角栄の「児玉機関」追及は妙な感慨を覚える。

昭電疑獄から炭管事件へ

辻嘉六の事件は、具体的内容はあやふやなまま、通り過ぎていった。それと入れ替わるように現れたのが昭和電工疑獄である。四月二七日、委員会で、昭和電工による芦田内閣への贈収賄の疑いが表面化した。

大手化学肥料会社だった昭和電工の日野原節三社長が「復興金融公庫」の融資欲しさに、政界、官僚、財界のあちこちに金をばらまき、贈答品を届けたという事件である。戦前の「臨時軍事費」同様、戦後は「復興金融公庫」の甘い汁に、欲望の虫がたかる。六月二三日に日野原が逮捕されたのを皮切りに、九月に入って、大蔵省の福田赳夫主計局長、大野伴睦民主自由党顧問、栗栖赳夫経済安定本部総務長官、そして西尾末広前副総理と逮捕が続いた。

摘発されたのが六四人、うち国会議員一〇人に達した。不当財産取引調査特別委員会は、次々と事件の関係者を証人に呼んで追及した。かくして芦田内閣は総辞職する。今度もわずか七ヵ月の短命政権だった。しかし、泰山鳴動というべきか、裁判の結果は、日野原と栗栖が有罪になったけれども、のちに角栄と政争を繰り広げる福田赳夫をはじめ、他の重要被告はみな無罪に終わる。

さて、芦田内閣が退陣したあとの首相を誰にするか、社会党から民主党へたらい回ししたような選び方はもはやできない。今度は「憲政の常道」に従って、野党の「民主自由党」に政権を渡さなければならないが、GHQは総裁の吉田茂を何かとてこずる存在として嫌っていた。そして「山崎首班事件」が起きる。後継首相は吉田ではだめだ、幹事長の山崎猛にしろと介入してきたのである。

GHQのいうことには逆らえない、吉田に引っ込んでもらおうと党内の大勢が傾きかけたときに、党の会議で角栄が、「いくら占領下とはいえ、こんな露骨な内政干渉は許されるのか」と異議をはさんだ。吉田は気力をとりもどし、逆に気の弱い山崎は議員辞職した。ここは、のちに戸川猪佐武《いさむ》の『小説吉田学校』で描かれた田中角栄登場の名場面である。

一〇月一九日、第二次吉田内閣ができた。民主自由党単独の少数与党政権で、早晩、解散総選挙が予想された。ここで角栄は法務政務次官に抜擢された。当選一回での出世である。だが、昭和電工事件が去ったら、今度は炭鉱国管汚職事件の暗雲が立ち込めてきた。

吉田内閣が発足して一ヵ月ほどの一一月二三日、角栄の自宅、田中土建などが東京高等検察庁によって家宅捜索された。二日後の衆院本会議で、社会党議員が質問した。

「法務政務次官の田中角栄君が、石炭国管案反対にからんで多額の運動資金を受け取ったところの容疑をもって家宅捜索を受けたのは、遺憾千万、心外にたえないところであります」

「民主自由党の諸君の中にも法律に通暁しておらるるところの幾多の有能な人々があるにもかかわらず、全然法律に関係のない、ずぶのしろうとであるところの、年少の土建業者たる田中君が政務次官に抜擢せられたということは、われわれのどうしても納得できない点であるのであります」

おそらく議場の誰しもが抱く疑問ではあったろう。これに対し、角栄が「一身上の弁明」に立つ。

「私の経営いたしておりますところの土建会社の九州出張所が、石炭国管の容疑線上にあるいろいろの石炭業者と事業上の関係があるのであります。当然、金銭の授受はあります」と述べた上で、こう語った。

「石炭国管法の審議において、特定の業者と金銭の収受の事実は断じてありません。一遍も宴席にはべったり、飲んだりしてはおりません」「ただ私は、吉田内閣が綱紀粛正の看板を揚げながら、しかも若い政務次官を人選したことに対して、私が最も悪い代表であるといわれたように承りましたので、私は若い

田中角栄事務所に家宅捜査に入る検察，1948 年 11 月 23 日

がゆえに、土建業者なるがゆえにそのような侮辱に対して、一言弁明をしたかったのであります」

東京拘置所への収監

だが、東京高検の捜査は進んで、角栄の逮捕の許諾を衆議院に求めてきた。一二月一二日の衆院本会議に、その議題が付された。山口喜久一郎議院運営委員長が登壇する。

「田中角栄君は昭和二二年九月四日ごろ、福岡県直方市字中泉において採炭業を営む木曽重義より、臨時石炭鉱業管理法案の通過に反対せられたき旨の請託の趣旨のもとに、東京都千代田区飯田町二丁目二〇番地田中土建株式会社において金百万円の交付を受け、もって職務に関し賄賂を収受したという被疑事実に基づいて……」

本会議は賛成の起立多数で逮捕を許諾した。角栄は翌日、検察庁に出向き、取り調べを受けて東京拘置所に収監された。角栄の人生、最初の「塀の中」である。

さて、国会の壇上での「弁明」よりも、そのときの角栄の本当の姿は、その頃「おとうさんに旦那さんになっていただいて一年数ヵ月たっていた」という辻和子の回想記『熱情』のほうが真実かもしれない。角栄逮捕の日、東京高検は、角栄が通う神楽坂の芸妓置屋「金満《かねま》津《つ》」にも家宅捜索に入った。

「何がなんだかわけがわからないうちに、スケジュール表からお抱え芸者衆の花代の伝票の類まで、商売にかかわる書類という書類、それに個人的なメモ帳まで、根こそぎ押収されてしまいました」「日を置いて、お母さん（女将）とわたしは改めて事情聴取のために警察に呼ばれました。そのときに持参したのは、わたしの預金通帳一冊だけでした」「獄中で金満津が捜索を受けたことを聞いたおとうさんは、大変に怒ったそうです。「女、子どもを調べて何がわかるんだ！」」

金満津の家は、たしかに角栄に建ててもらった。しかし、金満津は自前で営業しているのであってお手当はもらっていないと辻和子は主張している。だが、辻和子はこんなことも書いている。

「おとうさんがこの法案に反対したのは、日本を社会主義化、共産化してはならないという思想的な考え方のほかに、自分の商売にも直接的に関係していたからだと思います。

その頃、おとうさんの会社は急成長して、多くの炭鉱を抱える九州にも支社を構えていました。〔中略〕炭鉱住宅（炭住）を手がけ、大きな業績を上げていたのです。ところが、炭鉱が国家の管理になれば、そういう面でも不利になることが予想されます。

ほかの業者のことより、自分の商売に直接かかわってくる大問題ですから、反対するのは当然でした。他人のためなんかより、むしろ自分のためにこの法案に反対していたのです」

角栄政治は、思想より実利であり、他人のためより自分のためとは、なんともズバリと言い当てているのではないか。おとうさんは確かに一〇〇万円貰ったけれど、それは請負工事の代金というのがおとうさんの主張、と辻は書き添えている。

この年の暮れは、東京・市ヶ谷で開かれていた極東国際軍事裁判が終結、東条英機らA級戦犯七人に絞首刑の判決が下され、一二月二三日に執行された。のちに首相となる岸信介、それから児玉誉士夫らは巣鴨拘置所から釈放される。そんな時代の画期の傍らで、汚職の容疑を背負った角栄の身はまだ何ほどのものでもない。

地に堕ちた角栄は、復活できるのかどうか。吉田首相は、少数与党の状況を打破するために、A級戦犯処刑の日、衆議院を解散した。選挙は翌一九四九年一月二三日。角栄、出るべきか、出ざるべきか。

3　獄中立候補——なぜ選挙民は彼を選んだのか

拘置所からの立候補

「国境の長いトンネルを抜けると雪国であった」と川端康成の『雪国』は書き出している。そこは、昔風に言えば、越後国魚沼郡である。

江戸時代後半の文筆家、鈴木牧之《ぼくし》はこの地の塩沢で生まれた。地元の名産、越後縮《ちぢみ》を商いながら、名著『北越雪譜《ほくえつせっぷ》』を書いた。

「雪国の難義暖地の人おもひはかるべし」

雪は決して優美なものではない、吹雪や雪崩で死ぬ人が年々出る。しかしまた「雪中に糸となし、雪中に織り、雪水に洒《そそ》ぎ、雪上に晒《さら》す。雪ありて縮あり」と綴るがごとく、越後縮は雪と人がつくる、と鈴木牧之は書いた。

「雪国の難義」はいまも変わらない。わたしが朝日新聞新潟支局員だった一九八〇年冬も、裏山の雪崩で老人ホームがつぶされて何人も死ぬような事故が二度も起きて、現地にかけつけた。いずれも角栄の選挙区だった。

一九四八年（昭和二三）一二月二三日、衆院が解散された。その冬も越後は大雪だった。炭管事件で逮捕された田中角栄は小菅拘置所のなかから選挙区に電報を打った。「ギカイカイサンス　タノム　タナカカクエイ」。獄中から立候補しなければならない最悪の状況で、衆院選挙を迎える。投票日に向けてただでさえ苦しい角栄は、吹雪に逆らって苦しい選挙運動に走ることになる。

角栄にも迷いがあった。選挙に出るべきか出ざるべきか、角栄は刎頸の友、入内島金一を理研の星野一也のもとに相談に行かせた。一つは、田中土建の経営不振がある。やはり角栄が政治に金を使って次々と資産を削って事業に響いていた。そこにこの不祥事である。「ここに三〇万円残っている。これを選挙に使えば、田中土建は立ち行かなくなる」と入内島は星野に打ち明けた。のちに角栄から思い出話を聞いたことがある。

「あのときは、拘置所から出てきたら、空手形で金を持ち去った秘書がいてね、それも支払わなけりゃならん。からっけつだったよ」

星野が助言したのは、まず、裁判所に働きかけて、角栄を保釈してもらうことだった。「おれが出たら、裁判官をクビにする」などと息巻く角栄をなだめ、秘書の曳田照治が走り回ってようやく保釈許可を得た。シャバに出たのは一月一三日、選挙運動期間はあと一〇日間しかなかった。角栄は前に向かってがむしゃらに進んだ。

南魚沼という「聖地」

中選挙区という制度は、同じ政党から複数が立候補するから必然的に同士討ちになる。新潟三区には角栄と同じ民主自由党から五人も出た。他の候補は、角栄は水に落ちた犬だ、こちらに票を回せと言い回った。角栄は、拘置所に差し入れにきてくれた神楽坂の「金満津」に挨拶して、上越線の夜行に飛び乗った。列車がトンネルを抜けてすぐ、南魚沼郡の中心である六日町駅に降りた。近隣の集落から松井博、関美宗らがカンジキで雪道を漕いでかけつけた。

角栄は一回目の立候補のときから、人が目を向けないこの地域に入っていた。「ぼこさま」と呼ぶ蚕棚を、座敷から台所まで積み重ねた機屋さんの門を叩いて支援を頼んだ。別の有力者からは「土建屋上がりの若造か。腹が減っているんだろ、飯を食って行け」とあしらわれ、角栄は憤然とした。「おれは将来、大臣になるんだ」。ここ魚沼の人々は「こいつは見どころがある」と角栄を推すことになって、角栄は二回目の選挙で当選にこぎつけた。

今度は三回目、その角栄も尾羽打ち枯らして帰ってきたかとおもいきや、「おれはやましいところはない」と意気軒昂だった。魚沼の若者たちは、これなら勝てると意気上がった。のちに関美宗は「当時は、田中には金がなくて、五十沢《いかざわ》や上田（いずれも集落名）から金をつくって田中のもとに持っていったものだよ」と思い出を語った。以後、ずっと角栄を支えて重鎮となる富所四郎が「人間、やはり悪運が強いことは大事だ。インテリでもどことなく影が薄いのは戦場の弾もなぜかよく当たる。大将（角栄のこと）は、その悪運がある」と語ったのは、このときの角栄のことである。

日本の脊梁《せきりょう》山脈に接する魚沼地方は、新潟三区の一番南の奥地、いわば「ディープサウス」である。もっとも貧しく、政治から見捨てられた雪深いこの土地の寄る辺ない若者たちは、角栄が窮地であればこそ、気合を入れて支持した。それからずっと経って、功なり名を遂げ、あまつさえロッキード事件の挫折も経た一九八一年（昭和五六）六月、角栄は南魚沼郡越山会の青年部パーティーに来て、こう挨拶した。

「久しぶりにきた。こんなすばらしいところを忘れているわけではない。南魚沼は心の奥深くで思いながら、めったにいけない聖地のようなものだ」

「南魚沼は一番奥地ではない、東京からの玄関口なんですよ。これから人が来ますよ。医者も学者もここに住み着きますよ」

故郷の柏崎・刈羽にもまして、魚沼が角栄の「聖地」となったのは、このときの苦境の選挙で味方してくれたからである。

栃尾の街の「上」と「下」

一九四九年(昭和二四)一月一八日の朝日新聞には、こんな記事が出た。

「焦り気味の候補者四人が小千谷から片貝に向かった。三人は風と雪におびえ中止。勇敢な一人が線路伝いに歩いていったら、鉄橋の向こうから列車がきた。南無三と橋ゲタにぶら下がって急場を助かり、からくも演説会に間に合った」

橋ゲタにぶら下がってかけつけた角栄の必死さに人々は投票した。選挙の金を支援した人もいた。

守門岳の山ふところ、栃尾鉄道の終点栃尾駅で、角栄を待ち受けていたのは本田新助たちだった。栃尾に一台しかない人力引きの幌付きソリを借りて、本田らは雪道を引いて小学校の立会演説会に角栄を運んだ。

栃尾の街は昔から養蚕がさかんで、栃尾紬《つむぎ》など織物の産地だった。いつしか機屋の力が抜きん出て強くなって、栃尾の政治は機屋が支配してきた。その頃材木屋だった本田には、機屋の「みんなを使って食わしているんだ」という「上」からの意識がしゃくに障《さわ》っていた。

その後、体を悪くして撚糸《ねんし》業に変わっても「わしは栃尾の機屋には納めていない」という反骨の持ち主だった。角栄を支える本田の仲間は、履物屋、荒物屋、瀬戸物屋、呉服屋、建具屋、不動産屋、土建屋など、いわば街の「下」のほうに位置する若い衆だった。

街の「上」にいる機屋は、保守の名家、廻船問屋に育った亘四郎を推していた。本田らにとっては、角栄はなんでも気軽に話せる、自分たち「えらくない人々」の代表だった。その角栄が傷を負って帰ってきたのだから、意地でも角栄を当選させて、街の「上」の鼻をあかしてやりたかった。本田たちは角栄を囲んで「えらくなると、おれたちを見下す。お前はどうだ」と聞くと、角栄は「恩を受けた人には絶対に返すんだ」と答えた。

信濃川の支流五十嵐川を遡る下田郷の坂井正治が中国の戦地から復員してくると、三条市から下田村に行く鉄道は軍需転用でレールが剥がされていた。さあ、復興だ。この地の政治地図は、保守は亘四郎、革新は農民運動家の稲村順三に色分けされていた。だが、親父たちとは違って、おれたち若い者は若い候補者を担ぎたい。選挙公報でみる角栄の面構えがいい。

炭管事件で保釈され、初めて下田村に足を踏み入れる角栄を、坂井らが出迎えた。雪がひどく、馬ぞりで迎え、小学校で個人演説会を催した。「話題の田中角栄、炭管で一ヵ月小菅に入っていた」。坂井らはそれを演説会の宣伝文句にした。角栄もまた、講談風に「小菅日記」を語って、聴衆をわかせた。さらに「道路、橋梁をまずもって早急に建設しなければ文化の発展はない。郷土のみなさんのために働く」と演説した。

各地の演説会で「石炭はどうした」などとヤジも飛んだ。「もういい」と言われて浪花節をうなったりもした。たびたび、例の「三国峠演説」をした。

なぜ選挙民は角栄を救ったのか

一九四九年（昭和二四）一月二三日の投票の結果、新潟三区は次の五人の当選が決まった。

亘　四郎	民自前	五六、五七〇票
田中角栄	民自前	四二、五三六票
稲村順三	社会前	三三、四九二票
小林　進	革新新	三〇、六一一票
丸山直友	民自新	三〇、三八六票

角栄は、前回よりも三〇〇〇票増やし、順位も三位から二位に上がった。出身地の柏崎・刈羽では票を大きく減らしたのに、南魚沼、北魚沼の両郡では、前回の二倍、一万六五一票に達して、柏崎・刈羽の得票に並んだ。この選挙結果を、角栄をかついだ若者たちは、「潔白の訴えが認められた」と喜び、民主自由党新潟県支部は「司法ファッショの犠牲に、選挙民が同情したからだろう」との談話を出した。

この炭管事件は、一九五〇年四月、第一審の判決があって、角栄には懲役六ヵ月、執行猶予二年の刑が下された。一〇〇万円の小切手は工事の前渡し金と角栄は弁明したけれども、帳簿を偽装したり仮装の受取書をつくったりした不正もばれた。入内島金一も証拠隠滅で逮捕されたりした。

炭管事件の一審判決，1950年4月11日　判決を聞く被告たち．左端が角栄

だが、一九五一年六月、第二審の東京高裁で一転して無罪になる。収賄罪成立には、角栄にそれを頼む「請託」の事実が必要である。検察側はそれを論証しなかった。こうして角栄は、最初の危機、炭管事件をクリアした。

このときの「吹雪の中の選挙」は、のちの角栄の政治的生涯の原点をつくった。

一つは、犯罪の疑惑は選挙で勝つことによって、「みそぎ」をするという手法である。司法の場での窮地を政治の場で反撃するというドラマは、のちのロッキード事件でも大々的に演じられた。一九八三年（昭和五八）一〇月の東京地裁判決で懲役四年の実刑判決が角栄に下ったその二ヵ月後の衆院選挙で、角栄は二二万七六一票という空前の得票で政治生命を維持した。そこでは新潟三区の選挙民が角栄に決定的に加担した。

なぜ、選挙民は角栄を救ったのか。

苦境の角栄に味方したのは、第一に都会地よりも魚沼のような辺境地域だった。票が少ないゆえに他の候補者もあまり重んじない辺境地域の人々が、角栄を見込んで角栄に恩を売り、いずれ恩を返してもらうことを期待した。

第二に、同じ地域のなかでも、上層の支配階級よりも下層の庶民が角栄を支えた。上層のうち、かつての大地主などは「重立《おもだ》ち」と呼ばれ、封建社会の村の支配権を引き継いでいた。産業が発展して企業経営に成功した有力者たちも意識は変わらず、新しい「重立ち」として街を支配した。これらの「重立ち」は上層出身の候補者を推し、その支配構造に鬱屈を感じた下層の庶民は、「うっぷんばらし」に角栄をかついだ。

第三に、角栄の支持層は若かった。わたしはのちに角栄から「世代交代は革命である」という言葉をなんども聞いた。村のなかでまだ何十年も父親の下に甘んじなければならない若者たちが、角栄の政治集団のなかでは主導権を握ることができた。

辺境、下層、若さ。これが一九四九年の角栄の本質だった。そこから年を経て、まごうことなく日本一の政治結社となる「越山会」が育っていく。のちにわたしは、新潟支局員として「越山会」の人々を訪ね歩いて、彼らが角栄を「盟主」と呼ぶのに驚いた。盟主！　その呼称に、わたしは、「越山会」が内包している民主主義と平等主義を感じた。

講和、独立へ

一九四九年（昭和二四）一月の衆院選挙で、吉田茂首相の率いる民主自由党は一躍、大勝利を得た。池田勇人、佐藤栄作、西村英一、前尾繁三郎、橋本龍伍ら吉田の藩屏となる高級官僚が陸続として当選、政界はこれを「吉田学校」と名付けた。獄中立候補の苦境を切り抜けて二回目の当選を果たした田中角栄のその後の出世に、いずれ深くかかわってくる面々である。

民主自由党（のちに自由党に党名変更）が二六四議席で過半数を制し、民主党は六九議席へと後退、社会党は前回の三分の一、四八議席に落ち込んだ。共産党が前回の四人から三五人へと躍進した。この選挙からスタートした第三次吉田内閣の三年八ヵ月は、一つは占領から講和独立への挑戦、もう一つ、いわゆるドッジラインによる厳しい経済再建をめざすことになる。

一九五〇年、吉田はワシントンに池田勇人蔵相、宮澤喜一秘書官を派遣して、早期に講和独立したい旨打診、それとともに「占領終了後も米軍駐留を認める」ことを密かに伝えた。トルーマン米大統領はダレス国務省顧問を日本に送り、いよいよ講和問題が具体化したところに、朝鮮戦争が勃発した。マッカーサー率いる在日米軍は朝鮮に派遣される。では、日本はどうするか。アメリカは手薄になった日本の防衛を補うために日本に「再軍備」を要求してきた。

だが、吉田はそれを拒否した。日本国憲法九条は、戦争放棄と軍不保持を定めている。吉田の『回想十年』には「私は再軍備など考えること自体が愚の骨頂であり、世界の情勢を知らざる痴人の夢であるといいたい」とある。理由なき戦争で負った国民心理の傷はまだ癒えていない、再軍備どころではないと吉田は考えていた。だいたい外ならぬマッカーサーの占領軍が憲法九条を賞揚したのではないか。

この頃角栄は、まだこれら国家の命運にかかわっていたわけではない。だが、吉田のやり方をじっとみていた。のちに角栄は秘書早坂茂三が聞き手になった『田中角栄回想録』でこう回想する。

朝鮮戦争が起こって、アメリカは自分が日本国憲法にかけた手かせ、足かせが邪魔になった。アメリカは日本を早く再軍備させたいんだから。で、吉田総理に憲法改正を要求してきた。早くせい、とね。しかし吉田さんは「憲法改正はいたしません」とハネつけた。そこが吉田さんの偉いところなんだな。吉田さんと当時の民自党の見識というものだ。

アメリカは「再軍備」の代わりに「警察予備隊」をつくることを要求、吉田はこれを「軍隊のたまご」と思いつつも受け入れた。「警察予備隊」は「自衛隊」の前身である。日本の世論がなお、ソ連なども含めた全面講和か、自由主義諸国だけとの単独講和かで揺れるなか、吉田は単独講和を決断した。一九五一年九月、サンフランシスコで対日講和条約が結ばれ、日本の独立が決まった。同時に、吉田は日米安全保障条約にたった一人で署名、米軍駐留の継続を認めた。かくして「憲法」と「日米安保」、そして軍隊ではない「自衛隊」の存在という、巨大な矛盾を内包した日本国の基本構図ができあがった。

憲法観

角栄は、いうまでもなく吉田を支持した。吉田がそうであったように、そして角栄もよく言っていたように「百日の説法屁ひとつ」、理屈をこねるよりも現実を一歩前に進める対応のほうがいいという発想である。

一方、民主党の中曽根康弘は、吉田外交に対し国家の気骨を重んじない「その日暮らし的なやり方」と憤慨していた。いったい警察予備隊は外国の侵略に対し戦う組織なのか、吉田を追及した。吉田は「治安維持以上のものではない」と言い逃れた。以後、中曽根は憲法九条を改正し、堂々と軍を保有すべきだと主張し続けて、改憲論のランドマークとなる。

角栄は憲法をどう思っていたのか。『田中角栄回想録』によれば、角栄もまた「国家に自由がないとき、主権の存在せざるときに憲法はつくれるものか。どうかね？」などと占領軍の指令でつくられた日本国憲法にいささかの疑問は抱いていた。日本が独立を回復したときに、「憲法を国民投票に付すべきだった」と考えたりもしていた。角栄自身が金権批判にさらされてからは「マッカーサーは、アゴが達者で人の悪口を言ってればメシが食える第四次産業までつくってくれた。これも現行憲法によってつくられた社会制度である」などと、憲法の「言論の自由」をくさしてみたりしたが、これはうっぷんばらしの冗談の域を出なかった。

角栄は占領政策も、「主権在民への転換、農地解放、婦人参政権、労働基本権などよかった。日本のエネルギーを全面的に解き放った」と大きく是認していた。「日本はここまできたんだから憲法改正は急ぐ必要はない」「具体的な各条項に触れるのは、まだちょっと早い」などと述べて、改憲に力むことは最後までなかった。それどころか、わたしがあるとき角栄に「改憲か護憲か」を単刀直入に聞くと、「キミね、憲法なんて一〇〇年変えなくていいんだよ」と答えたものだった。何とかかんとか国家が無事に転がっていくときは、憲法なんてそのままでいい、そんな言い方をしていた。

しかし、いずれにせよ、当時の角栄にはそんな「国家」の問題よりも「生活」の問題のほうが大事だった。GHQ顧問ジョゼフ・ドッジの政策は、「政府からの補給金」と「アメリカからの経済援助」の二本の「竹馬」に支えられる日本経済の、その竹馬をばっさりと外し、徹底した「耐乏生活」によって自立させるというものだった。竹馬経済からドッジラインへ、まず緊縮予算を徹底させ、復興金融債は禁止した。世は不景気、首切りの嵐が吹き、そして国鉄人員整理にまつわるかのように松川事件や三鷹事件など謎の列車妨害事件が起きた。角栄はといえば、衆院建設委員会の理事の席に陣取って、「国土開発」に自分の持ち味を見出しつつある頃だった。

ずっとのちに角栄が刑事被告人となり脳梗塞で倒れた後、秘書早坂茂三はこの頃の角栄の仕事ぶりについて「無名時代の一〇年」と題する論文をまとめ、ここに田中政治の原点があると書いた。

若き日は早稲田大学で共産党に入って学生運動に走り、東京タイムズ記者から角栄の秘書に転じて二三年、「ロッキード事件の余波を浴びて、田中の正当な政治的業績、政治行動の軌跡が黙殺され、汚穢の淵に投げ込まれる風潮を黙認できなかった」とその執筆の動機を書いている。たしかに、一九四九年一月の選挙の後、角栄が提案者となった三三本におよぶ議員立法は、実質は角栄がかかわった政府提案立法も含め、次の日本を形づくる卓抜なものだった。それは「生活デモクラシー」そのものだった。

国土開発から住宅建設へ

角栄がまず手がけたのは、国土総合開発法の制定だった。

アメリカはなぜ世界のチャンピオンになったのか。のちにこんな角栄の演説を聞いたことがある。「第一次世界大戦ではアメリカだけ参加しないで、兵器をつくった。金《きん》の六割がアメリカに集まった。そのときロッキードなどの産業が発展したんです。田中角栄のロッキード事件ではありませんよ」と笑いを取りながら、「第二次大戦前には、アメリカはテネシーバレーを開発して不況を脱出した。ルーズベルト大統領が旗を振って国土開発をしたんだ」と力説した。日本の流域開発はテネシー渓谷開発モデルでいかなくてはと思っていたようだった。

一九四九年(昭和二四)一〇月、角栄は衆院建設委員会で、地方総合開発小委員長として報告した。そこで、国土開発はまず基礎統計を確実なものにして「政治の科学化」を図るべきこと、地方開発がとかくバラバラなので全国計画の一環として推進すべきこと、とりわけ水力発電はテネシーバレーのごとく国家機関が開発にあたるべきこと、福島・新潟県境の只見川総合開発はその適地であることなどを主張した。さて、これを政府提案の法律にするか、角栄が企図していた議員立法にするか。

だが、GHQは日本の急速な国力復活をむしろ警戒していた。例によって官庁間の利害調整も進まない。田中構想は金がかかりすぎることなどで、法案は足踏みした。結局、半年遅れの一九五〇年五月になって、政府提案のかたちで成立した。角栄は「官庁セクショナリズム」で骨抜きになってプログラム法になってしまったこと、国費投入が少ないことに不満をぶつけた。だが、まあ、最初はこんなものだろう、俺がいずれルーズベルトになるぞ、国土開発を先導するぞと角栄は思っていた。「国土開発の総合性」という着眼は、のちに下河辺淳らの開発官僚に引き継がれ、「新全国総合開発計画」（新全総）に結実し、田中内閣での国土庁の開設につながっていく。

当時の角栄の次のテーマは「住宅」だった。空襲で焼け跡になった街は、そろそろ本格的復興が始まっていた。古い木材で建てたバラック小屋を建て替える時期が来ていた。その資金の支援は、国民の強く求めるところだった。

角栄がもくろんだのは、一つは住宅金融公庫の融資拡大だった。一定の自己資金のある層に貸し付ける融資条件をもっと緩和すること、耐火建築には貸付限度額を引き上げること、その予算は郵便貯金を貯めた「預金部資金」から確保することを池田勇人蔵相にかけあった。「預金部資金」は、戦前は「軍需」に振り向けられた。それを「生活」に振り向けるべきだということだった。

もう一つ、角栄は貧困層に対してはもっと公営住宅を提供すべく、国費の支出の増額を迫って、池田蔵相に約束させた。一九五一年五月から六月にかけて、角栄が提案者となった議員立法、「公営住宅法」と「住宅金融公庫法改正」が成立した。角栄は緊縮財政のなかで、「生活」のシェアを増やすことに努力した。それが角栄の資質を感じさせたのか、のちに角栄は「所得倍増」を掲げた池田内閣の蔵相に登用されることになる。

「道路は文化だ」――新道路法へ邁進

角栄の「無名の一〇年」のハイライトは、何といっても道路立法である。「道路は文化だ」。角栄の口癖は、新潟三区の雪道をそりで走り回った選挙の経験から来ている。この道路に雪がなければ、どんなに楽だろう。この雪の峠越えの代わりにトンネルで結ばれていたらどんなに早く行けるだろう。ガタガタ道でなく舗装された道だったら自動車で病人をすぐ救い出せるのに。道路は文化生活をもたらしてくれる。角栄にとって、道路はアルファであってオメガだった。

長い戦争から生きるのがせいいっぱいの戦後を経て、ようやく復興の時がくる。一九四五年には約一四万台だった自動車が五〇年には三六万台に増えた。だが、日本の道路はまだひどかった。国道と都道府県道を合わせて一三万一九二三キロメートル、舗装されているのはそのわずか二・一%に過ぎなかった。角栄は衆院建設委員会の「道路に関する小委員会」小委員長に就いて「道路法」抜本改正の議員立法に取り組んだ。

一九五二年四月二日、角栄は建設委員会の小委員会報告でこう述べた。

「現行道路法は三〇年間ほとんど改正らしい改正を加えることなく、不適当な幾多の点が明らかになりましたので、全面改正の要に迫られた次第です。改正案の基本方針として、第一に新憲法の趣旨にのっとり、国と地方公共団体の事務の配分を合理化すること、第二に幹線

の基準を改めること……」（要旨）

この「新憲法にのっとり」とは、どういうことか。

旧道路法は、一九一九年（大正八）にできた。その第一〇条では、「国道」の概念をこう定めていた。「第一に、東京から神宮、府県庁所在地、師団司令部所在地、鎮守府所在地又は枢要の開港に達する路線、第二に、主として軍事の目的を有する路線」。旧憲法下における「国道」とはつまり、天皇向け道路であり、軍用向け道路のことであった。

角栄は、新道路法の第一条で、「交通の発達に寄与」することと「公共の福祉を増進」することをうたった。「国道」は、国土を縦断、横断、循環して、政治上、経済上、文化上の重要都市を結ぶものと定めた。これらが「新憲法にのっとり」の意味である。角栄は国会答弁を一手に引き受け、旧憲法感覚のままに「今度は米軍基地を結ぶ道路を作るのでは？」とかんぐる野党質問に「全然考慮に入れていません」と答えた。

国道は一級国道と二級国道をつくった。これも角栄流、これは都道府県道を二級国道にかさ上げして、路線延長を増やし、いずれ国費を投じさせる便法である。さらに道路建設の決定には大臣だけでなく道路審議会をかかわらせることにした。「国家のための道路」から「国民のための道路」に転換するとともに、地方からの陳情を聞きやすくさせる仕組みでもあった。

一九五二年六月、道路法は成立した。時を同じくして、道路整備特別措置法（有料道路法）もできた。これも公の道路の通行で金を取るなんて、という常識からの批判を破ってのことだった。のちの高速道路づくりの端緒だった。時に角栄三四歳である。

ガソリン税を道路へ回せ

建設省の道路官僚がそんな角栄に目を付けた。道路建設を進めたい。しかし、問題は財源である。毎年、大蔵省に道路予算を折衝しても、半分以下に削られる。道路整備は遅々として進まない。アメリカでは、ガソリン税を目的税にして、もっぱら道路財源に使っているではないか。そうすれば、大蔵省の査定に関係なく、建設省の自由になる道路財源ができるのではないか。

道路局企画課長は角栄を食事に誘った。「あなたを見込んで相談があります。何とか道路の建設を早くしなければと思っているのですが、まず財源を安定的に確保することが必要です。それにはガソリン税を道路建設にまわすという法案を……」。角栄は身を乗り出した。「よし、おれがやってやる」。NHKスペシャル『戦後五〇年その時日本は 第4巻』（日本放送出版協会）はこんな経緯があったことを伝えている。

それから一年、吉田内閣の抜き打ち解散、バカヤロー解散による二度の衆院選挙をはさんで、一九五三年（昭和二八）六月、角栄は、「道路整備費の財源等に関する臨時措置法案」を議員立法で提出した。

予算編成権を持つ大蔵省にとって、すべての税は一般財源であって、あらかじめ使途の決まった目的税はタブーである。「ガソリンを使うのは自動車だけではない。航空機も農業機械もある。全部を道路に使うな」「道路が必要なら堂々と予算をつけろ」と大蔵省の肩を持つ質問も続出した。ここでも角栄はひとりで答弁に気を吐いた。

当時、自動車は六五万台。近いうちには一〇〇万台になるだろう。だが、国道、都道府県道の延長一三万キロの八七%は未改良。道路予算に三〇〇億円は欲しいのに今年はたった八六億円。目的税はいけないというならば、「ガソリン税」そのものではなく、「ガソリン税相当分」を道路に回してくれ。いかにも実質主義の角栄らしい知恵ではある。

「道路費の比率が日本より低いのはインドだけだ。敗戦日本の再建のために道路整備が絶対必要です。これは非常立法なんだ」

春日一幸（のちの民社党委員長）は「社会保障の予算比率はイギリス三七%、わが国は一四%。四〇万人の失業者、母子家庭は放置。道路さえよくなればいいというのではない」と釘を刺した。だが、田中は周到な根回しをして、法案の提出者に佐藤栄作、松村謙三、石橋湛山、佐々木更三、浅沼稲次郎など与野党の大物も加えていた。ガソリン税をもっぱら道路整備に当てる法案は成立した。春日の指摘した「福祉」の向上は、のちの高度成長の時代を待たねばならなかった。

一九五三年一〇月、角栄は初めての外遊でヨーロッパの道路事情を見にでかけた。ドイツのアウトバーンに感心して帰ってきた。一一月には新潟三区に戻って「帰朝報告会」を開いた。「ヒトラーがつくった弾丸道路は飛行機が離発着できるんだ。走っていてコップの水もこぼれない」とうらやんで、「これから道路をどんどんつくる」と意気込んだ。角栄の脳裏に、早くも日本に張り巡らせる高速道路網の地図が浮かんでいた。

議員立法という新鮮な民主主義

国土開発、住宅、道路。角栄は、自らも土建業者だったし、のちには土建業者からピンハネして大いに資金源にもしたが、かといって始めからこれらを「開発利権」「道路利権」の意図だったと言い捨てるわけにはいかない。角栄の「無名の一〇年」は確かに「生活デモクラシー」だった。

角栄の議員立法は、民主主義そのものだった。一九五七年一二月から角栄の秘書になってこの頃の角栄の活動を知る、のちの「越山会の女王」佐藤昭は『私の田中角栄日記』に書いている。

「後の話になるが、田中は若い議員連中が来るたびに、〔中略〕君たちは立法府の議員なのだから議員立法をしなさいとすすめた。〔中略〕「やり方がわからなければ、俺の持ってる知恵を全部貸してやる」

そう何回も言ったけれど、「いやあ、オヤジさんは天才だからできるけど、俺たちはそんな力がない。選挙区通いをして、落選しないように運動するのが先決です」と言うばかりで、誰も本気で取り組もうとしなかった。結局、国会議員が議員立法に取り組まなくなったことが、政治家を怠惰にし、自らを選挙屋に貶《おとし》めてしまったのだ」

角栄「無名の一〇年」は、日本政治に民主主義の新鮮さが息づいていた。

ところで、角栄によれば「非常立法」だったはずの道路特定財源は、そののち半世紀にわたる後日譚がある。

一九七四年（昭和四九）三月、田中角栄内閣のとき、ガソリン税は一リットル二八・七円に二五・一円を上乗せして五三・八円とする暫定税率を導入した。期間は二年間。角栄の看板政策、列島改造が招いたひどい土地と物価のインフレ、そして石油ショックを切り抜けるために、「総需要管理政策」を唱える宿敵福田赳夫を蔵相に迎えていた。新人議員の小泉純一郎が「資源の節約と消費の抑制とともに道路財源を充実させるものとして当を得た措置」と賛成演説をして成立した。ところが、この暫定税率は二年間どころか、三〇年以上延長されて続き、いよいよ二〇〇七年度末の期限切れを迎えた。

「暫定税率」の期限延長に動く自民党政権に対して、野党の民主党は「ガソリン二五円値下げ隊」をつくって阻止に動いた。参院では野党多数のねじれ国会だったから、民主党などの反対で法案は不成立、いったんは暫定税率が失効してガソリンの値段が下がった。しかし与党が三分の二を占める衆院で再議決、また暫定税率が復活するという騒ぎを演じた。

さて、二〇〇九年八月の総選挙で、民主党はマニフェストに今度こそ「暫定税率を廃止」することを謳って、自民党から政権を奪った。だが、政権に就いてみれば、民主党マニフェストの盛りだくさんの新規政策を実現するための財源はとうてい足りなかった。そこでまた、小沢一郎幹事長のひとことで「暫定税率継続」が決まった。「よし、おれがやってやる」とガソリン税をつくった角栄の遺産は、角栄の愛弟子だった小沢の手によって、いまなお、どっこい生きているのである。

第Ⅲ章　新潟三区——越山会と越後交通という力の源泉

1　越山会の形成

「新潟三区」のなかへ

わたしが田中角栄に出会ったのは、一九七四年（昭和四九）三月、札幌勤務から東京の政治部員になって、首相官邸に配属されたときだった。首相番記者として、角栄の日々の動静を追いかけた。早足の角栄は立ち止まってくれない。こちらも走りながら短く、気合を入れて質問する。角栄も瞬時に答える。わたしは初めて、政治家とはかくもエネルギーに満ちあふれた存在なのかと惹かれるものを感じた。

そして思った。この男のすべてを知りたい。あたう限り、じかに見つめたい。田中角栄の何たるかをとことん理解したい。朝日新聞という組織ジャーナリズムの一員だったからさまざまな部署に配置されて途切れることはあったけれども、ともあれ田中角栄の葬儀の日までわが目で見届けることができた。

わたしが首相番記者のとき、角栄は大いなる苦境に立たされる。一九七四年一一月、田中内閣は金脈問題で瓦解した。続いて一九七六年七月、ロッキード事件で逮捕された。政治家田中角栄もこれで終わりかと思われた。

だが、角栄は終わらなかった。その年一二月五日に行われた衆院選挙で、角栄は一六万八五二二票という大量票で復活した。以後、角栄は巨大派閥を率いる「目白の闇将軍」として大きな力を振るう。

さらに一九八三年一〇月一二日、そのロッキード事件で懲役四年の実刑判決が下された。さすがの角栄も勝負あったかと思われた。それから二ヵ月後、一二月一八日の衆院選挙の開票の日、わたしは目白の私邸で角栄のそばにいた。二二万七六一票という空前の大量票に、角栄は「どうだ」という顔をした。

戦後の政治家でも例をみない政治的危機に遭った角栄を、これを「みそぎ」というべきか、そのつど復活させたのは新潟三区の票だった。司法権力もマスコミも学者や評論家も野党勢力も、「東京」が角栄を巨悪として裁くのに対して、「新潟三区」はそれまでにもまして角栄を強く支持した。新潟三区は「正義」の声に耳を傾けないのか。一再ならず角栄を復活させたそこには、いったい何があるのだろう。

わたしはそれを知りたくて、一九八〇年から一年半、志願して朝日新聞新潟支局に赴任した。県政取材を担当しながら、同僚から譲り受けた中古の車で角栄の新潟三区を走り回った。わたしはそこに、「戦後」という貧しい時代、とりわけ昭和二〇年代から三〇年代にかけて、言い換えれば、角栄が「無名の一〇年」だった時代、角栄とともに草の根で生きてきた人々の「生活」の戦いを新潟三区に見た思いがした。

公開厳禁「全越山会三役名簿」

まずわたしは、角栄の国家老と呼ばれる秘書、新潟三区の中心都市長岡市在住の本間幸一を訪ねた。本間は「これを差し上げましょう」と言って、一冊の冊子をくれた。

表紙には「全越山会三役名簿（附　事務局長、婦人部長、青年部長）」とあって、会員外公開厳禁、昭和五四年四月二〇日調製、と付記されていた。全六五ページ、そこには、越山会本部の会長、理事、会計の計五人、越山会所属の参院議員一人、県会議員一一人、そして新潟三区の三三の市町村の集落ごとに張り巡らせた計二八八の支部の会長、副会長、幹事長らの名前と住所、電話番号が書いてある。地域支部のほか、愛馬会とか越建同志会などという支部も交じる。「新潟三区のことを知りたいなら、この人たちの話を聞いてください」。名簿の名前を数えたら、一四五六人もいた。

わたしは茫然とした。「越山会」とは、東京・砂防会館にある田中角栄事務所の政治資金団体の名前なのではない。この膨大で緻密《ちみつ》な、いわば無名の人々の民衆組織なのである。これが「越山会」なのか。わたしはその日から、そのなかの主だった人たちを山に谷に街に訪ねて話を聞き始めた。

新潟三区を貫く信濃川にほど近く、いまは長岡市に合併している三島郡越路町の町役場に平石金次郎町長を訪ねた。平石は旧岩塚村地区の岩塚越山会の会長を二〇年も務めていた。一九一〇年（明治四三）生まれだから角栄より八歳上になる。自作農の家に育ち、二・二ヘクタールの耕地だから大作のほうである。しかし冬は雪に閉ざされるから、若き日の平石も福井に酒づくりの杜氏《とうじ》に行ったり、隣町の酒屋に働きに行ったりした。平石の半生記を聞くと、なぜこの地に「越山会」が生まれたか、ある種の歴史的必然を感じ取ることができる。

平石の青年の頃は、「村ではよほどの地主さんでないと、家に残っている男はいなかった。杜氏は収入になってね。男は田んぼが終わる一〇月末に村を出て四月に帰ってくる。若い娘も製糸工場に出た。だからばあさん、母ちゃん、こどもだけの正月だったんだよ」ということだった。

雪国新潟は、出稼ぎの土地である。その昔は、越後獅子や越後瞽女《ごぜ》などの芸を売る出稼ぎがあった。越後杜氏、とりわけ三島郡出身の三島杜氏も名が知られていた。角栄もまた、「頼まれれば越後から米搗《つ》きにくるということわざがあってね。越後人は働き者なんだ。越後から江戸に出稼ぎに出た。わたしも東京に出稼ぎにきたようなものだ。政治家の出稼ぎが終わったら越後に帰るだろう」と折々語ったものだった。

出稼ぎから関東に定着して、銭湯や蕎麦屋、豆腐屋など、朝早くから精の出る仕事で成功する者も少なくなかった。戦後、高度成長の東京でビルの建設、高速道路や地下鉄工事を支えたのも、北国からの出稼ぎ労働者が多かった。

「日農」の時代

平石の時代に戻る。一九二七年（昭和二）頃のこと、平石が隣町の酒屋に働きに行っていたとき、長岡市の西のはずれにある王番田地区を歩いていて、農民運動家三宅正一の演説会に出くわした。警官が一〇人くらい囲んでいて、臨検の「弁士中止」の声に抗しながら、三宅はこんな演説をしていた。三宅はのちに田中角栄の政治的対立軸になる人物である。

「牢屋に入ったことが七回、出てくれば警官につけられる。三〇歳にして頭がはげた。（金融恐慌で）鈴木商店がつぶれて台湾銀行が危ないという。それを政府が助けるというなら、全国の農民の借金も棒引きにして何の不思議があろう」

当時の農村は、地主と小作人の階層対立が激しくなっていた。明治期までは、地主は小作人から高い小作料を取りながらも、村の公共施設整備などに注意を払って村のリーダー役を務めていた。しかしこの時期になると、村を搾取の対象としか見ない寄生地主や不在地主も増えていた。昭和デフレで米の値段が下がって、小作人たちの経営は苦しく、借金が増えるばかりだった。

三宅は、岐阜県の地主の息子で、早稲田大学に進んで、「建設者同盟」の創設メンバーとなる。これは、東大の「新人会」と並ぶ、学生の二大社会主義思想団体だった。折しも、小作人たちがつくる日本農民組合、略して「日農」が活動を始めていた。「建設者同盟」の同人は、小作争議の応援に全国の農村に散る。新潟に来たのが、三宅正一と稲村隆一だった。ふたりともものちに新潟三区で社会党から立候補して角栄とともに議席を争う。

三宅は、新潟市近くの木崎村の小作料減免を求める農民争議の現場に入った。小作人と警官隊が衝突した。家族ぐるみ、村ぐるみの闘争になって、「木崎農民学校」には社会主義者やキリスト者がかけつけた。一九二六年の久平橋事件で、三宅ら多数が逮捕された。農民運動を抑圧しようという警察側の意図が働いていたが、大正天皇の崩御で全員恩赦になった。

木崎争議を追うように、王番田争議が起きた。地主近藤正次と隣の小作人長部熊吉の争いに端を発して、小作人たちが地主の家に投石、精米機を壊したりして検挙者を出した。争議のリーダーだった日農王番田支部長塚田清一郎が二年六ヵ月の実刑をつとめて刑務所から出てきたときは、小作人たちは荷車行列をして祝う団結ぶりだった。三宅は長岡に居を定めて、ちょび髭、はげ頭、ハンチング、ゲートル姿で王番田に通った。天性の明るい人柄、赤貧の生活、雑炊をすすって小作人たちと仲間になったから、三宅はいつのまにか農民運動のカリスマになっていく。

再び平石金次郎の話に戻れば、平石も「割合に反骨なところがあって」、村の「重立衆《おもだち》」、つまり地主たちに逆らう気分の若者だったから、「生殺与奪の権を握る地主に対し、農民のひねこびた気持ちはよくわかる」と「日農」の側に与していた。

農地改革——社共支持から越山会へ

戦後がきた。一九四七年（昭和二二）平石は、いつまでも田んぼだけにしがみついていてもいかん、出稼ぎに行かなくてもいいように産業を興そうと友人槇計作と図って、「岩塚農産加工場」を創業した。さつまいもから水飴を作ろうというのである。

同じ頃、越後の野に田中角栄が現れて、あっちの道路、こっちの橋という具合に国の公共事業予算を取ってくるようになる。「加工場」から「岩塚製菓株式会社」に成長させていく平石にとって、交通が便利になるのはありがたかった。だが、平石はまだ「日農」の流れを汲む社会党を支援していた。

その平石がいつ、どうして越山会に変わったのか。わたしが「全越山会三役名簿」を訪ね歩くと、実は戦前は「日農」で小作争議に加わっていた、社会党や共産党の支持者だった、戦後の民主化による農地改革で自分の田んぼを持つことができた、いつしか越山会に変わったという人々が少なくなかった。

戦後一〇年経った頃、社会党の時局講演会が越路町の小学校で開かれ、国会議員の藤原道子、小林孝平（のちの長岡市長）らがきた。会のあと打ち上げの酒を飲んだ。平石は次第に膨らんでいた疑問をぶつけてみた。

「社会党は口を開くと、大企業とか資本家の悪口をいう。しかし選挙になると、自民党に票が集まるのはなぜか。どうも納得ならん」

藤原道子は「平石さん、もっと勉強しなさい」と答えた。平石は「そういわれてもわからん。だいたい社会党のおっしゃることは実現するのですか」と聞いた。小林孝平は答えた。

「政策には、現実の政策と未来の政策のふたつがある。社会党は未来の政策を言っているんで、政権をとったら一〇年、二〇年後にやることだ。ただいまのことではない」。

平石は、社会党が総評つまり都市労働者の利益と強く結びついて、たとえば国鉄のストに味方して、野菜を細々と出荷する農民の利益と反するのも気に食わなかった。それを問うと、小林は「社会党は労働組合の資金で成り立っているから」と答えた。平石は「小林さんは正直だ」と思ったが、社会党が労働組合の傀儡《かいらい》ならば自民党を財界の傀儡などと非難することはできないと思う。そのときから平石は越山会に転向した。

地主の当主より角栄は気楽に話せる

越路町の旧塚山村の塚野山越山会会長の大矢栄一は、平石のいとこだった。一九四八年（昭和二三）一〇月、シベリア抑留から帰還した。在満州の軍隊にいて、敗戦でソ連軍に連れ去られ、極寒のなかで三年の強制労働をした。七年の不在の間に、生まれたばかりだった娘は小学校に行く年齢になり、一方で両親と二人の戦死した弟など六人もの葬式を出していた。残された家族は一ヘクタールの田んぼにすがって生きていた。

シベリアでは、ソ連の思想教育を受けていた。故郷に戻れば、「日農」が農地改革を指導して活躍していた。マッカーサーのGHQの指令もあって、農地改革は、農村に住んでいる地主には一ヘクタールの保有を認めるが、残りは全部小作人に渡し、農村に住んでいない不在地主には保有地全部を取り上げて小作人に売り渡すという徹底したものだった。各地に農地委員会ができた。地主、自作、小作のそれぞれの代表が価格や境界争いの複雑な利害調整にたずさわっていた。「日農」は農地委員会を戦いの場にしていた。そんなこんなが大矢を「左に傾かせた」ことになって、当時は共産党のビラを配ったりした。

塚野山は、七、八割は大地主長谷川家の土地だった。当主の長谷川赳夫は内閣統計局長や貴族院議員を務めたりした。それまでは長谷川家の権威で調整していた耕地をめぐる利害を自分たちでまとめるのだから「民主主義はわがまま主義みたいで大変だった」と大矢は回想する。しかし、その興奮の時期が過ぎて、かつての小作人たちも自分の田んぼを持つようになると、農村は「日農」から「越山会」へ急速に流れを変えた。

大矢は平石からこう誘われた。「世界情勢がなんだかんだとでかいことを言っても、政治は身近なものからだ。一度、田中角栄に会ってみろ。角栄は土建屋だから、道路のことだけでも頼んでみろ」。塚野山を抜ける幹線道路は、ダンプカーが通ると自転車を降りて避けなければならないほど狭かった。

大矢が東京・目白の角栄邸を訪ねると、角栄は思ったより気さくで「長谷川家の当主と会うより気楽に話せた」のだった。翌年から道路改良事業が始まって、道路の下にパイプを通して、冬にはそこから散水して積雪を融かす消雪装置までできた。大矢は共産党シンパから越山会に変わった。「日農」の連中にも越山会入りを勧めた。「おれも変わったよ。おれたちの生きているうちに村をよくしてもらわな」。現世利益がやっぱり大事じゃないか。角栄は保守陣営とはいっても、長谷川家のような名望家ではなく、もとはと言えば、貧乏百姓の代表である。「日農」は圧政時代の「抵抗」の組織だった。「越山会」は民主主義の時代の「陳情」の組織である。しかし、いずれにしても「下から」の民衆組織であることでは同質なのである。そう考えれば大矢もここで転向して、さして気後れすることはなかった。

三宅正一の五万票

新潟三区から、田中角栄は生涯で一六回の当選を重ねた。農民運動のシンボル三宅正一も一〇回の当選を重ね、角栄と同時代を生きて、最後は衆院副議長にまでなった。わたしはその頃、三宅から「ブラジルからマジョルカという芋を日本に持ってきて育てれば、代替ガソリンができる」などと気宇壮大な話を聞かされたりしていた。

三宅に師事して『農民運動家としての三宅正一』を著した飯田洋はこう書いている。

「三宅も田中も、農民に豊かさを与えた。しかしながら、その手法は全く異なっていた。三宅が農民と共に生存権を賭けた闘いを通じて、農民の地位と生活の向上を獲得してきたのに対し、田中は、権力と金にものを言わせ、公共事業を導入して、農民の生活を変えていった。多くの農民は田中の政治体質を選択したが、戦前からの長い間の同士的つながりが、三宅が最後まで選挙で五万票の固定票を維持した理由であった」

一九七六年（昭和五一）のロッキード選挙で、角栄が農民の前で街頭演説をしているところに、三宅の乗る街宣車がでくわした。三宅は車を降りて角栄に「体に気をつけろよ」と話しかけた。

角栄はマイクを握ったまま、「この選挙でわれわれは勝たなければならないが、農民の恩人である三宅先生だけは落選させてはいけない。もし落選させたら新潟県人の恥になる」と演説した。角栄が一六万八五二二票でダントツのトップ当選、ロッキード事件逮捕の「みそぎ」をしたのはこのときである。三宅は五万四〇三五票で三位当選した。

「角栄と民衆」の物語

新潟三区を歩くと、汲めどもつきぬ「角栄と民衆」の物語がある。それは、堤防、橋、道路、トンネルなどを造ってほしいと角栄に「願い」にいく物語である。

三島郡越路町釜ヶ島地区では、信濃川の堤防建設で洪水被害から耕地が守られるようになって、「信濃川上流改修記念碑」と「田中角栄先生頌徳碑」が建つ。信濃川の河川敷には、ツツガムシがいて、そこを耕作する農民を刺してしばしば死者を出した。そこの土地をどうするか、堤防を送り出したり、橋を架けたり、角栄が河川改修に力を発揮した。しかしこれは、あとで角栄のファミリー企業が農民から土地を買いあげることになって、いわゆる「信濃川河川敷」の金脈問題になったりした。

古志郡山古志村の小松倉地区は、山に阻まれ冬は孤立していた。雪で峠越えができなくなって不幸な病人は助からなかった。地区の住民は、戦前から一七年の歳月をかけて自力でツルハシを振るって、人一人通れる手掘りのトンネルを開通させた。戦後、これを県道に、さらに国道にいささかむりやりに昇格させ、多額の国費を投じて自動車が通れる道路にしたのは角栄だった。小松倉の三七戸の集落のうち二六戸が越山会になった。

栃尾郷の旧荷頃村では、森立峠の改修工事を角栄に頼んだ。角栄は地下足袋、ゲートル姿で何度も峠に登った。枯木の焚き火でニシンの干物を炙《あぶ》ってかじりながら、「道はこの下を通すといいなあ」などと自ら地形を調べた。角栄は、初めは大蔵省や建設省にあしらわれながらも持ち前の馬力でなんとか予算を取ってきた。

角栄はどこでも「在郷」、つまり辺地から足場を固めた。それを見ながら、角栄を「あんな若造が」と軽んじていた「町衆」も、やがて角栄の力を利用するようになる。新潟三区の他の候補者、亘四郎や大野市郎などから角栄に乗り換える者が増えてきた。名望家出身のおっとりしたエリートよりも、角栄のほうがはるかによく働いた。

出雲崎近く、待望の舗装道路が完成して、村長が六〇万円の竣工式の予算を準備していたら、角栄が「半分、おれによこせ」と言い出した。角栄はその金で男物と女物の反物を買い求めた。建設省の役人に贈る男物はともかく、女物は役人の女房の年齢や風体を考えて柄を選んだ。上等の品物だけどちょっと傷ものなので四分の一の値段になっているのを抜け目なく買い漁った。

南蒲原郡下田《しただ》村では、保育所がほしかった。だが厚生省の予算付けの優先順位は低かった。角栄の紹介で陳情に出かけて、ふと気がついて三越デパートで「シャネルの五番」の香水を買って、担当の女性課長に差し出した。地元では、「シャネルの五番」のおかげで二二〇〇万円の保育所ができたと信じられることになった。角栄も角栄なら、地元の人々も東京の霞が関官僚を籠絡するのに知恵を絞った。

国家老の本間幸一は、衆院選挙が終わるたびに、新潟三区の三三市町村別に得票数ではなく、得票率の一覧表をつくって配布した。得票数だと、もともと人口の多い市は当然多くなる。そうではなくて得票率ならば、人口の少ない辺地の町村も高い数字を出すことができる。越山会の成績表は、得票率である。市町村さらには各支部が互いに得票率を競うことになって、高い得票率のところは角栄から公共事業という報酬が出る。越山会のたくみな地域支配の構造だった。

わたしは越山会の人々の話を聞いて、「草のとりで」と題して朝日新聞新潟版に連載記事を書いた。「草」は農民、「とりで」はそれぞれの地域につくった政治結社という意味である。越山会は、田中角栄の後援会というより角栄を「盟主」とする民衆同盟だった。

「越山会」という名はいつ、どこからできたのか。発祥の由来は諸説ある。加茂市と下田村では、一九五三年（昭和二八）に角栄の軍隊時代の上官片岡甚松や材木屋の菊田治郎がつくったと聞いた。上杉謙信が能登を平定したときに「越山併せ得たり能州の景」と読んだ漢詩に由来すると信じている人もいた。「聖地」魚沼地方では、こちらでつくった越山会が先だという話も聞いた。

あるいは、発祥がわからないことこそ、縷々《るる》述べてきたように、越山会が「角栄と民衆」の化学反応のなかから生まれた証左だったと言えるのではないか。

2 長岡鉄道から越後交通へ

長岡鉄道の社長に就任

かつて新潟三区の三島郡を縦貫して「長岡鉄道」という私鉄が走っていた。一九五〇年

（昭和二五）一〇月一四日、田中角栄はその社長に就任する。「越山会」に表徴される「民衆の角栄」に加えて、「長岡鉄道」は新潟三区のなかで「事業人角栄」としての地歩を固めさせた。いずれ「越後交通」のオーナーの地位にのしあがって、地域支配を盤石のものとしていく出発点だった。

日本の近代化は、汽笛一声の鉄道開設から始まる。新潟でも地域開発の先駆者たちがいくつもの私鉄を興した。しかし、経営は苦しく、赤字になると国有化を陳情した。実は、信越線も越後線もはじめは私鉄であり、明治から昭和にかけて国有化されたものである。

長岡鉄道、略して「長鉄」は一九一五年（大正四）に開業、二一年には、日本海岸の寺泊から与板を経て来迎寺にいたる、全長三九・一キロメートルが開通した。むろん当時は、沿線に煤《すす》をまき散らす蒸気機関車である。

角栄がかかわる頃、長鉄は存続か廃線かの岐路に立たされていた。朝鮮戦争が始まってかというもの、石炭が値上がりして経営は悪化していた。除雪もたいへんだった。冬は数十日も運休することがある。長岡に通勤通学する人は、冬は長岡に間借りしたりした。その長鉄を再建するには「電化」する以外になかった。「電化」が無理ならば廃線にすることを当時の社長が公言していた。

だが、三島郡の町村にしてみれば、頼りになるのは、まだ未整備の道路より、やはり鉄道である。町村長と農協組合長は「長岡鉄道運営協議会」をつくって、会社の求める増資に応えた。だが、ともすれば廃止を持ち出す社長に不信感を抱いて、彼らは新社長を探していた。長岡鉄道労働組合も同じだった。新社長候補に次々に断られ、最後に田中角栄が浮上した。

角栄は「三島郡には、亘四郎や大野市郎など地元の代議士がいるだろう」と乗り気ではなかった。だが、亘も大野も「旦那衆」の代議士である。地元の陳情の受け止め方は、角栄ほど親身ではなかった。「株主の委任状を取れるのか。経営の数字を持ってこい」と具体的に聞く角栄に本気を感じて、「選挙では得票率を上げます」などと意気込んで社長就任を頼み込んだ。

ようやく引き受けた角栄は社長就任の挨拶で、「三島郡のためにどうしても存続、電化しなければならない。難点は融資だが、自信はある」と語った。戦前の鉄道省出身、東条内閣で鉄道相を務めた八田嘉明、やはり鉄道省出身でいまをときめく自由党幹事長佐藤栄作を会社の顧問に据えたあたりは角栄らしい大ぶろしきである。だが、銀行もたやすく融資はしてくれない、株も買い手はいない、そこで角栄は市町村に株を割り当て出資させるべく、宴席で市町村長に酌をして回った。角栄は何とか増資のめどをつけて、電化工事には「電化の神様」と言われ、運輸省鉄道総局電気局長から衆院議員になった西村英一に頼んだ。ここで知り合った西村は、角栄の生涯の政治的伴走者となる。

西村英一と角栄

西村という人物のことをここで触れておきたい。一八九七年（明治三〇）、西村英一は大分県の離れ小島、姫島に生まれた。角栄より二〇歳年長である。旧制第七高等学校（鹿児島）から東北帝国大学電気工学科を出て鉄道省に入った。佐藤栄作は鉄道省の同期である。一九四九年（昭和二四）一月の総選挙で、その佐藤の誘いを受けて、西村もまた「吉田学校」の一員として民主自由党の衆院議員となる。それ以来、佐藤派、田中派の重鎮として数々の閣僚や角栄肝いりの国土庁の初代長官や自民党副総裁を務めた。「西村じいちゃん」というのがあだ名だった。清廉で、木造の質素な古い家に住み続けた。

佐藤にも角栄にも飾らぬ言葉で直言した。角栄に対して「総理が札びらを切るなんてみっともない。やめなさい」と言うと、角栄は「じいさん、あんたには学歴もある。高級官僚だった自尊心もある。だが、おれには何もない。学歴もない、しがない馬喰のせがれには、これしかないんだ」と涙を流したというエピソードが伝わる。そんな角栄を哀れんだか、西村は最後まで見捨てなかった。

わたしたち取材記者が自民党の「四〇日抗争」の調整に苦しむ西村に終日つきまとうと、シッシッと声を出して追い払われたりした。でも、西村の目は優しく、かえって「西村じいちゃん」に好感を覚えた。晩年、毎正月には自宅に訪ねて、丹前姿の西村を囲んだ。わたしは西村の朴訥《ぼくとつ》にしてユーモラスな人柄に、夏目漱石の『坊っちゃん』や『三四郎』に描かれる明治の明るい青年はこんな感じかなと思った。

さて、長岡鉄道である。電化にはまだまだ資金が足りなかった。まだ戦後復興期で、石炭、鉄鋼、海運などに国家資金が投じられ、私鉄までは回らなかった。そこで、角栄は一計を案じた。信濃川の砂利である。砂利採取は、復興事業として、政府の融資の対象となる。角栄は、長岡鉄道の営業科目に「砂利採取販売業」を加えた。そして、政府系金融機関の日本開発銀行の理事中山素平に申し入れた。「私鉄ではない、砂利採取業で金を借りたい」。各銀行の計八五〇〇万円の協調融資が決まって、角栄は電化資金を手に入れた。背景には、池田勇人蔵相の口利きもあった。

その後も曲折があり、ようやく一九五一年一二月、長岡鉄道に一番電車が走った。突貫工事だったから、試運転は最後まで難航してはらはらした。沿線の街は、商店街の大売出し、のど自慢大会などを催して祝った。角栄は「使える男」として熱狂的に支持される。長鉄労組もまた社会党支持をやめ、角栄支持に転ずる。田中杯の野球大会や釣り大会を開いた。角栄の人気は、街の労働者層にも浸透していく。彼らもまた先のわからない社会主義よりも目の前の「生活」を選んだのである。

一九五二年〔昭和二七〕一〇月一〇日の衆院選挙では、角栄は六万二七八八票で前回より二万票を増やし、初めてトップ当選を果たした。長岡鉄道が走る三島郡の票は、前回の三・八倍、九八四三票に増えた。「生活」が票に結びついた。

それから幾星霜、一九八七年〔昭和六二〕九月一五日、長岡鉄道の電化を手がけた西村英一が九〇歳で死んだ。そのとき角栄は、すでにロッキード事件で有罪判決を受け、しかも脳梗塞に倒れて自宅でリハビリしていた。角栄は西村の葬儀に出ることができずに、長い弔辞を寄せた。

「わたしは弱冠三二歳の二年生代議士、二〇歳も年長のあなたの第一印象は無欲恬淡《てんたん》とした仕事の鬼、この人となら仕事ができると直感したことを覚えています」。角栄は長岡鉄道電化のことで西村と出会ったときの印象をこう述べた。

「あなたと私は私事においても共通項がありました。二人とも無類の酒好き、互いに年上女房を持ち、更にまた、父親ゆずりの気性を備えた一人娘に手を焼いていること……」

角栄の発病後も、西村が信濃川の発電状況を調べ、ロッキード裁判を心配して法律関係者の話を聞いては報告してくれたこと、一度、角栄がリハビリを抜け出して国会近くの砂防会館を訪ねて西村に会いに行ったことがあったこと、そのとき「若いもんがいつまでぐずぐずしているんだ、そのへんでコーヒーでも飲もうや」と励まされたこと、西村の死の三日前、取るものもとりあえずかけつけた角栄の耳に西村が「もう一度」とつぶやいたことを明かした、心のこもった弔辞だった。

西村英一

西村の死の六年後、角栄もまた再び表舞台に立つことなく死んだ。あの「もう一度」は、何を意味していたのか。角栄が西村を語るとき、二〇歳年上なのに「西村クンはネ……」と呼んでいた、角栄の虚勢ぶりがわたしの耳に残っている。

越後交通による新潟三区支配

一九六〇年（昭和三五）一〇月、長岡鉄道を軸に、中越自動車、栃尾電鉄の三社が合併して「越後交通株式会社」が発足した。これによって、新潟三区全体をカバーする中枢交通機関ができたことになる。合併のいきさつには、東急資本の五島慶太と角栄、そして小佐野賢治ら、角栄の闇の金脈が鬱勃として噴き出してきた。

長岡鉄道は、電化後もその借金返済などで収支トントンか赤字だった。長岡市は長岡鉄道に出資していたから、その赤字をめぐって議会が紛糾した。長岡鉄道自体も不正経理でもめ、満州の軍隊生活で角栄の上官でのちの越後交通社長になる片岡甚松砂利部長らが逮捕され、角栄自身も事情聴取を受けるなど刑事事件に発展したりもした。

長岡鉄道はバス路線も持つ。バスでは中越自動車との競争がはげしかった。「銀色（長鉄）と黄色（中越）のバスが長岡市内を抜きつ抜かれつの攻防戦を演じている」と当時の新聞は伝えた。ドル箱の観光地、悠久山への運賃を午後になって突然ダンピングする騒ぎも演じた。いったい、どっちが勝つか。こういうとき、いつも角栄は後ろに下がらないで強気に前に出る。

一九五八年（昭和三三）、東急電鉄の五島慶太の腹心田中勇が長岡に乗り込んでくる。田中勇もたたき上げの人物である。「五島から中越自動車の株を買い占めて乗っ取ってしまえと言われてね。実は角栄から頼まれたというんだね」。五島は全国の私鉄を配下に置こうとあちこちで画策していた。田中勇は「新潟県は雪ばかり降って、会社を買収してももうからない」と思っていたが、五島の命ならば、そうするほかなかった。

「自転車をこいでひと株ひと株、分散株を買いにいった」と角栄の国家老本間幸一から聞いたことがある。「草のとりで」だったはずの越山会という政治組織がいつのまにか、角栄の事業に組み込まれて、その手足に変わり始めた。合併の機運は、経営を安定させて給与を上げてほしい各労組からも起こった。中越自動車の西山平吉社長は防戦に努めた。だが、株の買い占め合戦となれば東急資本に勝てなかった。「合併反対」だった栃尾電鉄も時の勢いに飲み込まれた。

三社合併なった「越後交通」は、会長に角栄、社長に田中勇が就いた。むろん西山平吉の名はなく、取締役に小佐野賢治が名を連ねた。「なに、小佐野賢治！」。これでカラクリが解けたと思った人が少なくなかった。株の買い占め合戦で、小佐野は角栄に協力してこっそりいた。長岡鉄道側に金を出しただけでなく、そうとは知らぬ中越自動車の西山の金ヅルともなっていた。小佐野は西山側から手に入れた中越自動車の株を東急資本に渡した。騙《だま》し、騙されるのがこの世界だった。「小佐野はケチだ」と角栄はよく言ったりしていたが、かくして新潟三区の交通網は、「越後交通」の支配に落ちた。

一九七三年（昭和四八）四月、角栄が首相のとき、「越後交通」は長鉄、栃鉄から引き継いだ鉄道路線を全部廃止、すべてバス路線に切り替えた。考えてみれば、電車はレールの維持修繕まで会社負担なのに対して、バスが走る道路は山の奥まで公共予算によって建設され維持管理されるのだから、その分、安上がりにすんだ。国や自治体の予算による冬場の除雪が進めば進むほど、バスは運休しないで儲かる。

「政治家田中角栄」が道路建設や公費除雪を後押しして、地元に利益還元したものが、そのまま「事業家田中角栄」の利益に直結する。なかなか巧妙な地域支配構造である。越山会には、土建業者が勇んで流入してくるようになる。

わたしが国家老の本間幸一からもらった「全越山会三役名簿」には、「越山会事務局」の住所と電話番号として「越後交通（株）」の住所、電話番号が記載されていた。つまり、越山会イコール越後交通になってきたのである。

東急から来た田中勇から、本間は「政治も事業だ」ということを教わる。

「それまでは、選挙はただ票が多ければいいというだけでした。それではだめだと田中勇さんは言うのです。資本を投下したら、それで利益が上がったかを確かめなければいけない。政治だって同じだと。橋や道路をつくった地域の何割の人が田中角栄に投票するのかが目印だと言うのです」

越山会が各市町村別に、越山会支部ごとに、得票数ではなく得票率を競わせるようになったのも、そこからなのである。

〝江戸家老〟による「越山会査定」会

さて、わたしは一九八一年（昭和五六）四月、長岡市で開かれた「山田秘書公共事業説明会」なる集会に潜り込んで取材した。通常は公開されることはない、いわゆる「越山会査定」として名を馳《は》せた催しである。山田秘書とは山田泰司、いつもは東京・目白の角栄の私邸内の事務所に詰めている、いわば江戸家老である。

国家老の本間幸一が立つ。「越路にも春が訪れました。みなさま、かねてご待望の公共事業の土木、農林関係について、山田先生をお迎えして会議を開きます。各支部長の方々、忙しいところをありがとうございます」

四月といえば、政府予算が決まって公共事業をどの県のどの案件に配分するのか、全国規模でいわゆる「箇所付け」の争いに入る時期である。

庭山康徳越山会長は「かつて豪雪の冬のときは、越後交通バス路線の八五％がつぶれた。この冬も豪雪だったが、栃尾の奥で土砂崩れが一ヵ所あっただけですよ。道がよくなりました。公共事業で基盤整備をしないと、企業は進出してこない。働き場のないところでは人口は増えない。だから列島改造が必要なのです。わかりきっていると思うが、これからも山田先生、田中先生にお願いしていきましょう」とハッパをかけた。越後交通バスが走っているかどうかが列島改造の進捗のメルクマールかのように。

また本間が立つ。

「山田先生は田中角栄について三七年、公共事業は田中、山田でできなければ、村山達雄先生、渡辺秀央先生、桜井新君のところに行ってもだれもできないであろう」

山田泰司は、戦争直後の田中土建の頃から角栄とともに働いた。「あの人は先頭に立って仕事をやる人だった。会社近くの飯田橋駅に砂利やセメントが着くと、雨のなかでも出てきて裸になって荷を運んでいた」と山田は角栄を語っている。

角栄が政治に出るとともに、山田も手伝う。新潟三区の地理を覚えるために夜行列車で往復した。山田の目には、新潟三区は惨めな未開地に思えた。建設省、農林省など公共事業官庁と地元をつないで、いつしか山田は「角栄の代理人」になる。山田の手に負えないものは、角栄がじかに役所に電話して「即決」するのだった。

村山、渡辺ら新潟三区から出ている自民党衆院議員は、どれも「山田先生」の足元にも及ばないと本間は語気を強めた。桜井だけ「君」づけなのは、越山会青年部長だったのに割って出て衆院議員に当選した、許せない男だったからである。

いよいよ山田が立つ。

「新潟三区の総体の予算額は七〇〇億円です。さらに農地関係で一〇〇億、高速道路その他を合わせれば一〇〇〇億です。それから県単独事業もある。うちの町は配分が少ないという不満もあるでしょう。そういうところは先進国なのです。公共事業が進んでいると思ってください。うちの町は配分が多いというところは発展途上国だからです」

山田は巧みに市町村の不満を封じながら、市町村別に詳細に公共事業の計画を説明した。ダム建設、国道昇格、道路改修、スカイライン建設、隧道《ずいどう》建設、信濃川架橋、橋梁架け替え。それは微に入り細に入り、見事なプレゼンテーションだった。

本間はこう締めくくる。「東京旅行にどんどん行っていただきたい。田中先生のところは、火曜と木曜です。陳情は水曜と土日を除いていつでもけっこうです」

越後交通の貸切りバスで東京旅行。目白の角栄邸で角栄のダミ声を聞く「目白ツアー」である。皇居や国会議事堂、浅草見物など定番観光を楽しむ。時には箱根に足を伸ばす。いまでは議員後援会のバス旅行は珍しくないが、こんな選挙戦術を編み出した先駆者は本間幸一だった。

かくして「越山会」と「越後交通」は、両々相まって、角栄の地域支配システムに変わっていった。おそらく自民党を長期政権たらしめた下部構造のイデアルティプス（理想型）は「越山会」アンド「越後交通」だったのである。

第Ⅳ章

閣僚としての手腕――岸・池田政権時代

1　郵政大臣就任――テレビ局と郵便局を手中に

郵政大臣としての初入閣

一九五七年（昭和三二）七月一〇日、田中角栄は郵政大臣として初めて入閣した。角栄が東京・狸穴《まみあな》の郵政省の門をくぐって最初の仕事といえば、玄関にある「全逓信労働組合」の看板を取り外させることだった。

郵政職員への大臣訓示が終わると、全逓の野上元委員長、宝樹文彦副委員長、大出俊書記長が押しかけてきて、「大臣が無断で組合の看板をはずしたのは窃盗だ」と抗議した。彼らはのちに労働界、社会党の大物になる人物である。

だが、少壮角栄は「どこの国に大家より大きい表札をかけている店子があるか。第一、君たちは郵政省のなかに全逓信労働組合という看板をかけておきながら家賃は払っているのか」と言い返して、全逓幹部を絶句させる。これをきっかけに角栄と労組は対立しながら認め合う関係になるから、角栄の不思議な「説得の才気」ではある。

角栄の大臣訓示は殊勝だった。

「わたしは新潟県柏崎の生まれでまだ三九歳。未熟者であることはいうまでもない。しかし、先をみて、まあ使い甲斐のある男だと思ってもらいたい。郵政事業はむろんまったくの素人であるから、何も抱負経綸といったものはないが、最終責任は私が取るから、皆さんはそれぞれ自分の仕事に責任をもって進めてほしい」

角栄と「郵政」の出会いはこんなふうだったのに、いつしか「郵政」は角栄の、さらには角栄を継ぐ田中人脈の利権の牙城のように言われるようになる。角栄政治の第一章が「道路」ならば、第二章は「郵政」なのである。

しかしその前に、角栄が初入閣にいたるまでの日本政治の推移をたどっておく。

まず、吉田茂が引退した。吉田は、講和独立をなしとげ、日米安保条約を結んで、日本の基本構図をつくった。その後も政権維持の執念は強く、「抜き打ち解散」「バカヤロー解散」など立て続けに衆院選挙に打って出た。角栄はいつのまにか、「吉田一三人衆」と呼ばれる側近の末席を占めた。だが、吉田政権七年二ヵ月、「造船疑獄」に見舞われ、腹心の佐藤栄作自由党幹事長の逮捕回避に法相が指揮権発動をするなどの無理を重ね、命脈がつきた。一九五四年一二月のことである。

代わって登場したのが「悲運の宰相」鳩山一郎である。公職追放から戻って、吉田と激しく対決したあげくの首相就任だった。一九五五年二月、鳩山のもとで衆院選挙が行われ、角栄は五回目の当選を果たした。ただ、このときはトップを左派社会党の稲村隆一に譲って二位だった。

岸改造内閣発足，1957 年 7 月 10 日　角栄（2 列目右端）は郵政相として初入閣．最前列は左から河野一郎，岸信介，石井光次郎，一万田尚登の面々

その年の一一月、「保守合同」が成る。自由民主党、略して「自民党」ができた。その前に左右に分裂していた社会党が統一、それを迎え撃つには吉田、鳩山の保守陣営内の確執を終わらせなければならなかった。

「もはや戦後ではない」と経済白書が書いたのは、一九五六年のことである。朝鮮戦争の特需が日本経済を戦前の水準まで立ち直らせた。鳩山は、ソ連との国交回復に動き、病軀《びょうく》をおしてモスクワを訪問、日ソ共同宣言に調印した。シベリア抑留の日本兵帰還、国際連合加盟が実現したのを見届けて鳩山内閣は総辞職した。

自民党は初の「総裁公選」を実施、石橋湛山が決選投票で岸信介を七票差で逆転して首相に選ばれる。しかしほどなく風邪をこじらせるなどで退陣、岸信介が継いだ。田中角栄が史上最年少の大臣として郵政相を射止めたのは、岸の最初の内閣改造でのことである。

このとき角栄が岸に三〇〇万円のお礼を運んだという未確認の話もある。ずっとのちに、ロッキード事件で苦境の角栄のもとに岸信介が辞職を勧めに訪ねにきたとき、なぜ岸に会うのかを尋ねてみた。「うーん、岸はおれの任命権者だったからな」と角栄は答えた。なるほど、政界の秩序形成というのはそういうものかとわかった気がした。

東京タワーと省内巡視

角栄の郵政相事始めはいささか珍妙である。屋上へ上がった。近くに立腐れになっている鉄骨がみえた。「あれが前田久吉氏（マスコミ界の大立者）の計画しているテレビ塔か」。付き添いの浅野賢澄文書課長が「建築基準法違反で、途中でストップを食っているんです」。関東一円にテレビ電波を出すはずの東京タワーの建設が中断していたのである。「よし、これは私が処理してやる」と角栄。

角栄は階を下りて省内を巡視した。テーブルに足をあげて顔に新聞を載せて寝ている者には「そのほうが疲れがとれる」と許した。格納庫をあけたらなかで職員が裸で麻雀をやっていた。「休み時間なら麻雀もいい。しかし健康によくないから扉を開けて堂々とやれ」と角栄。角栄自身は時間ばかり食う麻雀は嫌いだった。全逓本部の部屋を覗《のぞ》いて「これだけ大きな組合なのだから本部会館をつくれ」と促した。それに従ったのかどうか、全逓はのちに全逓会館をつくった。

窓のない部屋に掃除のおばさんがたむろしていた。これでは居心地が悪かろうと、翌日から窓をつくる工事にかかった。共済組合の葬儀屋まで省内にあって驚いた。エレベーターガールに古手の女性職員が回されていたのをやめさせて若い女性に外注した。角栄は人心収攬に長けていた。

東京タワーは、建築基準法で地上三一メートルの高さ制限にひっかかった。テレビ塔は地上一二〇メートルに展望室があり許可できないとされていた。角栄は建設事務次官石破二朗に「建築基準法を立案したのは私だ。テレビ塔は普通の建物ではない。広告塔である。高さ制限の対象ではない」と談判して許可させた。映画『三丁目の夕日』に描かれたように、日本の経済成長のシンボルとしてにょきにょきと背を伸ばした三三三メートルの東京タワーは角栄も一役買って、一九五八年一二月二三日に完成したのである。

ちなみに、建築基準法は一九五〇年五月、たしかに角栄が立案に参画して制定された。同時に角栄の議員提案で建築士法が制定され、角栄の著書『私の履歴書』には、「建築士法を議員立法し、その第一号一級建築士となる」と記してある。だが、角栄の建築士番号は一六九八九号であって、第一号というのは角栄の思い込みなのかどうか、定かではない。

労使交渉での「説得の才気」

角栄は「郵政」には「まったくの素人」と言いながら呑み込みは早かった。まずは、労使関係の正常化である。当時は三公社五現業といって、国鉄、電電、専売、郵政、林野などの公共企業体は政府との間で賃金交渉をしていた。角栄は郵政職員の各家庭に書簡を出したりして、全逓の賃上げ闘争を牽制したりした。

就任から五ヵ月経って、角栄の政務秘書官を務めていた曳田照治が死んだ。その後任に角栄は全逓書記長の大出俊の登用を全逓に申し入れた。すると全逓はＯＫの返事をしてきた。だが、郵政省の幹部官僚には、それは大臣の遊びが過ぎるということだったのだろう、「不当労働行為として問題になる」という理屈で反対、実現はしなかった。だが、このあたり、角栄には「労使対決」よりも「郵政一家」の発想がうかがえる。

曳田照治は、フィリピン戦線から帰国後、角栄の秘書となったが、角栄よりもかっぷくがよくて曳田が候補者かと間違えられたりした。曳田は南魚沼郡塩沢町の旧上田村出身で、ここに越山会を創始した。角栄の戦友たちのつくった加茂市の越山会と並ぶ発祥の地である。

戦地から持ち帰ったマラリアの再発で死んだ曳田に角栄は恩義を感じていたらしく、上田にある名刹雲洞庵《うんとうあん》の境内には曳田の死を悼む碑がある。こんな文字が浮かぶ。

「昭和二十一年比島戦線より復員後、青年政治家田中角栄氏の秘書となる。これ正に雲龍の際風虎の会を視るがごとし。以来豪雪寒冷地域格差の解消に快刀乱麻を絶つが如き活躍をなし、為に南北魚沼の公共施設は面目を一新し……」

曳田の後任に大出俊の登用をあきらめた角栄は、のちに江戸家老となって公共事業を仕切る山田泰司を秘書官に任じた。ここで大出が秘書官になっていれば、のちにタテ縞の背広を着て自民党の金権政治を鋭く追及する社会党代議士はなかった。

全逓の繰り広げる勤務時間内の職場集会などの闘争戦術は、管理側からすれば公務員法や公労法の違法行為ということであって、角栄は野上元、宝樹文彦、大出俊ら幹部七人の解雇をはじめ、組合員の一割に及ぶ二万人の大量処分をした。全逓は「不当処分と闘う」と勢い込む。角栄は「処分しないで大臣の務めは果たせない」と突っぱねる一方で「香典はだそう」と退職に際しての手当、いわばクビ切り料を三億円出すことを提示した。交渉のその場で大蔵省の正示啓次郎理財局長に電話、「郵政省は貯金や簡保で自分で金を集めているのだからいいだろう」と納得させた。全逓幹部が「三億といわず五億出してください」とねだると、角栄は「香典の額に注文をつける者はいない」とやり返した。この応酬は角栄の「説得の才気」を感じさせる。

後年、角栄がロッキード事件でマスコミの激しい攻撃にさらされると、「一〇人も兄弟がいれば、一人ぐらいは共産党もいるさ。記者には記者の仕事があるんだ。それでめしを食っているんだからそれでいいよ。日本という国は同族社会さ」というせりふをよく口にした。「説得の才気」は単に駆け引き上手というだけではない、ある種の共同体思想がそこに伏在していた。

テレビ免許の大量公布

郵政相としての角栄の大きな仕事は、テレビの大量免許である。

一九五三年（昭和二八）、テレビはNHKと日本テレビ放送網が放映開始した。テレビ受像機は目が飛び出るほど高価で、人々は街頭テレビで野球や相撲、プロレスを見ていた。NHKは放送地域の拡大を、民間の野心家たちはテレビ事業への参入をもくろんで、数多くの者が争ってテレビ免許の申請をした。郵政省はまだ海のものとも山のものともわからないテレビをそんなに野放図に広げていいのかどうか、それが技術的に可能なのかどうか、三、四年にわたって放置していた。

だが、そこは役人ではなく事業家角栄である。当時の価格で二〇万円もするテレビ受像機はいずれ四万円ぐらいで買えるようになるだろうし、当時はまだ白黒テレビ九〇万台だった受像機は、遠からず一〇〇〇万台のレベルに拡大すると予感して、公言もした。郵政省の事務当局がテレビ免許に「反対」の書類を上げてきたのに対し、小野吉郎事務次官に表紙を「本件許可しかるべし」と書き換えさせて決裁した。開局申請者を一斉に呼び出して、各県ごとに申請の許可不許可、統合、株式や役員の配分などを指示、「不承知ならば行政訴訟してもらってけっこう」と開き直って呑ませた。かくして角栄は、NHK七局、民放三六局に一括して予備免許を与えた。角栄は、利権の調整者として大いなる手腕を発揮した。ここから大いなるテレビ時代が始まった。

一九七二年八月、首相になったばかりの角栄は軽井沢で首相番記者と懇談してこう語ったと伝えられる。「おれは郵政大臣のときから、マスコミ各社の内容を知り尽くしている。その気になれば、これ（クビ）だってできる。おれが怖いのは、君たち番記者だ。社長や部長はどうにでもなる。君たちがつまらんことを追いかけなければ、おれも助かるし君たちも助かる」。わたしの先輩記者もその場にいた。角栄の発言は、一線記者へのくすぐりだった。記者はあとで思い起こしてメモに保存したけれども、そのときは報じなかった。マスコミへの抑圧というよりは、マスコミとの一種のなれあい感情ができたのもテレビの大量免許からだった。

角栄を助ける郵政事務次官を務めた小野吉郎は角栄の首相在任時にNHK会長に抜擢される。しかしロッキード事件で逮捕された角栄が保釈されるとお見舞いに角栄邸を訪ねた。NHKへの抗議が殺到、受信料支払い拒否が急増して、小野は辞任した。禍福はあざなえる縄のごとしである。

特定郵便局、二万局拡大構想

角栄の郵政支配のもう一つの布石は特定郵便局の拡大である。全国に特定郵便局二万局設置をぶち上げた。

明治の初年、「郵便の父」前島密は、郵便網を張り巡らせるために全国津々浦々の、たとえば醸造家、地主、人馬継立業《つぎたて》など地方名望家を郵便局長に登用した。局舎を無料で提供させ、代わりに「官」の身分を与え、長年務めれば勲章ももらえ、あまつさえ代替わりの世襲もできた。地方人士の「虚栄を利用した」と前島が書き残す、それが特定郵便局である。軍国主義の時代には、特定郵便局長の「顔」で庶民の貯金を集め、それが軍事費に投じられ戦争資金になる。

戦後になってGHQがいったん廃止、また復活したが、全逓は特定郵便局廃止を打ち出した。全逓からすれば、特定郵便局は労働者意識のない、封建の遺物のように思えたのであろう。角栄は、特定郵便局二万局拡大構想を打ち出すことによって、その存続を認めた。角栄は『歴代郵政大臣回顧録』に書き残している。

「三等郵便局〔特定郵便局のこと〕は〔中略〕明治、大正、昭和の三代にわたる財政投融資の財源として、経済の発展と民生の安定に大きな足跡を残した。〔中略〕敗戦経済から自立経済、国際経済へと三段とびをする過程で、国民のもつ資金を、国家的立場から効率的に利用する必要が一段と強まった」

大蔵省の集める税金だけでなく、庶民の貯金を公共投資に使えば、日本経済の飛躍のバネになるではないか。角栄は、国家のもう一つの財布を「特定郵便局」に見出して、大いにバックアップした。

ただ、二万局というのはいかにもおおげさで、大蔵省は渋る。角栄はまた大蔵省の正示理財局長に電話して、「君のほうは郵政省に金ばかり集めさせておいて予算のほうは四の五のいうらしい。もう君たちには頼まぬ。私が自分で決めるから……」と開き直る。郵政省は自前の収入源があるから強い。結局、始めは二〇〇〇局が認められた。

特定郵便局長会はむろん角栄に感謝した。その後、角栄は自民党幹事長を長く務め、自民党の選挙をとりしきることになる。特定郵便局長は「一人一〇〇票」といわれる地域の顔である。角栄の配下で、自民党を支える集票マシーンとなる。

参院全国区選挙では、郵政省の高級官僚をいつも上位で当選させ、田中派に所属させた。衆院の選挙区でも、郵政票をもらえる候補者は断然有利になる。自民党内に「郵政事業懇話会」ができて、金丸信、小渕恵三、野中広務、綿貫民輔ら、田中派の有力議員が次々と会長に就く。これら「郵政族」が特定郵便局の利益のためにしゃにむに働くことになる。

二〇〇五年三月、全国の郵便局は、普通郵便局が一三〇八に対して、特定郵便局は一万八九二三にまで拡大、簡易郵便局四四四七を合わせて合計二万四六七八という構成にいたる。「道路」そして「郵政」。角栄がつくったのは、官につながる事業をめぐるカネと票のコングロマリットだった。それが自民党長期政権を支えるエキスだった。

自民党の派閥体質、政官業の癒着体質、すべては角栄を淵源としている。それを一点突破しようというのが「郵政民営化」である。小泉純一郎首相は二〇〇五年、郵政民営化法案を出して成立を図った。

わたしは小泉が首相になる前、小泉に聞いた。小泉がしきりに主張する「構造改革ってなに?」と。そのとき小泉はこう答えた。

「構造っていうのは、田中角栄がつくった政治構造のことだよ。郵政だって道路だって一〇〇年の体制がある。それを田中角栄が利益を吸い上げる仕組みに仕上げた。医療年金制度だって田中角栄がつくった仕組みだ。それを変えるんだ」

小泉はメディアをあやつって「郵政民営化」の是非を問う選挙に圧勝した。小泉によって「角栄の牙城」は壊された。

だが、それはずっとあとのことである。角栄はまだ郵政相になって「城」の土台をつくったところである。ともあれ、一九五八年五月の衆院選挙が行われるまで、角栄は気分よく郵政相を楽しんだ。

NHKの人気番組「三つの歌」に出演、「狸ばやし」や「赤い靴」を合唱、水を向けられて浪曲「天保水滸伝」をひとくさり、「集まる顔役親分衆、賭場に小判の雨が降るー」とうなった。大晦日、テレビとラジオで同時中継したNHK紅白歌合戦に顔をみせた。トリは三橋美智也と美空ひばり、審査員席に角栄のほか、菊田一夫、若乃花勝治、金田正一。正月には、日本テレビで「湯島の白梅」「青い山脈」を歌い、さらには浪花節「杉野兵曹長の妻」までうなった。大臣なのに軽々しいと批判も出たが、角栄は昭和の庶民文化のなかに生きていた。

2　政調会長から大蔵大臣へ

「佐藤派」という派閥のなかで

一九五八年（昭和三三）五月二二日の衆院選挙で、田中角栄は八万六一三一票を得てトップ当選した。前回は二位当選、それより三万余票を増やした。「二〇代で代議士、三〇代で大臣、四〇代で幹事長、五〇代で総理大臣」と角栄がうそぶいたという出世双六を、一つ進んだのが大きかった。

「郵政大臣郷土入り」という越山会所蔵のフィルムには、角栄が故郷に錦を飾って手旗で迎えられる様子が映る。二田中学校では「田中郵政大臣歓迎の歌」の大合唱があった。「二田

自民党派閥の系譜

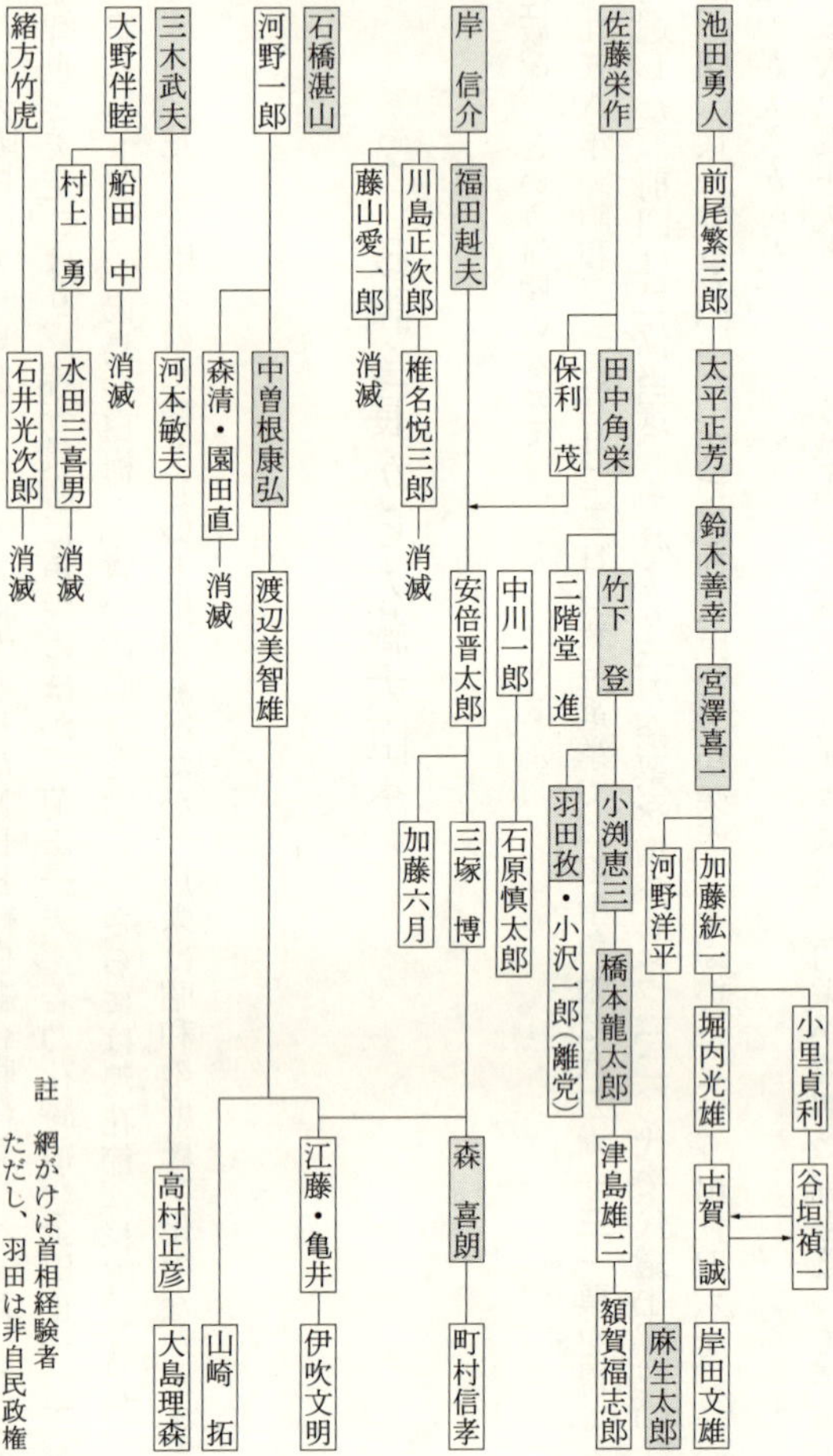

出典：福永文夫『大平正芳』（中公新書，2008年）を基に筆者作成

の里のせせらぎは、うまずたゆまず努力して、大川となり海となる……」。夜は提灯行列があって、人波が果てなかった。

南蒲原郡下田村の坂井正治は、まだ村には学校と郵便局にしか電話がないときに、学校の小使いさんが坂井のもとに息せき切って知らせてきたことを思い出す。「郵政省から電話だよ。この村に電話をつけるって」。この地に越山会をつくった坂井が一週間前に角栄郵政相に農村集団電話を引いてくれるよう陳情したのがスピード認可になったのだった。角栄票がぜん増えたのは当然だった。

一九五九年九月、角栄は岸政権のもとで自民党副幹事長となる。幹事長は川島正次郎、副幹事長は各派閥の代表者数名であって、その一人、角栄は佐藤派の代表だった。

派閥こそ自民党を構成する基本単位であり、派閥抗争こそ自民党の権力構造を作り出す基本原理だった。角栄は早くも派閥のなかで台頭して、派閥抗争の海に乗り出していく。

以後、角栄は派閥抗争のもっとも峻烈《しゅんれつ》なプレイヤーになる。当時の派閥は、総裁閥の岸派、「吉田学校」の佐藤派と池田派、党人の大野、石井、河野派など、いわゆる「自民党八個師団」で争っていた。

なぜ佐藤派なのか

角栄は池田と親しかった。角栄より一期遅れて池田が当選してきたときは、池田を蔵相にするべく運動したという話もある。角栄は妻はなの連れ子を池田の縁戚と結婚させた。そんな縁もあって池田は、角栄が自分のほうに来ると思っていた。

一九五六年(昭和三一)一二月の総裁選で、岸信介と石橋湛山が争ったとき、佐藤は当然、実兄の岸を推した。だが池田は佐藤とライバル関係なのである。「池田は石橋を推す気だな」と角栄は感づいた。角栄は「兄が出るなら弟が推すのは当たり前じゃないの。そこらは少し浪花節的なところもあったけど」と佐藤に味方した。岸を支持するかしないかの分かれ目から吉田派「丙申会」は、池田派「宏池会」と佐藤派「周山会」に分かれたのである。

そこでできた石橋政権は石橋の病気であっけなく退陣、岸政権が継いだ後、池田と佐藤が対抗しながら相次いで政権の座に就く。池田、佐藤の時代は、自民党政権の最盛期だったといっていいだろう。角栄は、「佐藤派・親池田」のポジションに自らを置き、「保守本流」を誇る両者の間をフットワークよろしく行き来した。

ある日、悠々自適の吉田茂が池田と佐藤の愛弟子二人の確執に困って、湘南の大磯の私邸に角栄を呼んだ。吉田は池田と佐藤を戒める書を角栄に託した。吉田は「呑舟の魚は支流に游《およ》がず」と池田に、「燕雀は知らず天地の高さ」と佐藤に書いた。角栄の口説き上手を見込んで、吉田が両者の仲裁役を頼んだのである。ついでに角栄には「蛟龍、雲雨を得」と書いてくれた。「お前さんにもいずれ時が来るよ」ということだったと、秘書早坂茂三の解説である。角栄は、池田と佐藤の両者に使われ、あるいは逆にたくみに利用しながら、自民党のプライムタイムを泳いでいく。

六〇年安保闘争、その後の七選

岸政権の自民党副幹事長として角栄が迎えたのは、六〇年安保闘争である。日米安保改定の内容は、「吉田安保」より「岸安保」のほうが日米の対等性は改善されていた。しかし、なにしろA級戦犯だった岸が唱えたものだから、国民はそこに再び戦争に巻き込まれる匂いを感じ取って国会の周りを連日のデモが取り囲んだ。東大生樺美智子が死ぬ悲劇も起きた。同胞三〇〇万人が死んだ戦争が終わってまだ一五年、記憶は生々しかった。

角栄はむろん、「生活」優先主義から、日本は軍備にあまり金をかけたくない、アメリカに補ってもらいたい、日米安保は改善すべきは改善するという考え方であったろう。岸は「デモ隊は声ある声だ。わしは声なき声に耳を傾ける。後楽園球場は巨人戦で満員じゃないか」と居丈高に民衆と対立した。角栄は、自民党幹事長室から議員会館の自室に電話して「デモが荒れそうだから、部屋を閉めて早く帰れ」と女性秘書の佐藤昭に伝えたりしていた。角栄はまだ国会対策に走り回っていて、この時代の国家を中軸で背負うにはいたらなかった。

衆院で強行採決された日米安保条約改定は、参院では採決にいたらず、自然承認された。岸は退陣、その岸を反面教師にするかのように、「所得倍増」を打ち出し「寛容と忍耐」を演出する池田勇人が総裁選に勝って政権に就いた。

いま国会議事堂と道路をはさんで隣接する議員会館の間は、地下道が繋いでいる。これは、「安保反対」のデモ隊に国会議事堂と議員会館の間の陸橋をふさがれて大いに困ったので、角栄が地下道のアイデアを出して実現させたと佐藤昭は書いている。角栄という人は、つねに「実利実用」を旨としてものごとを解決していくところが面白い。

一九六〇年（昭和三五）一〇月一二日、日比谷公会堂の自民、社会、民社の三党首討論会で、浅沼稲次郎社会党委員長が右翼少年に刺されて死ぬ事件が起きた。池田は、「沼は演説百姓よ、よごれた服にボロカバン」という詩を引用した浅沼追悼演説で国民に感銘を与えた。西日本新聞出身の秘書伊藤昌哉の傑作草稿である。半年前には、国会の周りがあんなに荒れ狂ったのに人心は鎮まる。一九六〇年一一月の衆院選挙では、自民党が前回より議席を増やし、無所属からの入党を足して三〇〇議席を得た。

角栄は八万九八九二票でトップ当選、当選七回を数えることになる。

かくして、「安保」の岸から「所得倍増」の池田へ時代が変わった。政治主義より経済主義へ、自民党のチェンジオブペースである。それは角栄にとって、水を得た魚のごとく大きな飛躍を遂げる時期である。一九六一年七月一八日、角栄は自民党政務調査会長になる。そのちょうど一年後の七月一八日、蔵相になる。

角栄政調会長が最初にぶつかったのは、「ケンカ太郎」こと武見太郎の「保険医総辞退」である。日本の医療制度が国民皆保険に進むなかで、診療報酬の点数は病院に厚く、開業医に薄いとして、日本医師会は診療報酬の引き上げを求めて一斉休診をもくろんだ。会長の武見太郎は「一斉休診日に病気になるやつは運が悪い」などとうそぶいた。医師会と厚生官僚、自民党の厚生族議員などの間で交渉はもつれにもつれた。

最後に委ねられた角栄は、武見に一通の手紙を送った。武見が開けると、ほとんど白紙で末尾のところに「右により総辞退は行わない」と書かれてある。白紙は、武見の思うとおりそこに妥協の条件を書き入れろ、それを全部受け入れるという意味と武見は察し、医師会はかえって譲歩して決着させた。角栄流交渉術だった。医療保険問題が大きな政治テーマになる時代がきていた。角栄が政権をとって「福祉元年」を標榜することになる福祉社会の到来を告げていた。

自民党政調会長時代の角栄については、あと二つ触れておくべきことがある。

一つは一九六二年（昭和三七）二月六日のこと、折しも来日中のロバート・ケネディ司法長官が自民党の若手議員と懇談したいと要望、角栄、中曽根康弘、宮澤喜一らがオフレコで懇談した。そこで、角栄には沖縄返還問題について一分間で話せということになり一席ぶつ。それが東京タイムズのスクープになって騒ぎになる。

二月七日の衆院予算委員会で、社会党議員が質問した。

角栄がロバート・ケネディに対しこう言ったというのは本当か。日本が憲法改正して再軍備し、日米共同の防衛体制を整えなければ（なお米軍の占領下にある）沖縄を日本に返すことはできまい、それならば、沖縄返還にあたってむしろアメリカ側から日本に憲法改正と再軍備を要請してくれ、と田中政調会長は言ったということである。まことに不見識である、まことに売国的である。以上が質問内容である。

池田勇人首相は、まだ角栄に確かめていない、非公式な懇談の場での発言である、沖縄返還は悲願である、その条件として憲法改正・再軍備などさらさら考えていないと四苦八苦しながら答弁した。

角栄は池田から「失言の池田といわれるおれがなんでお前の尻拭いをするのか」と叱られる。戦前からずっと生やしていたヒゲでも剃って引責すべきかどうか、「沖縄発言で社会党にそられそうになったとき、アメリカに留学中の娘から、「ヤジヒゲソルナ」――おやじひげそるな――の電報があった」と角栄は『私の履歴書』に書いている。さすがの角栄もしょげたらしい。

この特ダネを書いた東京タイムズの早坂茂三記者は、「田中には恩もなければ怨みもない」と、ともあれ名乗りだけは挙げようと初めて角栄邸を訪ねた。玄関払いされるかと思ったら応接間に通された。「あの記事を書いたのは私です」「そうか。君なら顔を知っている。新聞記者は書くのが商売、政治家は書かれるのが商売だ。こんどの勝負は君の勝ちだ。しかし、心配するナ。騒ぎはじきに片付く。野党がオレの首など取れるはずがない」。早坂は角栄に魅せられて、のちに秘書にひっぱられる人生のきっかけとなる。

この発言は、角栄がいかにも憲法改正論者のようにも聞こえる。果たしてこういう発言だったのかどうか。この点は、角栄の秘書佐藤昭が著書『田中角榮――私が最後に、伝えたいこと』に、その席ではロバート・ケネディの側からアジアの緊張のなかで日本の防衛力増強が必要だと持ち出して、それに対し角栄がこう回りくどく反論したのだと次のように書き残している。

「なるほど、あなたの言うのは理屈だ。ただ防衛力増強と言われるが、アメリカが敗戦国である日本に押し付けた憲法は、わが国に根づいてしまった。大きな枝ぶり一本でも伐ろうとすれば、内閣の一つや二つは吹っ飛ぶ。根こそぎ倒そうとすれば、世の中がひっくり返る。しかし、我々にしても、あなたたちにいつまでも〝おんぶに抱っこ〟では申し訳ない。だから、どうしても防衛力を増やしてくれ、と言うのなら、アメリカから日本国民に対し、改めて日本国憲法の成立過程について一言あってしかるべきではないか」

私が角栄から聞いていた憲法観も、佐藤の伝える言い方に近く、このあたりが角栄の本音だったろう。自民党政権は、次第に憲法改正論の台頭はあったけれども、とりあえずは角栄の「現実的選択としての護憲」をベースに推移した。

沖縄発言騒ぎの七ヵ月後、角栄は蔵相として訪米、ロバート・ケネディ、そして兄のジョン・F・ケネディ大統領と会う。大統領からは「あなたの率直な態度はアメリカでは評価されている。預言者、郷に入れられずのたとえ通りかもしれない」などとほめられた。角栄より一歳年上、この翌年の一一月にはダラスで暗殺されるケネディ大統領のリップサービスはやはりうれしかったらしい。

「地域格差是正」の政策思想

もう一つこの時期の角栄で記憶されるべきは、一九六二年(昭和三七)一月二三日の衆院本会議での池田首相の施政方針演説に対する代表質問である。ここに角栄の「地域格差是正」の政策思想が初めてクリアに現れた。その理屈の部分は割愛して、以下、角栄の心情が表れた部分を見よう。

都会にははだしで登校する子供はないが、農山漁村にははだしで登校する子も少なくはないのであります。都会で子供を使うと、児童福祉法違反となる。しかし、農山漁村の子供は、学校から帰るやいなや仕事に追われるのであります。漁村の一二、三歳の男の子は、一人で船をあやつる危険もあえていたしております。それは農村漁村が豊かでないからであります。都会の妻は、小さな部屋の掃除と、そして子供を育てることが大変だと言います。農山漁村の妻は、大きな家の掃除をし、親や子供の面倒をみる。しかも出稼ぎに出た夫にかわって農耕漁撈をひねもす精を出す。近年都会に流出する子女が多過ぎ、農家の長男に嫁の来手がない。私はそんなことではいけないと存じます。小さな産業都市がたくさんできて、夫は家庭から通勤し、勤労の余暇に妻とともに農漁にいそしむ、そんな理想的な姿こそ農山漁村の所得倍増政策でもあり、愛の政治だと存じます。

この演説は、角栄の幼少体験を映し出していた。池田勇人の「所得倍増」は、一言で言えば、都市化の発展だった。角栄はそれに加えて田舎の底上げを主張した。池田が太平洋ベルト地帯の「日本の縦軸」を意識していたのに対し、角栄は太平洋側と日本海側を結ぶ「日本の横軸」を意識していた。それがのちの「国土の均衡ある発展」という国土トータルの開発計画のキーワードに結晶していく。そして政権奪取のマニフェストとしての「日本列島改造論」につながっていくのである。

史上最年少の蔵相誕生

一九六二年（昭和三七）七月一八日、角栄は第二次池田改造内閣で、大蔵大臣に就任した。史上最年少、四四歳の蔵相誕生に世間は驚いた。「池田は政策の人なのに、私を政策に使った。佐藤は党運営の大ベテランなのに、私を幹事長に使った。池田さんも佐藤さんも、それぞれ自分の土俵に私を引き入れて使ったほうがくみしやすしと思ったんじゃないかな」と角栄は回想する。

角栄が蔵相に、そして大平正芳が外相に抜擢された人事を伝えた東京タイムズの早坂茂三記者は「自民党のヌーベルバーグ」と見出しをたてた。慧眼《けいがん》だった。この人事の裏では、大平と角栄の連携による「世代交代」の革命が潜んでいた。

角栄の著書『大臣日記』によれば、その経緯はこうである。内閣改造を控えて、池田首相が幹事長の前尾繁三郎、官房長官の大平、そして政調会長の角栄を私邸に呼んだ。池田は開口一番、「幹事長、外務大臣、大蔵大臣を君たち三人でやれよ」と言ったので角栄も驚いた。前尾が「大蔵省出身の大平や僕が大蔵大臣になることは適当でない」と言って、前尾の幹事長留任、角栄の蔵相、大平の外相が決まった。「たいへんなことになったものだ」と大平、「もっといいのがありそうなものにネ」と角栄が言ったということになっている。

二〇一〇年、大平の女婿で秘書官を務めた森田一は『心の一燈――回想の大平正芳 その人と外交』を出版した。大平を研究する服部龍二らによる詳細なインタビュー記録である。森田は、大平の外相就任の経緯をこう明かしている。

大平が「ちょっと田中君のところに行くからついてこい」と言うので、私は「これ詰めてくれ」と言われて菓子箱に五〇〇〇万円を詰めまして〔中略〕門が閉まっていますから〔中略〕塀を越えて二人で中に入りました。

「大平外務大臣、田中大蔵大臣」〔中略〕田中さんが反対したらその構想はおじゃんになるから、「君、ちょっと気後れかもしれんが、大蔵大臣をやってくれ」ということをそのときに言いに行ったのだと思うのです。大平が（組閣名簿を）作って、田中大蔵大臣と書いて、外務大臣のところだけ空白で出したら、池田さんから「お前がどこにもいないじゃないか。……あ、ここか」ということで、外務大臣と言われたと。〔中略〕その前に、大平が池田さんの方に田中蔵相案を持っていったときに、池田さんが「あんな車夫馬丁の類には大蔵大臣は務まらん」と、最初は機嫌悪かったと言っていました。

森田は東大から大蔵省、大平の死去から衆院議員になった堅実な人物である。この話はうそではないだろう。このときの五〇〇〇万円がほんとうだとすれば、角栄が郵政相就任で岸首相に三〇〇〇万円のお礼を渡したという話も信じられてくる。「ヌーベルバーグ」という自民党の革命には、大平正芳にしてウラでこんなカネが動いたという苦い告白ではある。

盟友・大平正芳

大平正芳は、一九一〇年（明治四三）三月、香川県に生まれた。角栄よりも八歳年上である。生家は一町二、三反を自小作していたというから、中流農家である。しかし、男三人女三人の子どもがいて家計は苦しく、「物心ついてから、湊で袖がピカピカ光っている着物を着て、稲藁で作ったぞうりをはき、一汁一菜に麦飯（米が三、四分）を食べて育った、鮮魚にありつくのは祝祭の日ぐらいで、たまに食膳に見かけるのは鰯や鯖の干物だった」という大平の思い出は、角栄の幼少と似通っている。大平と角栄が生涯の政治的盟友になったのは、「讃岐の貧農のせがれ」と「越後の馬喰の息子」という育ちとむろん関係がある。

大平正芳

大平は、高松高商でキリスト教に出会って洗礼を受け、苦学して東京商科大学に進んで二・二六事件が起きた年に大蔵省に入った。折しも日本は満州に進出、大平は興亜院に出向、敗戦前後から津島寿一蔵相の秘書官、さらに池田勇人蔵相の秘書官となり、一九五二年の衆院選挙で当選した。大平は、当選三回、年下の角栄を「兄貴」と呼んで仲がよかった。大平はスキヤキに砂糖を入れ、角栄は醬油をどぶどぶ入れる。異様な味の牛肉を二人でぱくついた。

わたしは角栄に大平という人物をどうみるのか、何度か聞いた。

大平の喋り方はアーウーで鈍牛だなんて記者はいうがね、アーウーを省けばみごとな文語文になっているんだぜ、君らの話を文章にしてみろ、話があちこち飛んで火星人のように何を喋っているかわからんぞ。

おれは大平に選挙応援してもらったことはないが、おれは大平の選挙応援に出かけたことがある。そしたら奥さんが頭をすりつけてあいさつしている。おれはそんなのはだめだといったんだ。代議士を選ぶというのはお願いごとではない。有権者が白紙委任状を出すことなんだ。大平は「ほりだした飴玉」みたいなものなんだ。ほっておくと泥だらけになる。大平をそんなことにさせてはいけない。

大平は大平、あれでいいんだ。大平は政治哲学、わたしは現実政治。おれはそういって大平をちゃんと立てているんだ。大平は讃岐のぬか漬けだよ。噛みしめるとほのかに甘い味がしてくるんだ。

角栄は大平に政治的ぎこちなさを感じながら、人間的に信頼していた。大平のキリスト教に裏打ちされた謙虚な政治観を評価していた。大平は外相、角栄は蔵相。自民党内の激しい反発とやっかみに直面しながら「自民党のヌーベルバーグ」で手を結んで以降、二人は互いに裏切ることなく協力した。

魅了される官僚たち

角栄は池田内閣から次の佐藤栄作内閣にまたがって、三年間も蔵相を務める。初登庁で職員を集めて訓示した。

「私は小学校高等科卒業である。諸君は日本中の秀才代表であり、財政金融の専門家だ。私は素人だが、トゲの多い門松をたくさんくぐってきて、いささか仕事のコツを知っている。われと思わん者は誰でも遠慮なく大臣室へ来てほしい。上司の許可を得る必要はない。できることはやる。できないことはやらない。すべての責任はこの田中角栄が背負う」

角栄の官僚操縦は、いつも同じといえば同じである。私は素人である、思う存分やれ、責任は俺が取るという手法である。既得権益によりかかり、権限争いと責任回避に終始し、自己保身に走りがちな日本の官僚機構にあって、いささか野心的な官僚は角栄になびいた。角栄は、予算編成が終われば、部下と飲んで慰労してくれと金一封を幹部官僚に配った。大蔵官僚は自負心が強く、天下国家を論じてよく飲んだ。どこから金が出てくるのか、予算があるのか、政治家のご馳走なのか、赤坂の料亭の女将のなかには、高級官僚育成を気取って「学割」で飲ませたりする者もいた。

大臣になると、省の各局の所管事項のご進講がへたすると二週間におよぶ。だが、角栄は「いますぐ必要でないものまで聞いておれん」と拒んだ。「僕は本をななめに読む主義だ。一冊の本ぐらい十分もあれば、なにが書いてあるぐらいわかる」というようなことを言って、ガリオア・エロア債務返済問題の国会審議に臨んだ。ところが、角栄の見立てでは一一〇万語もあるかと思われる膨大な答弁資料を池田首相は読めという。角栄は一〇ページほど読んで、これはだめだと思った。「外務省と大蔵省の理屈が重なり合って複雑多岐な答弁資料になってしまった。これをう呑みにすれば迷路から出られなくなる。新しい立論をした方が得策だと私は思った」とのちに『大臣日記』に書いている。というわけで、財政六法一冊を手に持って衆参両院の審議を乗り切ってしまった。

角栄は官僚の積み上げ型の議論ではなくて、自分の直観で結論を下し、そこから逆に縦横に議論をして煙に巻くのがうまかった。その饒舌強引な答弁を非論理と思いながらも、てらいなく独特の説得力で政治の場を押し切っていくので、そこに異質な魅力を感ずる官僚群もいた。

ワシントンでの英語のスピーチ

さて、角栄蔵相はどんな時代の財政を担ったのか。「歴史的にみても時と時のつなぎ目にあたっており、すごくむずかしい時期」だったと角栄は回想する。

のちに私が新潟の選挙区での角栄の演説を聴くようになると、角栄はしばしば蔵相時代のことを取り上げた。「食うや食わずの日本がですね、ＩＭＦ（国際通貨基金）の八条国になったんですよ、そしてOECD（経済協力開発機構）に加盟した。世界でね、日本は一人前になった。一〇番に入る先進国になったんですよ」とひとしきり世界経済を論じる。「隣にクラ（蔵）がたてばハラがたつ、といいますがね、日本は羨ましがられるとともに憎まれたりする」などと下世話に話すから、越山会婦人部大会の年配女性にも存外わかりやすいらしかった。

やや脱線して、ここで私が聞いた角栄演説の調子を紹介すれば、経済政策の話に絡める世情報告が面白かった。

「鉄、アルミ、銅などの基幹産業がよくない。いいのはパーマネント屋とかパンストの製造業者です。最近の男は髪の毛を縮れさせたり、腰の線を気にしてパンストを穿《は》くそうだ。同じ飲み屋でも銀座の高級料亭はだめで新宿の裏とか池袋の裏なんかがワンサと流行っている。それも焼酎を二合コップで飲む。帰りの電車で揺られると日本酒一升分ぐらい酔うんだね。このように日本の経済は、表面の数字と中身の実態とは違ってきているのです」

「いま週休二日制なんていっても狭い部屋にごろごろして夫婦が顔をつきあわせているとどうしたってけんかになります。都会の子どもにバッタはどこにいるのと聞くと、三越や高島屋にいるというのだから話にならん。ハダシで歩いたこともない。こどもは田舎でのびのびと暮らす、そうすれば三年保育なんて必要ない。学校も週休二日制にせよなんていう意見もあるが、私は反対だ。サーカスの動物だってムチを忘れたらいけません」

子どもはのびのび育てるのがいいのか、ムチをあてるのがいいのか、時に矛盾しながら囲炉裏端の言葉で話す角栄の演説を、みかんとおせんべいをかじりながら聴くのは婦人部にも楽しいらしかった。休憩時間に会場の外のトイレに入ったら、男子トイレのアサガオもおばさんたちが占拠していたので非常に驚いたことがある。

角栄は蔵相就任から二ヵ月後、ワシントンで開かれたＩＭＦの第一七回総会に出席した。テーマは貿易自由化の促進である。それまで角栄の外遊体験といえば、欧州の道路事情などを一度視察に出かけただけで、アメリカにいくのは初めてだった。先に触れたケネディ大統領と面談したのはこのときである。

角栄はその総会で、英語で演説した。日本の輸入自由化率が九〇％になることをアピールするとともに、日本の輸出に対する差別的輸入制限をやめるように訴えた。

角栄は英語などしゃべったことはない。旅立つ前に、原稿を大蔵省き

ＩＭＦ総会など出席のため羽田空港を発つ田中蔵相・眞紀子父子，1963年9月20日

っての英語使い柏木雄介にテープに吹き込んでもらい、それを聞いてまねをした。ところが柏木の英語はうますぎる。夏休みで留学から帰ってきた娘眞紀子が「私が吹き込んであげよう」と作り直してくれたテープで勉強した。ほんとかどうか、かつて一万田《いちまだ》尚登《ひさと》蔵相がやはりＩＭＦで英語演説した際、「日本語の発音は英語に似ている」というのが各国の感想だったというエピソードが角栄を励ました。

角栄の英語の苦闘は、いわば日本経済の国際化の苦闘そのものだった。

日本の経済力が弱く、輸出に大きなウエイトがないときならば、貿易の自由化をせずに海外から援助を受けて内需だけの「弱い国」を演じていれば得策だった。しかし、敗戦から立ち直って、日本も外需を求めて海外市場へ積極的に乗り出すならば、自らも開放経済体制に移るようにしなければならない。日本は、それまで「国際収支を理由に為替制限ができる」ＩＭＦ一四条国だった。しかし日本経済が強くなれば、それができないＩＭＦ八条国に移行することを迫られることになる。

商売のことだから時に厳しい局面がありうるとしても、日本は開放体制の扉を開けておくことによって、かえって経済は強靭なものになるかもしれなかった。角栄は初の訪米の旅を続けて、ニューヨークのパーティーでは流行の歌謡曲「王将」を歌って機嫌がよかった。

池田政権から佐藤政権へ

池田首相の「所得倍増」は、国民に明るい希望をもたらした。これは、つづめていえば「日本経済は年平均九％の成長が可能である。国民所得は一〇年後には二倍以上になる」というものである。池田は、アメリカ、欧州に飛んで、ポリティカルエコノミーを展開した。フランスのドゴールが「池田はトランジスターのセールスマン」と言ったと仏紙フィガロが報じた。池田は「会談内容も知らずに何を言うか」と怒った。もっともフィガロはケネディ米大統領のことも「チキンのセールスマン」とくさしたことがあって、誇り高いフランスの新聞らしかった。

ＩＭＦの一行が二度にわたって来日、角栄蔵相に八条国移行を勧告した。角栄は「日本はなお国内の産業秩序が確立されていない」としばしの時間稼ぎをしつつも、一九六四年二月、「ＩＭＦ八条国移行」の受諾をＩＭＦに通知した。四月、日本はＯＥＣＤに加盟することをパリの本部に伝えた。

ＯＥＣＤはいわば「先進国クラブ」である。日本は以後、名実ともに世界の先進国の中軸国になっていく。角栄が蔵相時代を「時と時のつなぎ目」と振り返ったのは、つまり「鎖国経済、温室経済から開放経済体制への移行」という意味だったのである。

池田首相は総裁三選を果たしてまもなく、寒天を食べていて「これはのどをつるりとすべって気持ちよい」ともらした。池田はがんになっていた。

一九六四年九月、ＩＭＦ東京総会が開かれた。「投資が投資を呼ぶ」高度成長路線をひた走って、日本を先進国入りさせた池田と角栄の晴れの舞台だった。すでに三井三池争議を最後に石油へのエネルギー革命が進み、電化製品が普及して日本国民の大部分が「中流意識」を持つにいたった。池田は「IMFのみなさん、日本の爆発的エネルギーを見てください。君たちから借りた資金は、われわれ国民の頭脳と勤勉によってりっぱに生きて働いています」と演説した。

IMF東京総会前の八月、羽田空港から首都を結ぶ高速道路が全通していた。総会後の一〇月には、東海道新幹線が走りはじめ、東京オリンピックが待っていた。角栄の日本列島改造論が「高速道路と新幹線」を全国に張り巡らせることを打ち出す、その出発点だった。

一〇月一〇日、東京は前夜の雨からうってかわって秋晴れだった。池田は東京オリンピックの開会式に出席した。そして閉会式の翌日、池田は退陣を表明した。自民党は後継をめぐって派閥の合従連衡が始まる。最後は池田が佐藤栄作を支持することによって決まった。角栄はおしもおされもしない政界実力者にのし上がっていた。

3 二人の女——辻和子と佐藤昭

池田政権から佐藤政権に代わっても、田中角栄は蔵相を続けた。七年八ヵ月におよぶ佐藤栄作の政権の間に、角栄は自民党幹事長を二度、さらに通産相をこなして、天下をうかがえる位置につける。そして一九七二年七月、ついに内閣総理大臣となる。

角栄は、吉田派が池田派と佐藤派に分裂したときに佐藤派についた。角栄は地元の長岡鉄道再建に乗り込んだとき、佐藤を顧問に据えた。むろんしかるべき報酬を払っている。佐藤が蔵相になって、各省と予算折衝をするときに、なぜか無役の角栄がそばに座って、実際の折衝を切り盛りした。佐藤は東京帝国大学卒、鉄道省で出世した戦前官僚の通弊からいくらか角栄を卑下しながらも、オモテもウラもできる懐刀として使ったつもりだったろう。

後年、わたしは、佐藤と角栄の関係を角栄に聞いたことがある。佐藤をボスに戴いてはいたけれども、角栄はかなりの程度、佐藤と肩を並べているつもりだった。

佐藤栄作

「佐藤とはけんかばかりしていた。おれが（第二次池田内閣のときに）防衛庁長官になるはずだったのを、佐藤は西村直己に書き替えた。おれが（池田政権下で）自民党政調会長になったときは、佐藤は昼のニュースで知ったぐらいだ。おれは池田でも佐藤でもどっちでもよかったんだ」

当時は派閥政治である。首相は各派閥のボスの推薦を受けた人物を閣僚や党の要職に起用する慣わしだった。その手続きを経ないと、「一本釣り」といってのちに紛糾のタネになったりした。しかし、角栄はそれに構わず、佐藤に相談せずに池田と直取引していたということだろう。

佐藤は、角栄を自分の手元の官房長官に置いて、角栄の伸長を封じ込めようとしたこともある。角栄は拒否した。

「佐藤がおれに官房長官になれといったときは、いやだと断った。佐藤とおれが一緒にいたらけんかばかりしていることになる。近くにいてはだめだ。離れていれば適当にうまくやる」

「そのとき、おれは保利茂に官房長官になれといったんだ。保利は佐藤にどうしてもと言われると断れないタチだからな。おれはだめだよ。倍の声でどなりかえすから。佐藤はおれのことを独断専行だというんだが、結局、おれのいうとおりになるんだ。佐藤とおれがそっぽをむいて座っていると、橋本登美三郎が「もうけんかはすみましたか」と入ってくる。おれは知らん顔だ」

「佐藤は後継に福田赳夫を推した。その見返りに佐藤は、(中間派議員に)議長なんかのポストをやたらに約束してペテンにかけたんだ」

佐藤は、角栄と福田赳夫と保利茂の三人を競わせながら巧妙に使った。それが長期政権の秘訣だった。ただ、福田と保利が佐藤の裁断を待つタイプだったのに比べて、角栄と佐藤は、上下の関係ではあったけれども、むしろ持ちつ持たれつの権力共有関係だったのだろう。最後に、佐藤は自分の後継に官僚エリートの福田を推したが、角栄の叛乱をついに抑えきれなかった。

山一証券救済の裏

蔵相時代の角栄について、もう一つ書きとどめておくことがある。

一九六五年（昭和四〇）、日本は高度成長が一服、未曽有の不況に見舞われた。五月二一日、新聞各紙の夕刊に山一証券の経営不振が報じられた。翌日から、山一証券の窓口には、投資信託や運用預りの解約を求める列ができた。その救済は山一証券と取引のある市中銀行が融資して助けるべきであって、国が私企業の救済にかかわるのは本来あるべきではなかった。だが、山一からほかの証券会社にも飛び火して契約の解約を求める人々の列が並び始め、このままでは思わざる証券恐慌に広がりかねなかった。

五月二八日、日銀総裁の宇佐美洵《まこと》は角栄蔵相に電話した。「早く手を打ったほうがいいですね」「分かった、分かった、すぐやる」。角栄と宇佐美は日銀法二五条を発動して、証券会社に無担保・無制限融資をして助ける「日銀特融」で市場の動揺を抑えることを決意した。

だが、これは日銀単独ではできない、市中銀行の協力が必要である。その夜、赤坂の日銀氷川寮に人目をしのんで日銀副総裁の佐々木直、大蔵事務次官の佐藤一郎、それに日本興業銀行頭取の中山素平、富士銀行頭取岩佐凱実《よしざね》、三菱銀行頭取田実《たじつ》渉らが集まった。のちに「氷川寮の密談」として有名になる会合である。だが、市中銀行の頭取らは自らの経営を危うくする無条件の融資には、すぐには応じられなかった。

午後九時、角栄蔵相が現れた。田実が「二、三日、証券市場を閉めて様子をみたらいかがですか」と発言した。角栄は怒鳴った。「それでもお前は銀行の頭取か。手遅れになったらどうする」。銀行の頭取ともあろうものが「お前」呼ばわりされるとは……。中山らがとりなして、日銀特融は急転直下決まった。一九三一年の金融恐慌から三四年ぶりに取られた措置だった。中山はこれ以来、角栄を高く評価することになる。

このエピソードは何を意味するのか。のちに宮澤喜一首相が同じような局面に立ったことがある。一九九二年八月、バブル崩壊で株価が急落した。軽井沢で避暑中の宮澤は三重野《みえの》康《やすし》日銀総裁と密かに策を練って、市中銀行の不良債権処理のために公的資金を投入することを考えた。宮澤は大蔵省の出身、池田の秘書官から政界に転じた。だが、「あのときは身内であるはずの大蔵省官僚の腰が重くてね」とのちに宮澤の述懐を聞いた。市中銀行の頭取連中も、総じてことなかれ主義である。公的資金導入を認めて、自らの責任が問われるのを恐れて反対した。そこで宮澤は角栄のように怒鳴るわけでもなく、そのまま挫《くじ》けてしまった。それから何年も日本経済は低迷、「失われた一〇年」をもたらすことになる。肝心の不良債権処理は世紀を越えて小泉純一郎政権の竹中平蔵の登場まで持ち越すことになる。

これが角栄だったら、どうだろうか。角栄には修羅場の勝負勘がある。宮澤にはそれがなかった。毎朝、英字紙を読みこなす国際通、頭脳明敏なリベラル、経済に強いといわれた宮澤を「彼は日米間の英語の通訳にすぎない。政治家ではない」と角栄がからかうゆえんである。

辻和子のなかの角栄

さて、角栄が選りすぐりの公人、蔵相にまで出世してきて、ここで心配になるのは、角栄をめぐる女性たちのことである。ここで角栄の私生活に目を向けたい。

角栄は、妻はなとの家庭のほかに、少なくとももう二つの家庭を持っていた。それはむろん公然と振る舞えることではない。公人の体面と齟齬《そご》はないのか。このへんで身辺整理をしておこうというのがふつうの男である。角栄はどういう人生を営んでいたのだろう。いずれ総理大臣のスキャンダルとして表面化していく女性関係をたどっておきたい。

不思議なことに、権力者角栄の秘密として週刊誌や写真誌に追い回された彼女たちは、角栄の死後、いずれも詳細な回想記を出版している。それどころか、彼女たちの息子や娘、つまり角栄の子もまた、角栄にかわいがられた体験記を次々と出版した。

わたしは角栄を至近で取材して、多少は角栄の私生活のことを見聞きし、「女は砥石だ」という角栄の嘆息も聞いていていた。しかし、政治記者の正規軍のつもりだった取材者にとって、そこはあえて掘り起こさない部分だったから、彼女たちの赤裸々な回想記は、まるで知らない「もうひとりの角栄」を見る思いだった。その記述には、思い違いはあったとしても、それほど虚偽はあるまい。彼女たちが不実な角栄を許し、かくも情に満ちた回想記を残すとは、これも角栄の器量と言うべきなのか。

戦後の混沌のなかで、角栄のホームグラウンドは神楽坂だったことは前に触れた。角栄は、芸者置屋「金満津」に出入りして、円弥を名乗る辻和子と知り合い、いわゆる旦那さんになる。そこから、置屋のお母さん、世話役のおみっちゃん、和子という三人の女性と角栄の花柳の世界が繰り広げられる。

辻和子の回想記『熱情』には、こんなふうに綴られている。

「おとうさん〔角栄〕の奥さまとわたしたちは以前から顔馴染みでしたし、瀟洒《しょうしゃ》な洋館だった南町のおとうさんのお宅でなにか行事があって人手が足りないときには、わたしたちがお手伝いにまいりました。〔中略〕長女の眞紀子さんの七五三のお祝いのときは、奥さまに頼まれて、全部、金満津で仕度をしたものです」

角栄の家が神楽坂近くの南町にあって、目白に移る前のことである。

「お母さんからきつく戒められたのは、分をわきまえて、絶対に奥さまをないがしろにしてはいけない。公の場所にも絶対に顔を出してはいけない。そういうところで奥さまと同席してもいけないということでした」

「正式におとうさんに旦那さんになっていただいて一ヵ月ほど経った九月のある日、田中家でとても悲しい出来事がありました。

ご長男の正法さんが急に発病し、あっけなく亡くなられてしまったのです。まだ五歳という、かわいいさかりでした。〔中略〕家族ぐるみのおつきあいで、南町の田中家に出入りさせていただいていましたから、わたしたちにとっても、とても悲しい出来事でした」

そこから角栄と和子の関係は変わる。

二人の男児

「子どもがほしいなあ。なあ、おまえ、男の子を生んでくれないか。〔中略〕ときどきそんなことを洩らすようになったのです」

かつてはよくある妻妾の関係ということなのであろう、いまでは想像のつかない男女関係のありようである。角栄は、そのうえときどき浮気騒ぎやら焼きもちを焼いたりしながら、小唄の名取になり「春日豊とし澄」を名乗ったりした。そして、辻和子との間に、子どもができた。それからは、「女房がきつくなって」と角栄が言うようになる。それは当然のことだったろう。和子は二人の男児を得た。女児一人は幼くして死んだ。角栄は政治の後継を見込んだのかどうか、二人の男児を「田中」籍に入れ、長男は「京」、次男は「祐」と名付けたのである。

角栄死後、長男の田中京が『絆』という手記を書いた。そこには子から見た角栄像がビビッドである。「おとうさんは忙しいから、そうしょっちゅうは家に帰って来れないのよ」と言われて育った。何日かにいっぺん、突然やってきては、突然でかけていく。昼にくることもあれば夜に寄って、また突風のように出かけた。

「ウィスキーを浴びるようにして飲んだかと思うと、地響きのようないびきをかいて寝ている。一〇分か一五分も経つと、すぐに起き上がって、「水！」と怒鳴る。冷たいお絞りで顔を拭い、テレビのニュースをかぶりつくように見ながら、お新香と味噌汁で飯を掻き込み、「出かけてくる」と言い残して車に乗り込んでいく」

京は一度、池の鯉を見たいと東京・目白の角栄の本宅を訪ねたり、「眞紀子さん」という存在を知ったり、どうもふつうの家庭ではないことを次第に知ってくる。角栄が蔵相になって近所の人たちからは「お父さんは忙しくてたいへんね」と声をかけられたりするそんなある日、母和子から真実を打ち明けられる。

京は音楽の才能があって、ロックバンドにのめり込んでいた。一九六六年六月二九日、ビートルズが来日した。ビートルズのような不良は日本の伝統文化と合わないなどの異論やら、警備の問題やら、政府内でもいろいろとりざたされていた。京は角栄から「ビートルズを聞かせろ」と言われる。ここぞと角栄に聞かせたレコードは「イエスタデイ」と「アンド・アイ・ラブ・ハー」。角栄は「ふん、なかなかいいじゃないか」と言ったそうである。角栄が折々「当節の長髪の若者」を演説で言及したりしたのは、京から汲み取ったものと思われる。

京はこう角栄を書いている。

「田中角栄という男のエネルギーを一つところに押し込めず、思うように最大限に発揮させ、時に疲れ果てた心を慰め、エネルギーを充塡してくれる。そういうタイプの女性をオヤジは無意識に追い求めたのだろう」

「目白と神楽坂に二つの家庭を作ってしまった。決して口には出さなかったが、その狭間でオヤジなりの悩みや苦労はあったに違いない。それを自業自得と責める気持ちは少しもない。むしろ、はなさんと母、二人の女性を愛しつづけたオヤジの男の素直さを少し誇らしくも思っている」

京は音楽の道を歩んだ。京の父角栄への分析はうなずける。角栄はその後、首相になり、金脈問題で退陣し、さらにはロッキード事件の被告人となり、風雲の政治人生を歩んでいく。そんななかでも、旦那と芸妓の花柳の倫理というべきか、「突風の角栄」は終生、この「もう一つの家族」を気にかけて生きていく。

「淋しき越山会の女王」

辻和子の回想記を読み進むと、角栄が首相を辞任したときの驚くべき記述に出会うことになる。辞任のきっかけになったのは、一九七四年（昭和四九）一〇月に発売された雑誌『文藝春秋』一一月号に掲載された二本の論文である。その一つは立花隆による「田中角栄研究――その金脈と人脈」、もう一つが児玉隆也の「淋しき越山会の女王」だった。雑誌論文が政権を痛撃して崩壊に至らしめた、類例のない政治事件だった。

立花が田中角栄の金権政治家としての闇を暴いたのに対して、児玉は角栄の人生行路の闇を描いた。児玉が「淋しき越山会の女王」と名付けたのは、角栄の愛人であって角栄の金庫番を務めた女性秘書、佐藤昭である。角栄と同じ新潟県柏崎を故郷として、戦前戦後の辛酸をなめて角栄に出会い、角栄のそばで「佐藤ママ」と呼ばれる「疑似権力」を振るうに至るまでを描いた。

辻和子はこう書いている。

「おとうさんと同時に（ロッキード事件で）逮捕された榎本敏夫さん、政策秘書だった早坂茂三さんもそうでしたが、おとうさんの政界関係の秘書さんとは一度もお会いしたことがなく、佐藤昭さんについても、名前はおろか、その存在すら知りませんでした。

そういう記事が出たときには、「越山会の女王だって……」などと、まるで他人事のようにびっくりしていたくらいです」

角栄が佐藤昭と初めて出会ったのは、一九四六年の衆院選挙に角栄が初挑戦、地元柏崎で選挙運動に走り回ったときである。一方、角栄が辻和子と出会ったのも同じ年の秋のこと。「おれ、選挙に落ちちゃったんだ」と神楽坂の料亭で辻和子に話した。つまり角栄は、同じ頃に佐藤昭と辻和子とに知り合って、以後、それぞれと浅からぬ関係に発展して、一九七四年の『文藝春秋』の論文にいたるのである。それまで、辻和子が佐藤昭のことを知らなかったとすれば、かくも長い間、角栄は本宅と二人の愛人の間で混線を生じせしめないように、どんなに苦心して立ち回ったことだろう。

『文藝春秋』が発売されたとき、首相官邸詰めの番記者だったわたしに聞こえてきた「角さんは、金脈の暴露より越山会の女王のほうに心を痛めているらしい」という話もよくわかるというものである。

もう一人の政治的同志

角栄にとって、辻和子とは「旦那と芸妓」の花柳界での出来事だったのに比べて、佐藤昭はやはり「代議士と秘書」という政治の世界での関係である。角栄の死後、一年経って佐藤昭が出版した『私の田中角栄日記』（以下『日記』）は、もっとも角栄の近くにいて、角栄を守る立場からの田中角栄伝である。

『日記』は、一九七二年七月、角栄が自民党総裁選に臨む前夜のことから書いている。「お前と二人三脚でとうとうここまで来たな」と角栄は佐藤昭に述懐する。「政治家として、亦男として本懐かもしれないが、私自身は空恐ろしい気がしないでもない」と佐藤昭は書き継ぐ。その予感はあたっていたと言えるかもしれない。総裁選に勝って成立した田中角栄政権は、栄光の期間はごく短く、むしろそれ以後の挫折と屈辱の期間のほうが長かった。

佐藤昭の回想は一〇年前に飛ぶ。「十年前、大蔵大臣室で二人だけになった時、初めて「天下をとれるかも知れないぞ」と言ったことをふと思い出した。その時は「ああ、そう」と軽くうけながしたけれど、年が経つにつれて周りの雰囲気がどんどん盛り上がっていった。ここ二、三年は、まっしぐらに「天下とり」に走り出した。渦中にいると、その事に何の異和感もなくなってくるから不思議だ。壮大なお祭りに参加しているような気分か」

角栄は蔵相の座を射止めたときに、総理大臣の座が見えてきた。軽々しく言うわけにいかない究極の野心を分かち合うのが佐藤昭だったということであろう。

角栄にとって、政治的同志は誰だったか。それは政界では唯一、大平正芳だったというのがわたしの感じ方である。なるほど、のちに「田中軍団」と呼ばれる多士済済の派閥メンバーはいた。しかし、最側近の二階堂進をはじめ、その政治的力量はとうてい角栄と肩を並べるにはいたらない。同列同格ではない。ただ大平だけは自分と同列同格、と角栄は思っていたはずである。

それとももう一人、政治的同志だったのは、この佐藤昭だったかもしれない。「二人三脚」というのは、たんに佐藤昭の自慢話というだけのものではない。大平のように、角栄と同列同格というわけではない。だが、角栄と佐藤昭の間には、男女関係というある種の対等の要素がある。

佐藤昭の『日記』は、『文藝春秋』の論文についてこう書く。

「立花隆氏によって、公人田中角栄の金脈（この言葉が妥当かどうかは別として）が追及されるのは仕方のない面があるが、それと一緒になんで私人佐藤昭の過去が暴かれなくてはいけないのか。それによって何の罪もない、ものに感じやすい思春期の娘の敦子までが通学途上に週刊誌の記者やカメラマンに追いかけ回された」

「人が生きていく過程にはいろいろな生活がある。誰しもが人に知られたくない部分を持っている筈である。公人でもない私のプライベートな生活を暴くことが、政治家田中角栄を潰すための手段であったとしたら、マスコミ全般と筆者である児玉隆也なる人物は、あまりにも卑怯である。確かにある時期、順風満帆できた人たちには解らない屈辱の日々であり、苦しみの人生だった。ほんの一時ではあるが、知人親戚と一切の交際を断ってもいた」

「その「恥」は自分の人生のなかでひっそりと消し去って生きてきたのだ。それが、全国の人たちの前に露わにされた。私の胸中、察していただけるだろうか」

私のプライベートな生活を暴くこと。人にはわからない屈辱と苦しみ。ひっそりと消し去って生きてきたはずの「恥」。佐藤昭はそれを描かれたことに怒った。それはそうだったかもしれない。だが、児玉隆也は、深い人間観察の目でまっすぐに見つめ、佐藤昭の人生を描いた。だから、佐藤昭が自らを語った『日記』は、児玉隆也の「淋しき越山会の女王」をなぞるように相似形である。そこには、角栄と同じ人生の軌道がある。

佐藤昭の半生

一九四六年（昭和二一）二月、柏崎で用品店を営む昭の生家に、角栄が訪れた。背広姿で、衆院選挙への立候補の挨拶である。角栄二七歳、昭一七歳。昭には婚約者がいて、角栄の応援弁士になる。角栄より演説がうまかった。だが、角栄は落選した。

昭は、母を亡くし、二人の姉も昭が生まれる前後に亡くなって、すでに天涯孤独だった。昭はその婚約者と結婚、角栄から一〇〇〇円の祝い金が届いた。夫は「東京で一旗あげる」と上京した。二回目の選挙で当選した角栄を頼って、田中土建の寮に住んだ。夫は電気工事の会社を始めた。昭はその手伝いをしていたが、経営は苦しく、夫は女をつくって家に戻らなくなる。だが、ある日、昭のもとへ戻ってきて「もう一旗あげたいんだ。柏崎のおまえの家を売ってくれないか」と言う。昭はそれを信じて金を作ったけれど、夫は立ち直らず、昭は離婚した。

以上は、昭の『日記』にある。

離婚した昭がどうしたか、児玉隆也の「淋しき越山会の女王」には、こうある。

「彼女は、大井町の、窓を開けると銭湯の煙突の煙が流れこむ安アパートに、六畳一間を借りた。彼女は、ホステスになった。

新橋のガード下にあったキャバレー『S』は、当時ビール大ビンをつきだしセットで二百五十円、追加ビール二百円という現金制度の店で、どうかすると店内に小便の匂いがした」

佐藤昭が「消し去りたい恥」をなぜ暴くのか、児玉に怒ったのは、おそらくここだった。だが、角栄と同じなのは、まさにこの点なのである。角栄もまた、一五歳で単身上京して、いわゆる小僧修業を転々とした。大東京の汚れた街に埋もれて働いた年少の日々、せつなくも不安に満ちた日々、角栄は昭に同じ匂いを感じた。角栄と昭の共通の原風景である。それは坂口安吾が『堕落論』にしたためた「戦後の原風景」でもあったろう。人間は堕ちる、それが人間の真実なのである。

『日記』によれば、一九五二年二月二三日、昭の母の祥月命日の日、角栄が昭を訪ねてきた。「俺の秘書にならないか」と角栄。同じ年の一二月一日、昭は衆院議員会館の角栄の部屋に初出勤する。昭の世界は突然変わる。大物政治家や官庁の幹部との電話に応対する。当選したばかりの大平正芳がちょこちょこ来ては「兄貴いる?」と声をかけてきたのを覚えている。西村英一もたびたび来た。「お嬢さん、少し休ませてくれよ。陳情団が来ているものだから」という西村のぼそぼそした話に相手をしたりした。昭は有能に仕事をこなした。

一九五七年八月九日、昭は角栄との間に女児敦子を生む。妙なことに昭はこの時期、ある男と二度目の結婚をしている。『日記』には、「将来ある政治家に認知を求めるつもりはなかった。〔中略〕戸籍はどうあれ、娘は小さい時から田中を「お父ちゃま」と言ったり、「オヤジ」と呼んで育ってきた。田中も娘をかわいがった。外遊しても私にはハガキひとつ出さない田中が、娘には必ず手紙を書いた」とある。男とは離婚する。

昭が秘書になりたての頃、角栄は昭とよく映画を見に行った。角栄の身の回りを世話して「新宅さん」と呼ばれていた従兄弟の田中利男も一緒のことが多かった。蔵相になると、大臣室の隣の個室が映画の上映に使える。角栄がことのほか感動したのが『心の旅路』だったと昭は書いている。映画のストーリーに、角栄は、いや佐藤昭が自分を重ね合わせていたと思われる。

第一次世界大戦後の英国。過去の記憶を失った兵士スミスは精神病院を抜け出し、踊り子ポーラに助けられる。二人は結婚、しかしスミスは街で転倒したショックで過去の記憶を取り戻して、本来の自分の家に帰る。レイナーという本名で、実業界で出世する。国会議員にもなる。ポーラは彼の秘書になる。しかし彼はそれがポーラとは思い出さない。だが、最後にポーラとわかってハッピーエンド。

角栄がレイナーで、昭がポーラということだろうか、角栄はこの映画を繰り返し見て「俺には、お前が必要なんだ」と何度も言ったと昭は書いている。角栄が昭に「天下をとれるかもしれないぞ」と言ったのは、そんな頃だったわけである。

最後まで〝女王〟は切れない

佐藤昭は、角栄が蔵相になると大蔵大臣秘書官室へ、自民党幹事長になるとその秘書席へ、そして平河町の砂防会館三階の田中角栄事務所に落ち着いて、角栄の政治団体「越山会」の金庫番となる。角栄に近づいてくる議員たちや議員志願者たちから「佐藤ママ」の称号で呼ばれて、麻雀やらゴルフやらで懇親の相手となる。権力の甘い蜜に群がる虫たちの匂いが佐藤昭にまつわりつくようになる。佐藤昭自身、都内の一等地に高級住宅を構え、別荘を持つようになる。

女性週刊誌のルポライターだった児玉隆也が角栄の女性問題を取り上げようとして、はじめは辻和子を調べ、その過程で佐藤昭の存在に興味を惹かれていったのは、そこに角栄の人脈と金脈の一つの結節点があることを発見したからであろう。佐藤昭は「田中ファミリー」の欠かせない一員となる。

角栄が総理大臣になるとき、角栄の秘書だった通信社出身の麓邦明と新聞社出身の早坂茂三は「佐藤昭は命取りになるので切ってほしい」と進言した。しかし角栄は短時日考えて答えた。「佐藤昭は切れない。君たちにはわからない事情がある」と拒んだ。麓は角栄のもとを去る。早坂は角栄のもとに残った。そして彼らの危惧が現実になる。

「淋しき越山会の女王」佐藤昭は、「ささやかなレジスタンスのつもり」で、佐藤昭子と改名した。「お前はいいよ、女王なんだからな。俺なんか闇将軍だぞ」と角栄は冗談に紛らわせた。

児玉隆也の「淋しき越山会の女王」は、田中角栄論として、傑出した名作である。そのなかのこのくだり、わたしは共感する。ここに引用しておきたい。

田中角栄のカリスマは、金を最大公約数とし、最小公倍数に、彼の実人生上の神話がある。だがよそ目には彼の神話はいま色褪せたと見えても、彼には独学者の自負が残っている。彼は、世の中が悪い政治が悪いという前に、オレが歩んだ人生のように、爪から血を流すような努力をお前たちはしてきたか、という思いからぬけきれない。

芥川龍之介に「レーニン」（原題『レニン　第三』）という短い詩がある。

誰よりも民衆を愛した君は
誰よりも民衆を軽蔑した君だ。

田中角栄の内心に、この二行に表徴されて、しかし公言をはばかる苛立ちは、ないか。

児玉の文章は以上である。実は芥川龍之介の詩は、このあと、こんなフレーズが続く。

誰よりも理想に燃え上がった君は
誰よりも現実を知っていた君だ。
君は僕等の東洋が生んだ
草花の匂のする電気機関車だ。

児玉は、さすがにこのくだりは田中角栄にそぐわないと思ったのであろう、ここまでは引用しなかった。角栄もそこまでの人物ではないと思ったかもしれない。

児玉はこの論文を執筆中に肩に激しい痛みを感じていた。肺がんだった。彼は最後に「ガン病棟の九十九日」を書いて死んだ。三八歳だった。月日が経って、レーニンのつくったソ連は崩壊、レーニンの銅像は民衆によって倒された。

角栄は脳梗塞で倒れるまで、佐藤昭を離さなかった。だが、これらのことはまだ先のこと、角栄の物語はいま、池田勇人、佐藤栄作の二代の政権をまたいで、蔵相を三年務めたところである。

一九六五年六月、角栄は蔵相を退任した。佐藤政権の中枢を支える大幹部になった田中角栄の前途には、自民党幹事長の椅子が待っていた。

第V章　権力トップへの道程——佐藤栄作の値踏み

1　幹事長時代——強行採決と国対政治

自民党幹事長室

自民党の幹事長室は、国会近くの自民党本部の建物の四階にある。同じフロアに記者クラブの「平河クラブ」がある。新聞社、通信社、テレビ局の机が並んでいる。

幹事長室は、かなり広い部屋でドアも開けっ放し、幹事長、副幹事長をはじめ、秘書や党職員らがいっしょにいるオープンスペースである。議員も来れば、役人も陳情客も来る。記者連中も断りもなく出入りしたものだった。いったいこんな部屋で相談も密談もできるのか、のちに幹事長から総理総裁となった竹下登が「幹事長室は歩行者天国だ」と言っていた。

その部屋に「幹事長室長」としてみんなの面倒をみていたのが党職員の奥島貞雄である。

新米の記者にも分け隔てなく親切にしてくれた。一九九九年に定年退職した奥島は歴代の幹事長に仕えた回想録『自民党幹事長室の30年』を出した。最初に出会った幹事長は田中角栄、奥島はそれから計二二人の幹事長の人となりを綴って、「私が接した幹事長の中で、田中は間違いなくナンバーワンであった」と書いている。

その幹事長室の入口を、角栄幹事長は「ドアを閉めろ」とうるさく女子職員に閉めさせていた。だが、記者たちが「幹事長室のドアは閉めっぱなしで堅苦しいね」と言うのを奥島がそれとなく伝えたからか、ある日、角栄は「おい、もういいからドアは開けとけ、開けといたままでいいんだよ」と言ったものだった。幹事長室が自民党権力の中枢とも思えないサロン風になったのはそのときからだと奥島は書いている。いや、「誰でも自由に入って来られる空間だったからこそ、時の幹事長は力を発揮できた」という奥島の見立てが正しいかもしれない。

ある日、角栄幹事長が従兄弟の田中利男秘書の運転でどこかに出かけ二時間ほどで帰ってきた。利男秘書は「今日は知人から紹介された、どこそこの土地を見にいったよ。こんど買うことになったよ」とあっけらかんと語った。仕事の合間に土地あさりかと奥島たちはいやな気分になったこともある。外遊の資金が足りないと無心にきた議員に「よっしゃ、これ持ってけ」と渡した紙袋にひとケタ多いお金が入っていて、議員から「間違いでは」と問い合わせてきたりしたこともある。こうしたカネの匂いが気になるとはいえ、せっかちで勘がいい、汗っかきで行動的、気さく、呑み込みがはやい、浪花節的などなど、角栄の人間臭さは幹事長に適任だった。

ちなみに、奥島は幹事長で「ワーストワンは？　と聞かれれば、私は躊躇なくこの人物の名前を挙げる。小沢一郎である」と明記している。よくよくのことがあったのか、小沢は角栄が亡くした長男正法と同い年で、角栄から可愛がられた一番弟子と言われたりしたものだったが。

政党人最高のポスト

一九六五年（昭和四〇）六月、角栄は自民党幹事長に就任した。幹事長は、党内人事をはじめとするあれこれの党内調整、野党とのつきあい、国会運営の陣頭指揮、なによりも選挙の候補者の選定、選挙戦の采配という具合に党のすべてを握っている。それはつまり、党のカネを握っているポストということでもある。「政党人の最高のポストは幹事長だ」と角栄が語るのをしばしば聞いた。「総理大臣はこりごりだが、幹事長はまたやってもいいな」と語っていた角栄、あらゆる気配り目配りで段取りよく人心を収攬していく幹事長の役柄は、世話焼きの角栄にふさわしかった。佐藤政権を支え、二回に分けて延べ四年一ヵ月、これは自民党の歴代幹事長で最長記録である。

安保闘争の「大衆の爆発」を見たあとの池田勇人政権が、在任中はゴルフも行かない、料亭にも通わないなどと国民への「低姿勢」を演出したのに対し、佐藤はじりじりとしていた。池田と佐藤は熊本の旧制五高の同学年、同じように官僚から吉田茂にとりたてられて出世したのだから、佐藤にしてみれば、同輩よ、そろそろおれに代われということだったろう。自民党総裁選で池田と争って敗れて池田に三選を許し、しかし、その池田が病を得て、ようやく後継に座ったとき、佐藤はこう記者団に語った。

「私が首相になったら高姿勢になるのではないかと考えるむきもあるが、まずそのような誤解は解いてもらいたい。ただ、政治に対する感じ方、捉え方はそれぞれ個性があるのだから、当然ニュアンスの相違は出てくる。その意味で池田路線は私を金縛りにするものではない」

池田リベラルは、あけっぴろげで明るかった。池田の最後を飾った東京オリンピックの青空のようである。佐藤はギョロ目で「政界の團十郎」とあだ名され、情報収集に抜け目なく「早耳の栄作」などと言われた。ゆっくりとしゃべり、威圧感があり、コワモテだった。じっくりと見定めて動く「待ちの政治」だった。「反共」を語ってはばからず、ひとくちにいえば「保守反動」の登場と目されたものである。それが七年八ヵ月の長期政権を保ったのは、池田勇人が死去し、大野伴睦や河野一郎などうるさ型の党人派もまた世を去って、政敵不在となったからだけではない。

一九六五年（昭和四〇）八月一九日、佐藤は戦後の首相として初めて沖縄を訪問した。角栄は自民党幹事長に就任して二ヵ月半、佐藤の沖縄訪問に同行した。佐藤は、那覇空港で第一声を放った。

「沖縄が本土から分かれて二〇年、私たち国民は沖縄九〇万のみなさんのことを片時たりとも忘れたことはありません。私は沖縄の祖国復帰が実現しないかぎり、わが国にとって戦後が終わっていないことをよく承知しております」

「沖縄の復帰なくして戦後は終わらない」。佐藤の残した名セリフである。太平洋戦争で唯一地上戦に苦しんだ沖縄、日本の独立回復後も沖縄だけが外されて米軍の占領が続いて二〇年、その間、「銃剣とブルドーザー」による威圧によって米軍基地建設が進められていた。「共産中国」が台頭し、朝鮮半島は三八度線で分断され、ベトナム戦争は泥沼化していた。アメリカはアジアへの戦略拠点として、沖縄をいわば要塞化していた。そこに、「保守反動」のはずの佐藤が首相就任九ヵ月で「沖縄返還」の旗を掲げたのである。アメリカが受け入れるはずのない無謀な目標は「佐藤は焼身自殺でもしたいのか」と囁かれたものである。

　その後の佐藤政権は、「黒い霧」の政界不祥事、水俣病やイタイイタイ病などの公害の頻発、大学紛争、過激派の銃撃事件など、時代の変わり目のさまざまなできごとに遭ったけれども、「沖縄返還」だけはしんぼう強く模索を続けて、ついに在任の最後に本土復帰を実現した。「保守反動」と切り捨てるわけにいかない、むしろ「保守反動」であればこそ気移りしない、佐藤政権はそんな国家形成の目的意識を持っていた。それが長期政権維持のバックボーンになる。そして、「政界の團十郎」の表舞台の埃を払い、拭き掃除をして舞台裏を仕切ったのが自民党幹事長田中角栄だった。

強行採決に次ぐ強行採決

角栄幹事長が最初に取り組んだのが、「日韓国会」だった。

吉田茂以降の「戦後保守」が取り組むべきは、まずは戦争の後始末である。吉田茂は、サンフランシスコ講和と独立を果たした。鳩山一郎はソ連との国交回復に漕ぎ着けた。岸信介は、東南アジアとの友好を回復した。そして池田勇人は三六年間の植民地支配を償うべく、いわゆる「金・大平メモ」で「無償三億ドル、有償二億ドル、民間協力一億ドル」を韓国に供与する合意をしていた。

しかし、韓国では「屈辱外交反対」の学生デモが激化、日韓会談は頓挫していた。佐藤内閣が発足したのは、韓国の政情がようやく落ち着きを見せ始めたときである。佐藤としては、「沖縄返還」はさておき、まず韓国との戦後処理を片付けなければならない。それが吉田の薫陶を受けた「戦後保守」の責任であった。

一九六五年（昭和四〇）二月、椎名悦三郎外相を韓国に派遣、椎名は現地で「日韓両国間の長い歴史の中に、不幸な期間があったことは誠に遺憾であり、深く反省する」との声明を出した。その後の交渉の仕上げは難航を重ね、六月二二日になってようやく日韓基本条約に調印した。だが、日韓関係の傷は深く、竹島問題や従軍慰安婦問題など、なお尾を引いていることは周知の通りである。

一〇月、角栄はこの日韓基本条約を承認する臨時国会に臨んだ。野党の社会党は、「韓国との条約は北朝鮮の存在を否定する」と反対していた。この国会には佐藤政権が本格政権たりうるかどうかの命運がかかっていると、角栄は東京・目白の私邸に党幹部を呼んで作戦会議を開いた。その作戦とは、野党の抵抗を正面から突き破る強行採決に次ぐ強行採決だった。

衆院本会議では、社会党が不信任案連発や牛歩戦術を駆使して採決を妨害、三泊四日を費やしたあげく、混乱の怒号のうちに可決した。参院本会議でも三日続きの徹夜となって、最後は自民党と民社党の出席だけで可決成立させた。角栄は、社会党の成田知巳書記長と会談、「言論の自由を確保し、とくに少数意見を尊重する」などともっともらしい文面でまるめこんで国会正常化に合意した。船田中、田中伊佐次の正副議長は辞任した。角栄幹事長は、日韓条約の承認という結果を得るために、議長のクビも平気で野党をなだめる手段に使ったのだった。

角栄の秘書早坂茂三は「政権党が国家意思を貫徹するため、立法府の責任者をスケープゴートにする手法は、批判されてよい問題だが、議会制デモクラシーの成熟過程の一里塚としてやむを得ない措置」と角栄を弁護する文を書き残している。

カネがひとケタ増えた

佐藤政権の七年八ヵ月は、自民党が衆参両院で過半数を制し、社会党は万年野党に甘んずる、いわゆる五五年体制の安定期だった。であればこそ、時に強行採決で押し切る余裕もある。もう一方では、いわゆる「国対政治」が醸成されて、国会の腐食が進行した。

政権与党は野党の不当不法な妨害に我慢に我慢を重ねて耐え、堪忍袋の緒が切れたふりをして強行採決をする。野党は理不尽千万と声高に非難する。与党は実利を取り、野党は「最後まで反対した」ふりができてカオが立つ。実は、あうんの呼吸の出来レースなのである。たまにこれを新聞が「与野党談合」と書くと、与野党は怒ったふりをする。

それどころか、そこに持っていくために、与党議員は日常から野党議員を料亭で接待したり、銀座仕立ての洋服を送ったり、現ナマを包んだりする。「国会対策費」「組織対策費」「官房機密費」といった使途不明金が使われる。角栄幹事長であればこそ、自分のカネを含めて縦横なカネの使い方をしたことだろう。わたしは、蔵相のポストを何度もこなした飄逸《ひょういつ》な人柄の水田三喜男から某夜、趣味の浮世絵を見せてもらいながら「角さんが政治のカネをひとケタ大きくしてしまった」という述懐を聞いたことがある。

角栄が原型をつくった「国対政治」は、角栄の弟子たち、田中派の面々が国会対策のつわものとして継いでいく。これをしも「議会制デモクラシーの成熟過程の一里塚」というべきかどうか。国会議事堂の大伽藍は、往時、ソドムの巷だったのではないか。

一九六五年秋の臨時国会は「黒い霧」で揺れた。いわば、二級の不祥事件の連続である。まずは吹原産業の金融疑惑事件。池田内閣官房長官だった黒金泰美の政治生命を奪った。次が田中彰治事件。自民党衆院議員で衆院決算委員長だった田中が虎ノ門公園国有地の払い下げ問題で小佐野賢治を脅し、東京地検特捜部に逮捕された。田中彰治は国会でスキャンダルを問題にしては、裏でカネをせびる「マッチポンプ」と噂されていた。角栄の隣の選挙区、新潟四区の選出である。角栄と近い小佐野が絡んで、角栄もひやりとしたに違いない。さらには、荒船清十郎運輸相が選挙区の深谷駅に急行を停めて、「ひとつぐらいいいじゃないか」と嘯《うそぶ》いたり、上林山栄吉防衛庁長官が公私混同のお国入りをしたりして閣僚の資質が問われるお粗末な事件が続いて、次々と更迭された。

これもまた五五年体制下の自民党永久政権の気の緩みだったかもしれない。佐藤は自民党総裁選で藤山愛一郎らを破って再選されると、党を仕切る川島副総裁と角栄幹事長を更迭した。角栄はとりあえず無役になる。水を得た魚のごとくだった角栄は、不完全燃焼の思いだったろう。

幹事長は、福田赳夫が継いだ。早呑込みの角栄は「わかったの角さん」と呼ばれ、福田は「ホーホーの福田」と呼ばれた。そんな相槌で人の話を聞いた。振り返れば、角栄蔵相のあとは福田蔵相、角栄幹事長のあとは福田幹事長、そのあとまた角栄幹事長が復帰するのだが、そんなふうに、「人事の佐藤」が面白がって角栄と福田という対照的な人材をとっかえひっかえ使っているうちに、ポスト佐藤を争う「角福戦争」の構図が浮かび上がってきた。だが、「角福戦争」のベルが鳴る前、角栄はなお佐藤政権を必死で支えなければならなかった。「政界の團十郎」は、「沖縄返還」に向けて意外な動きをみせていく。

佐藤の沖縄返還交渉

一九六七年(昭和四二)一一月、佐藤は訪米して、暗殺されたケネディの後継ジョンソン大統領と会談した。佐藤はなんとしても、沖縄返還の日程のめどをつけたかった。自分の政権に力があるうち、なんとか「両三年以内」に返還期日を決めるということにできないか。佐藤は外務省ルートではなく、京都産業大学教授若泉敬を密使として、ホワイトハウスのロストウ大統領特別補佐官のもとに送っていた。

アメリカは、ベトナム戦争と依然として続く貿易赤字に苦しんでいた。しかし、若泉の働きもあって、佐藤とジョンソンの共同声明に「両三年内に返還の時期を決めること」を盛り込むことができて、佐藤はほっとした。

ただ、ひとつ問題がある。沖縄に配備されている核ミサイルである。沖縄返還のときにいったいどうするのか。撤去するのか、それとも存置するのか。佐藤の前に、沖縄返還は「核つき」なのか「核ぬき本土並み」なのかという問題が立ちはだかることになる。

ところが佐藤は、ジョンソンとの会談から帰って一ヵ月後、国会答弁で「核兵器を持たず、作らず、持ち込ませず」という「非核三原則」を繰り返し強調するようになる。この時期、佐藤は、なぜわざわざ「非核三原則」を公言したのか。アメリカとの沖縄返還交渉が難しくならないか。このことは、もうひとつ、「沖縄返還」の日米交渉に隠されたドラマを生むことになる。

さて、角栄は無役の余暇を楽しみ、ゴルフを覚えた。何でも夢中になるたちで、なかなか上達した。そうこうするうち、一九六七年（昭和四二）三月、自民党都市政策調査会が発足して、角栄は会長に就いた。坂田道太と原田憲が角栄の秘書の麓邦明と早坂茂三を呼んで「角さんを遊ばせておくのはもったいない。角さんは若いときから国土政策に汗を流してきた。ここらでひとつ、角さんの大調査会をつくって、何かばんとしたものをやらせようではないか」と持ちかけたのが始まりである。衆参の自民党議員八七人が集まって一年余り、七〇回の会合を重ねて勉強した。

一年二ヵ月後、六万語におよぶ「都市政策大綱」が書き上がった。地価の高騰、住宅不足、交通難、各種の公害。それまでバラバラだった都市政策を総合的体系的に政策化したと、朝日新聞が社説でほめた。早坂茂三は「しめた！　インテリ朝日を巻き込めば、角栄は天下をとれる」と思った。「都市政策大綱」は、のちに角栄の天下取りのマニフェスト「日本列島改造論」を生み出すことになる。

角栄の戦争観

この時期、佐藤が腐心していた「沖縄返還」には、むろん角栄はかかわっていない。角栄は、日米安保体制と非核三原則の矛盾をどう思っていたのか。

角栄はのちに、ポスト佐藤の自民党総裁選を前にして発表した「国民への提言――私の十大基本政策」のなかに、①日本は軍事大国をめざすべきではなく憲法九条を対外政策の根幹にすえること、②将来とも核兵器を持つべきでなく非核三原則を貫くこと、③日米親善の基調を堅持し日米安保条約を維持すること、などを盛り込んでいる。つまりは、日米安保体制依存と非核三原則の併存を策した、言い換えれば「核の傘」の下で「非核」を装うという佐藤の敷いたレールの上に角栄もいる。

ここで、やや根底に戻るけれども、角栄の戦争観を表している話を、わたしが聞いた角栄の演説から触れておきたい。

一九八〇年（昭和五五）五月二五日、新潟県傷痍軍人の妻の会でのことである。角栄はこう語り出した。

> 戦後三五年です。それはみなさんにとって、長い三五年であり、うたかたのごとく短い三五年でもあったはずです。戦没者の妻や戦傷者の妻にはいばらの道だったかと思います。わたしも軍人傷痍記章を持っています。一時金五〇〇〇円のクチです。私は取りに

いきませんでしたので国庫に入っていると思います。私は大蔵大臣をして、陰に陽に傷痍軍人会にいくばくかの力添えをしてきました。戦没者戦傷者の遺家族への施策は厚きにすぎるものはありません。社会保障のなかで軍人対策をすればいいなどという人もいました。そんなことではいけません。

戦後民主主義をはき違えて、戦没者や戦争犠牲者をも含めて、戦争を引き起こした責任をいうものがいます。しかし、数百万が犠牲になり、その土台の上に今日の民主主義が定着したのです。国家社会のために何もしなかった人も老いて社会保障を受ける。それと戦争に行った人を同じ扱いをしては、公に奉ずるすばらしい日本人はできません。

角栄はこのように傷痍軍人の妻を励ましたうえで、かつて初めての外遊で欧州を訪問したときに見た「帰らざる人を待つ碑」の話をしみじみと語った。

私は昭和二八年に欧州を訪問しました。西ドイツのある町で、四角のお灯明のような塔があるのを見ました。あれはなんだと聞くと、「帰らざる人を待つ碑」だというのです。全市民の浄財でつくって、ガスを引いて火を灯している。戦争に行って帰ってこない兵士の名前が裏に書いてある。その人が無事に帰ってきたら、名前を削るのです。ずっと帰ってこない人のことはどうするのかと聞くと、この町がある限り、市民は火を灯し続けるということです。私は政策の中枢にこういうことを据えようとは思いません。しかし帰らざる兵士を思う、こういう市民の感情が国民的力を培うのだと思うのであります。

「保守反動」の佐藤栄作にして、非核三原則を唱えた。「金権政治」の田中角栄にして、戦争の反省をかく語った。いずれにせよ「戦後保守」は、もうあんな悲惨な戦争はいやだ、原爆はごめんこうむるという民衆の感情を汲み取る精神を持っていた。であればこそ、佐藤政権は長続きして、自民党政権もまた長続きしたのだと思われる。

秘密合意議事録

一九六八年(昭和四三)一一月、角栄は無役の時代を終わって、自民党幹事長に復帰した。佐藤は自民党総裁に三選、いよいよ「沖縄返還」の大事業を仕上げるためには、やはり角栄が煤払い拭き掃除をして、佐藤政権を長続きさせてくれることを期待した。

一九六九年一月、アメリカはジョンソン民主党政権からニクソン共和党政権に代わった。ニクソンはジョンソンの「両三年以内」に返還日程を決めるという佐藤との約束を引き継いだ。沖縄では、琉球政府の初の公選主席に屋良朝苗《やらちょうびょう》が当選した。「固き土を破りて 民族の怒りにもゆる島 沖縄よ」。復帰運動は「沖縄を返せ」の歌声とともに盛り上がっていた。

アメリカとしても、ここで占領を継続して沖縄の民心を失うならば、日本というよき防衛パートナーを失いかねないと判断したのである。

だが、佐藤が「非核三原則」をうたい、「沖縄返還」は「核抜き」を求めていることにはどう対応すべきか。ニクソンは、これもやむをえない、ただし、「緊急時には、核兵器の再持ち込みを認める」ことを約束させつつ「核抜き」に応ずるとの方針を密かに固めた。そこはニクソンの交渉上手、それを日本側に言うのは最終段階、表向きは「核抜き」などおくびにも出さなかった。

佐藤は再び、密使若泉敬をワシントンに派遣、キッシンジャー大統領特別補佐官に当たらせた。盗聴を警戒して、若泉は「ミスター・ヨシダ」、キッシンジャーは「ドクター・ジョーンズ」とコードネームで呼び合った。日本側では佐藤と楠田実首相秘書官しか知らないその秘密交渉のあげく、重大な緊急事態のときは、米政府は核兵器を沖縄に再び持ち込むことができることを「秘密合意議事録」という形にして、それを公表せずにニクソンと佐藤が密かに署名するという案ができあがった。

国民向けには「非核三原則」を唱え、アメリカとの間では沖縄への核持ち込みの密約を結び、表向きは「核抜き」の「沖縄返還」を装うとは、いわば歴史への欺瞞、背信といってもいい。だが、佐藤は若泉に乗る。

一九六九年一一月、佐藤はワシントンに出かけてニクソン大統領との日米首脳会談に臨んだ。公式の会談の席では、一九七二年の沖縄返還は「日本政府の政策に背馳《はいち》しないよう実施」すること、つまり日本の非核三原則に鑑みて、沖縄に核兵器を置かないという形をとる。だが、その後、ニクソンと佐藤は何食わぬ顔で大統領執務室の隣の小部屋に入って、緊急時の核持ち込みを認める「秘密合意議事録」に署名した。ホワイトハウスと首相官邸の奥深く、それは一通ずつ厳秘で保管されることになる。

歴史を偽ると、ひどい喜劇が起きる。一九七四年一〇月、佐藤は非核三原則が評価されて、この年のノーベル平和賞に輝いた。それから半年後、佐藤は脳卒中で死んだ。一九七九年、『キッシンジャー秘録』が出版され、秘密交渉の一端が明かされた。一九九四年、若泉敬は著書『他策ナカリシヲ信ゼムト欲ス』を書いて、秘密交渉のすべてを明かした。その二年後、若泉は自殺した。若泉が書いたことが真実なのかどうか、それを証明するものは「秘密合意議事録」の所在だった。首相官邸には見つからなかった。時が経って二〇〇九年、佐藤栄作が自宅に保管していたことが遺族から公表された。

最後の切り札、田中通産相

ニクソンは「沖縄返還」もさることながら、もうひとつのテーマ「繊維問題」に重大な関心を持っていた。ニクソンは、大票田の南部諸州の票を得るために、繊維製品の対米輸出国に自主規制させることを主張、自主規制に応じないときには輸入制限をすると公約していた。

若泉は佐藤に「総理、繊維は本当に大変ですよ。ニクソンにとっては、沖縄より繊維なんです」と報告していた。佐藤は、「沖縄返還」という国家的課題と「繊維問題」という業界的課題を絡ませたくはなかった。佐藤にとっては、それは外交の節操だった。だが、ニクソンは明らかに絡ませて取引に来た。佐藤は天井を向いて「善処します」と答えた。「I do my best」と訳された佐藤の返事を、アメリカの要望通りに解決することを約束したと受け取ってニクソンは満足した。実は、キッシンジャーと若泉の間では、繊維の輸入制限に関わる密約めいたペーパーもかわされていた。

巷では、「沖縄返還」と「繊維問題での譲歩」、つまり「ナワとイトを交換した」と喧伝されていた。だが、大平正芳、宮澤喜一の二代の通産相は問題を解きほぐすことができずに一年半が過ぎる。ニクソンは佐藤に不信を抱く。このままでは、「沖縄返還」にも傷がつきかねない。佐藤は最後に、田中角栄を自民党幹事長から通産相に起用するが、これはまだ先のことである。

2　福田赳夫の台頭と日米繊維交渉

叛乱の時代のなかで

あの時代を振り返るとき、いつも胸によみがえる道浦《みちうら》母都子《もとこ》の短歌がある。

「ガス弾の匂い残れる黒髪を洗い梳《す》かして君に逢いゆく」

一九六八年から六九年にかけて、いわゆるスチューデントパワーが世界で爆発した。パリのカルチエ・ラタンの学生デモ、映画『いちご白書』に描かれたアメリカのコロンビア大学紛争。そして日本で、燎原の火のごとく全国の大学が学生によって封鎖占拠され、機動隊の導入が続いた。

一九六九年一月一八日、「東大全共闘」の学生が立て籠もっていた安田講堂が機動隊の放水や催涙ガスで陥落し、戦いやんだ一月二〇日、佐藤栄作首相と坂田道太文相が荒れ果てた東大構内を視察した。この大学の教室で学んだゲーテやシラーの詩を愛唱する坂田は茫然として、その夜、東大の入試中止を決断した。自民党幹事長に復帰して二ヵ月の角栄もまた、この事態に手を打たなければならなかった。

自民党幹事長角栄の気持ちははっきりしていた。小学校を出ただけで早稲田の講義録で独学した角栄にしてみれば、大学までいって何の不満があるんだということだったろう。東京の息子に学費を送っている父母の気持ちが角栄にはよくわかる。大学は何をもたもたしているんだ！

だが、大学というのは、「学問の自由」に発する「大学の自治」があって、政治がやみくもに手をつけるわけにはいかない。角栄は「大学問題は教育改革など恒久的措置と当面の正常化をはかる臨時的措置に分けて考えなければならない。適当な政治的タイミングを考えて臨時措置法案の提出を考慮している」と発言した。社会、公明、共産の三党は「大学改革に名を借りた治安立法だ」と激しく反発した。だが、スチューデントパワーは、大学のみならず、成田の三里塚闘争、沖縄デーなどさらに拡大する動きが続いていた。

「早くベルを鳴らせ」

五月、政府は「大学の運営に関する臨時措置法案」を提出した。政府も自民党も「大学の自治」を一定程度は重んじて、恒久改革を抑制して臨時措置にとどめる良識は持っていたというべきだろう。とはいえその内容は、紛争が続けば大学の一時休校に始まって、閉校措置、さらには廃校措置がとれるというものである。野党も大学も強く反対した。

衆院本会議は、例によって野党が不信任決議案の連発、牛歩戦術によって四泊五日の徹夜審議のあげくに可決した。参議院の審議は八月にずれこむ。ようやく参院本会議にこぎつけたときになって、重宗雄三議長が強行採決をためらって、本会議の開会のベルを押さないのである。角栄幹事長は血相を変えて参院議長室に乗り込んだ。そのときの様子を、秘書早坂茂三が「生涯忘れることのできないシーン」と書き残している。

角栄　おい、じいさん。なんでベルを鳴らさないいんだ。早く鳴らせ。

重宗　角サン、あんたはカッカしているが、オヤジ（佐藤首相）は無理してやることはないという肚《はら》じゃないのか。あんた、オヤジとちゃんと打ち合わせてやってるのかい。

角栄　なにいってんだ、じいさん。お前さんたちはもう子供が全部、できあがってるから、そんな極楽トンボでいられるんだ。だけどな、学生を子に持つ日本じゅうの親たちはどうするんだ。自分たちの食うものも削って倅《せがれ》や娘に仕送りしてるんだ。ところが、学校はゲバ棒で埋まっている。先生は教壇に立てない。勉強する気の学生は試験も受けられん。こんなことで卒業できるのか。就職できるのか。みんな真っ青になっているんだ。気の弱い学生は、大学にいきたくともいけない。下宿でヒザを抱えてるんだ。——だから、じいさん。早くベルを鳴らせ。やらなきゃ、このオレが許さんゾ。

重宗　まあ、角サン、そうガミガミいうな。

これは、角栄の人生の反映ともいうべき爆発だった。そのあと、重宗は保利茂官房長官に佐藤の意思を確かめて本会議開会のベルを押した。議場は混乱、議長の「議事整理権」を発動して強行採決、起立多数で可決成立させた。角栄にすれば、日韓国会を強行採決で乗り切った、あれと同じ手法だった。

この法律ができて、あるいは潮時だったのか、全国で燃え盛っていた大学紛争は潮が引いていく。ユーミンが作詞・作曲してバンバンが歌った「『いちご白書』をもう一度」にあるように、無精ひげと長い髪で学生集会に出かけていた「ぼく」は就職が決まって髪を切り、「もう若くないさ」と彼女に言い訳をする、そんなふうに時代は移っていく。

日米安保、自動延長について

一九六九年一一月の訪米に向けて、この頃佐藤首相は「沖縄返還」交渉の下準備に忙しかったのは前述の通りだが、角栄はそのあとに予想される一二月の衆院選挙の準備に忙しかった。

そこで問われるべきは、一つ目は沖縄の「核ぬき本土並み」返還、二つ目は、学生の叛乱を鎮圧した「大学立法」だった。このふたつは、日本の中流国民には評価できることだった。角栄の「強行採決」にしても、それが権力の横暴と映るのか、野党のわからず屋の抵抗と映るのかである。

三つ目は、日米安保条約の「自動延長」の是非だった。岸信介が「わしは声なき声に耳を傾ける」と国会を包囲するデモに抗って成立させた安保条約の期限は一〇年、一九七〇年六月に切れる。そのあとはまた一〇年の期限を設ける「固定延長」か、それとも期間を設けない「自動延長」か、そこが問題だった。自動延長の場合は、一年の予告期間で廃棄できることになり、不安定といえば不安定である。だが、自民党は「自動延長」を決定した。果たしてそれでいいのかどうか。あの六〇年安保のデモが蘇って、「安保廃棄」などということにならないか。

角栄は読売新聞の一九六九年一〇月一〇日のインタビューにこう答えている。（要旨）

「廃棄があるとすれば、安保に代わるもの、自主防衛か、国連による集団安全保障体制か、どちらかができたときだ。しかし、自主防衛でいくと、軍事費が歳出の五、六〇％を占めることになるが、そんなことはできないし、国民は戦前でこりている。憲法九条もある。社会主義国だって集団安保じゃないか」

——では、「自動延長」は何年くらい見込んでいるのか。長期堅持となるのか。

「そんな感じだ」

——安保廃棄の野党が政権を取ったらどうなる？

「絶対に取りませんな。いまは野党だから、そういっているだけだ。責任政党になったら、国民にそんなことがいえますか。安保は結局、継続ですよ。国民は安保条約がいいとして、自民党政権がずっと続いているんだ」

安保の「自動延長」とは、一〇年ごとに廃棄か継続かの騒ぎを起こさせずに、いわば安保を空気化、日常化させていくということだったのだろう。その後、たしかに日米安保は一度も「廃棄」が政治問題になったことはない。その頃の角栄の視野にあったものかどうか、日米安保が「日米同盟」などと喧伝されて、世界に向けての軍事同盟であるかのごとく変質していくのは、角栄が死んだあとのことである。

選挙大勝、幹事長留任

一九六九年（昭和四四）一二月二七日の衆院選挙は、角栄が陣頭指揮して、自民党は二八八議席を獲得、さらに無所属の当選者を加えて三〇〇議席に達した。現有議席は二七二議席だったから、稀にみる大勝である。社会党は、通例は三ケタの議席だったのにわずか九〇議席という二ケタに転落した。自民党の大勝は、「選挙に強い」という角栄伝説をつくることになる。

この選挙で、のちの田中派の中核になっていく議員がどっと初当選してきた。小沢一郎、羽田孜、梶山静六、渡部恒三、奥田敬和、高鳥修などなど。派閥政治のなかで身を寄せるべきは、これから天下をうかがう若き幹事長派閥である。彼らはすぐ、ポスト佐藤の自民党総裁選で角栄の天下取りの最前線で走り回ることになる。田中派以外では森喜朗、浜田幸一、野党では、社会党の土井たか子、共産党の不破哲三の名が並んだ。

ただ、「選挙に強い」というのは、角栄にして当たり外れがある。いつも勝つ結果ばかりではない。むしろ思うに任せないほうが多かった。角栄自身が新潟三区で強いということ、それは「越山会」の成り立ちからしてまちがいない。だが、全体の選挙はやはり有権者の一票の集積が決めるのである。「選挙に強い」という伝説は、竹下登や小沢一郎に引き継がれたけれども、それは「選挙に詳しい」ということであって、やはり選挙の勝敗は、選挙戦略の要素よりも「歴史的必然」をそこに感ずることが多かった。

佐藤政権のプライムタイムとも思われる選挙結果を受けて、一九七〇年の年頭、佐藤首相は自民党副総裁に川島正次郎、自民党幹事長に角栄をそれぞれ留任させた。あとから振り返れば、この人事は角栄の運命の岐路だった。

佐藤「総裁四選」の野望

すでに佐藤は総裁三選を果たし、在任五年を過ぎる。佐藤の兄、岸信介は佐藤のあとの首相は岸派を譲り渡したお気に入りの福田赳夫にやらせたかった。岸の心配は、角栄がこの選挙に勝った勢いで党内勢力を広げていくと、福田の有力な対抗馬に育っていくかもしれないということである。だから、ここは角栄を幹事長から外して親福田の保利茂に代え、川島を衆院議長にまつりあげたかった。川島はもともと岸派だったが、岸が福田に派閥を譲ったのを嫌って分派して川島派をつくった。そして角栄をバックアップしていた。

だが、佐藤は岸や福田の思惑を裏切って、川島、角栄を留任させた。いったいなぜか。おそらくは、佐藤の胸中ひそかに「総裁四選」の野望が芽生えていたからと思われる。

佐藤はニクソンから、一九七二年の「沖縄返還」の約束を取り付けた。一九七〇年一〇月に予定される自民党総裁選で四選をしてさらに二年間務めることができれば、晴れて「沖縄返還」の式典に「戦争で失った領土を平和裡に取り返した偉大な首相」として参列することができる。しかし岸にとっては、佐藤の「総裁四選」はもってのほかだった。

通信社記者増山榮太郎の著書『角栄伝説――番記者が見た光と影』によると、岸と佐藤は首相官邸でこんな会話をかわした。

岸　十月の総裁公選までに引退すべきだな。早ければ早い方がよい。四選など絶対にしてはいかん。

佐藤　それでは今年の十月までにやめろということか。

岸　そうだ。（佐藤が）後一年でも、二年でも、総理、総裁をやればきっと田中が力をつけてくる。福田の強力な対抗馬になる。

佐藤　いや、田中は心配ない。仮にそうなっても、オレが「福田を先にやらせろ」といえば、田中はオレのいうことをきく。

〔中略〕

岸　ホントかね。いずれにせよ、早くやめるに越したことはない。お前が政権に長く座れば座るほど、忠誠を誓う人は少なくなる。反抗する人間もふえる。

岸はさすがというべきか、佐藤政権の絶頂のときに、これからは下り坂の政権の末路を予感していた。ともかく、岸にとって角栄は福田を脅かす危険人物に思えた。佐藤のほうは、福田に好感は持っていたとしても、自分の早期退陣を促す岸や福田よりも、おそらくは自分の四選のために働いてくれる川島と角栄のほうが有益に違いなかった。むろん角栄は佐藤の「総裁四選」の野望に感づいていたことだろう。角栄にとって、佐藤の四選は福田に対抗して自分の勢力拡張の時間を確保することができて有利だった。

四期目の自民党幹事長に座った角栄は、新聞のインタビューで福田赳夫について聞かれてこう語った。

「そりゃ、やっぱり、アノー、党を代表していくヒトでしょうな。一高、東大、エリート官僚、政治家のコースをたどってきて。やがて頭領になるヒトでしょうね」

言葉が歯に挟まっているようである。

福田赳夫

一九七〇年(昭和四五)一〇月、自民党総裁選で、佐藤は三木武夫を破って四選を果たした。池田派を継いでいた前尾繁三郎は佐藤に協力して総裁選に出馬しなかった。にもかかわらず、予定されていた内閣改造は見送られて入閣もできず佐藤に手玉にとられた形になる。派閥の領袖の地位も大平正芳に奪われることになる。三木武夫は少数派である。河野一郎の派閥を継いだ中曽根康弘も未だしである。一一月、川島が他界した。ポスト佐藤は福田か角栄か、ここでスタートラインに就いたことになる。

福田赳夫は、その人生航路も政策思想も、角栄とは対照的な人物である。佐藤以後の自民党が長く「角福戦争」に彩られたのも、戦後日本のある種の歴史的必然だったといえるかもしれない。福田赳夫という政治家を少し詳しくたどっておく。

一九〇五年(明治三八)、福田は群馬県群馬郡金古《かねこ》町、いまの高崎市近郊で元名主の家に生まれた。神童の誉れ高く、旧制高崎中学に通った。わたしも一度、福田の生家を訪ねたことがあるが、中学までかなりの時間がかかる道のりだったろう、少年の日に福田が田舎道を飄々として通う姿が目に浮かんだ。旧制一高、東京帝国大学法学部を卒業、一九二九年(昭和四)の大蔵省の採用試験に合格、大臣官房文書課に配属されたのだから、大蔵省のなかでもエリートコースである。世界恐慌が起きた年、折しも井上準之助蔵相が金解禁を決定する時期だった。

福田赳夫

一九三〇年春、福田はロンドン駐在に赴く。海路五〇日、上司の津島寿一財務官邸に着くと何やら協議中だというので、女中さんに頼んで風呂を借りた。「お湯の中でもコリャ、花が咲くよ、チョイナ、チョイナ」と郷里の民謡「草津節」をうなって、とんでもないやつが来たものだと驚かせたというのだから、単なるエリートではない器量の持ち主だったということだろう。津島は敗戦前後の蔵相となり、福田は親しく仕えることになる。

欧州にブロック経済、インフレ、そしてファシズムが台頭する状況を学んで滞在三年、日本に帰国して、税務署長から本省主計局勤務となる。その頃、一三歳年下の角栄はといえば、小学校高等科を卒業して土方仕事を経て、ようやく東京に出る汽車に乗ったところだった。

それから福田は陸軍省の予算の一切合切を処理する主計官を七年務めた。陸軍は皇道派と統制派の内部対立をはらみながら、軍事予算の拡大を求めた。その先には、大陸進出、ソ連との開戦などのもくろみがある。福田は高橋是清蔵相のもとで、その防壁にならなければならなかった。だが、二・二六事件が起きて、高橋は殺される。

高橋財政は、大恐慌脱出のために農村で公共事業を起こした。角栄がそこで土方仕事を始めたことは前述した。増税を嫌って公債で賄いながらも、軍事費を抑制し何とか公債を漸減していく「健全財政」を目的としていた。高橋が殺された翌一九三七年（昭和一二）予算からは、財政は野放図になり、軍事費は大膨張した。その元凶ともなる「臨時軍事費」にも、福田主計官はメスを入れた。しかし一括計上のこの予算は細かくは目が届かなかった。若き小佐野賢治や田中角栄が大きなカネを扱うことになるのも、この「臨時軍事費」だったことは前に見た通りである。

こうしてみると、福田は社会の上層で政策決定者の道を歩み、角栄はいわば社会の下層から這い上がっていったことがわかる。福田と角栄が政治の世界に出るまでに身に付けたもの、両者の体質の違いが「角福戦争」の勝敗の行方に深くかかわってくる。

「クラウン・プリンス」として

戦争が終わると、物資不足のためすさまじい物価上昇が襲った。福田は悪性インフレ防圧のために「新円切り替え」という非常手段を実行した。加えて財産税、預金封鎖などを実施、さらに銀行局長に転じて「救国貯蓄運動」を始めた。なぜ、のちに福田が締まり屋の財政家になって、角栄の膨張路線と対決することになったのか、この時代はその原体験とも言うべきものだったろう。

好事魔多し、福田は昭和電工事件に巻き込まれて収賄罪で逮捕され、大蔵省を退官する。この件はのちに「鷺《さぎ》をカラスと言いくるめる」検察のでっち上げとされ、無罪となる。一九五二年（昭和二七）の衆院選挙で福田は翻然として群馬三区から立候補、無所属で当選、政界に乗り出した。角栄から二回遅れである。しかし、岸信介と行動をともにして出世は早く、岸内閣で農相、自民党幹事長を歴任、「クラウン・プリンス」と目されるようになる。この間、角栄は郵政相として初入閣した。

福田と角栄。くっきり対比される存在になったのは、「所得倍増」を打ち出した池田勇人内閣からだった。池田が「消費は美徳」というのは、福田にいわせれば「まさに暴論」だった。「経済政策は安定成長に切り替えよ」と福田は自民党政調会長の身で批判したから、池田は烈火のごとく怒った。福田は更迭、後任の政調会長になったのが角栄だった。福田は「党風刷新連盟」をつくって抵抗した。エリートの誇りだったろう。

福田は、いくつものセンスのいい語録を残している。なかでも人口に膾炙《かいしゃ》したのが「昭和元禄」だったと福田は著書『回顧九十年』に書いている。

「東京中のあちこちがオリンピック施設や道路建設のため取り壊され〔中略〕補償金がころがりこんだ「にわか成金」たちが、そこら中に誕生した。セックス映画が氾濫し、朝から晩まで「お座敷小唄」など浮かれ調子の流行歌が流れている。どこもかしこも物と金の風潮に覆われて、「謙譲の美徳」や「勿体ない」という倹約の心掛けといった古来からの日本人の心が失われかけていた」

それが「昭和元禄」である。

福田は池田三選に公然と反対の狼煙《のろし》を上げた。福田が再び政権の中枢に起用されるようになったのは、佐藤政権になってからである。蔵相から自民党幹事長、再び蔵相、そして外相。佐藤政権七年八ヵ月の間、一日たりとも要職から離れることはなかった。だれがみても、ポスト佐藤の本命は福田にほかならなかった。だが、そこに角栄が追いついてきた。

日米繊維交渉の解決

角栄の根回しで「総裁四選」を果たし、「沖縄返還」の式典の主人公となる日が近づいているはずなのに、佐藤にとって頭が痛いのは、あのニクソンが激しく迫ってきた「繊維問題」である。通産相を大平正芳から知米派で経済通の宮澤喜一に代えても、いっこうに解決できないでいるのに業を煮やしていた。

一九七一年（昭和四六）七月、佐藤は内閣改造をして、角栄を通産相に起用した。「繊維を頼むぞ」ということだった。福田は蔵相から外相に横滑りした。

佐藤の長期政権には、さすがに国民にも飽きが来ていた。経済のひずみ是正は芳しくなく、公害は深刻化していた。この年四月、東京都知事選では、美濃部亮吉が「ストップ・ザ・サトウ」をスローガンに再選を果たした。六月、角栄が幹事長として指揮をとった参院選でも自民党は退潮、社会党が巻き返した。角栄はこれを潮時に幹事長を辞めるつもりであることを、のちに田中派の重鎮になる橋本登美三郎や二階堂進に明かすと、「角さん、それはいい。無役のほうが動きやすい」と賛同した。いずれもポスト佐藤の総裁レースを意識していた。

だが、佐藤は角栄の辞意の申し出を嫌って、通産相を申し付けた。角栄を野に放てば、福田への禅譲が危うくなる。「繊維問題」という難題を背負わせて内閣に封じ込めておけば、角栄の蠢動にも目が届く。おれには角栄を従わせる力がある。福田には財政に加えて外交を経験させ、「帝王学」を学ばせる。佐藤はそう思っていた。

通産相三ヵ月、角栄は「繊維問題」で追いまくられる日々を送る。それをいつもそばで見ていたのは、大臣秘書官小長啓一だった。小長は「泥をかぶってもやるべきことはやりぬく政治家」を角栄に感じた。角栄が総理大臣になると、通産省から出す初の総理秘書官になって、いわば角栄の側近官僚の第一人者ともいうべき存在になる。

アメリカの要求は、ともかく日本からの繊維輸出を制限せよ、それができないならアメリカ側から輸入制限をかけるということだった。問題とすべきは、規制の対象（繊維にも各種ある）、規制の期間、規制の中身、つまり年間の輸出伸び率を何％以下に抑え込むかの三点だった。

角栄は、始めは通産官僚のシナリオ通りに動いた。九月に訪米して、「GATT（関税貿易一般協定）では「被害のないところに規制なし」の大原則がある。アメリカの繊維業界は、日本の輸出から大きな被害は受けていない」と主張した。繊維産業の多いテキサス出身のコナリー財務長官が大きな体でドンドンと机を叩いて「ともかく政府が規制して貿易不均衡をなくせ」と迫ってきた。角栄は「たしかに繊維貿易では日本は黒字だ。しかし貿易は多国間でバランスをとる話だ。そういう理屈はあなたがたから教えてもらった」と反論した。貿易の自由原則である。

だが、角栄は帰国すると、「やはりこれはスジ論だけではだめだな」と言い出し、政府間協定による輸出規制を決断する。ここからが角栄の本領である。「規制によって日本の繊維業界には「得べかりし利益」の喪失が起きる。それを政府が補償する」と言い出した。通産官僚が複数案を持ってお伺いをたてる。「よし、これでいこう」。輸出規制で余ってしまう織機を政府が買い上げてしまうというものである。それはざっと二〇〇〇億円かかる。当時の通産省の予算が数千億円のレベルだったから、そんな巨額を繊維業界に出せるのか、出していいのか。

角栄は小長に「総理に電話をつなげ」と指示、電話口で「繊維交渉の解決はこれしかない。二〇〇〇億を納得してくれ」と説いた。次は水田三喜男蔵相に電話、「総理も了承している から、二〇〇〇億を出してくれ」とふっかけた。ここからが角栄のすごいところと小長が感じたのは、「おい、おれの名刺を」と言い出し、裏に「二〇〇〇億円よろしく頼む」と書いて大蔵省の主計官に届けさせたことである。「こんなふうにすれば官僚は動くということをよく知っているんですねえ」。小長の角栄思い出話の十八番である。

一〇月、「日米繊維協定のための了解覚書」に調印した。規制の対象は、毛、化合織のすべて、規制期間は三年間、伸び率は毛一％、化合織五％である。国内の繊維産地は「われわれを犠牲にする内閣打倒」のプラカードを掲げてデモをした。衆参両院に田中角栄通産大臣不信任決議案が出された。だが、角栄は表での批判はともかく、これで繊維産業は落ち着くと見通していた。それよりも、「業者の織機を倉庫に仕舞わせてはいかん。全部壊せ」と指示、再び繊維輸出が回復するのを防ぐという念の入れようだった。

頭のいい宮澤がスジ論にこだわって解決できなかったものを、角栄はカネで始末する。業者は表は反対していても納得する。ありていにいえば、それが角栄の、人心の表裏を知るがゆえの解決法だったともいえる。

角栄は「沖縄返還は決まっていたのだから、わたしがナワとイトを取り換えっこしたわけじゃないんだ。しかしね、ナワとイトを交換できるものならば、それはするべきだな」と回想する。ニクソンは味をしめた。外交と利権を絡ませ、角栄が応えた。ニクソンと角栄には、外交の節操がなかった。ロッキード事件はそこから起きた。

ふたつのニクソンショック

日本はこの間、ふたつのニクソンショックに見舞われた。

一つ目は、一九七一年七月一五日の「ニクソン訪中」計画の発表である。キッシンジャー大統領補佐官が秘密裏に中国を訪問、中国側と合意した。アメリカとともに、台湾を正統政府として、必死に台湾の国連の議席を擁護してきたのに、日本には寝耳に水の話だった。ごくごく直前に形だけ通告されるとは、ずいぶん水臭い！　すでに英仏は中国を承認していて、世界は動き出していた。佐藤政権は明らかに時代に取り残されようとしていた。

二つ目は、八月一五日。ニクソンは「金とドルの交換を一時停止」「輸入品に一〇％の課徴金をかける」などの新経済政策を全米向けの放送で発表した。これもむろん寝耳に水だった。

それまでドルは、いつでも金一オンス＝三五ドルで替えられる保証によって世界通貨たりえていた。その交換を停止するということはどういうことか。それは、一九四四年の米ニューハンプシャー州のブレトンウッズに連合国が集まって構築した国際通貨体制が崩壊することを意味していた。

往時、世界の大方の金がアメリカに集まり、ドルは金と同様の価値があった。ドルと各国通貨との交換レートを固定して世界の交易をする金・ドル本位制だった。それがブレトンウッズ体制である。一ドルは三六〇円で固定され、実質的には円安のレートによって日本は輸出を増やし復興した。だが、ベトナム戦争での浪費や軍事費増強で、アメリカは大幅な財政赤字を抱えた。金の準備量を大幅に超えるドルが世界にばらまかれ、もはや金との交換は保証できないというのである。ドルの価値は落ちた。

これ以後、スミソニアン協定でドルに対して円を切り上げ、一ドル三〇八円になる。それも長続きはせずに、世界は変動相場制に移っていく。何はともあれ、それまでの日本はアメリカの庇護のもとに生きていけばよかった。だが、これから日本はどのように産業国家をつくっていけばいいのか。貿易立国していけばいいのか。

佐藤政権は、ふたつのニクソンショックになす術もなかった。ひとつの時代が終わりを告げるときがきた。田中角栄が日本政治のトップにすわるときが近づいてきた。

3　「角福戦争」の帰結──一九七二年自民党総裁選

「角福戦争」第一、二、三幕

角栄はいかに、首相の座を得たか。いかに「角福戦争」に勝利したのか。

はじめは、一九七一年（昭和四六）夏、「重宗王国」の崩壊である。それまで参議院は、重宗雄三議長が三期務め、絶大な権力を誇っていた。参議院はもともと緑風会という会派もあって「良識の府」であったはずなのに、いつしか政党化が進んだ。とりわけ自民党議員は大臣のポストに釣られ、人事を牛耳っていた重宗におもねっていた。そこに敢然と逆らったのが河野謙三である。正副議長は党籍離脱、参議院から大臣は出さないなど参議院改革案をしたためた書簡を全議員に送った。その河野が野党の支持を得て、参院議長に当選したのである。いわば「河野クーデター」だった。

重宗は山口県出身、佐藤首相と同郷のよしみで「佐藤─重宗体制」を誇り、ポスト佐藤には福田を推していた。自民党総裁選は、衆院議員も参院議員も同じ一票である。「重宗王国」の崩壊は、福田に不利に、角栄に有利に働く。「角さんもひそかに激励してくれていると思ったね。国会の廊下で会ったときに、ぎゅっと手を握りしめたりしてね。新潟の片田舎の出身だからか、大衆の心にはよく通じていた。そこは兄貴に似ている」とのちに河野謙三から思い出話を聞いたことがある。兄貴とは、佐藤に対抗して、早く死んだ河野一郎である。河野謙三は角栄がロッキード事件に遭っても、角栄シンパであることを隠さなかった。

「角福」の第二幕は、一九七二年一月六、七日、カリフォルニアのサンクレメンテで行われた佐藤とニクソンの日米首脳会談である。その前年の暮れ、佐藤は「そろそろ田中君に話すか。いつ、どんなふうに言うかな」と福田に語った。福田は「次の総理総裁は福田君にしようではないか」と角栄に持ちかけるタイミングをはかっていると理解して、「サンクレメンテ会談に田中君の同行を求めたらいかがですか」と言ったそうである。

官房長官の竹下登も佐藤にサンクレメンテへの田中通産相同行を進言した。こちらは、佐藤が福田外相だけを連れていけば、ポスト佐藤は福田だとアメリカにお披露目した形になるのを恐れた。内心は角栄支持だった竹下は角栄をサンクレメンテに割り込ませたかった。

佐藤は、福田、角栄、そして水田蔵相まで連れて訪米した。沖縄返還の段取りの詰めもある。ニクソン訪中を控えて、日本のことを忘れないように釘を刺す必要がある。繊維問題を解決した恩を売っておきたくもある。国際通貨体制の課題もある。しかし、同行記者団はただ一点、佐藤の「角福調整」はあるのか、そこだけを見つめていた。

角栄は、徹頭徹尾、佐藤や福田とそんな形になりそうな場を逃げ回った。結局、佐藤は福田の期待を裏切って、福田の後継指名を角栄に伝えることはなかった。「君子の争いはいい

日米首脳会談に向け訪米する閣僚たち，1972年1月5日　右から福田赳夫，佐藤栄作，角栄，水田三喜男

が、「コップの中の嵐は起こさないことだ」と記者会見で遠まわしに触れて、佐藤はお茶を濁した。角栄は佐藤の思惑に逆らって、多数派工作によって総理大臣の座を力でもぎ取ろうとしていた。

二月、ニクソンが訪中、中国のトップ毛沢東、周恩来と会談した。世界構造の大きな転換が起きていた。日本では、ちょうど「連合赤軍」なる過激派が軽井沢の浅間山荘に立てこもる事件が起きて、国民は警官隊との銃撃戦のテレビ中継に釘付けになっていた。

第三幕は五月九日、木村武雄の呼びかけによる東京・柳橋の料亭「いな垣」での佐藤派田中系の旗揚げである。

衆参両院議員八一人が参集した。「元帥」のあだ名のある山形県米沢出身の木村は、戦前は石原莞爾に師事して大陸中国で活動、東条英機に反発して非推薦で衆院議員に当選した。角栄が山形大学医学部設置に尽力してくれたのを恩義に感じて、角栄の勢力拡大の旗を振った。それを聞きつけた佐藤から呼び出され、「君とは絶交だ」と怒鳴られたりした。角栄の秘書である早坂茂三は「いな垣」の玄関横の小部屋から議員たちが入ってくるのをチェック、それを角栄に刻々と電話で知らせた。八一人と聞いた角栄は「よし」と言って電話を切る。最強の派閥「田中派」が事実上スタートする。

汚い選挙戦——乱れ飛ぶカネ

一九七二年（昭和四七）五月一五日、沖縄が返還された。東京と那覇で式典が行われ、佐藤首相、屋良朝苗知事がそれぞれ挨拶した。

この前月、米側が支払うべき土地原状回復の費用を日本側が肩代わりする「沖縄密約」が暴露された。しかし佐藤は、毎日新聞の西山太吉記者と外務省事務官の女性が「情を通じて」機密電文のコピーを盗み出したというスキャンダルに問題をすり替えて乗り切った。沖縄返還が「核再持ち込み」と「費用肩代わり」の二重の密約の上に成り立っていたこと、その後、日本政府は何食わぬ顔で「密約は存在しない」と嘘をつき続けたこと、歴史の傷だらけの真実は二一世紀になってわかることになる。

六月一七日、佐藤は退任の記者会見に臨んだ。角福の調整はついにしなかった、いや、できなかった。この会見は別のことで歴史に残ることになる。佐藤は会見の冒頭、こう述べた。「テレビカメラはどこかね。新聞記者の諸君とは話さないことにしているんだ。ぼくは国民に直接話したい。新聞になると、文字になると、違うからね。偏向的な新聞は大嫌いなんだ。帰ってください」。記者団は憤然として会見場を去る。佐藤はひとりでテレビカメラに向かって演説した。栄作独り舞台は、テレビが政治を動かす「テレビ政治」の幕開けだったのかもしれない。

いずれにせよ、佐藤政権の末期症状のあれこれが「佐藤亜流」の福田よりも「若さと行動力」の角栄への期待を高めた。角栄は、まず大平正芳と連携を文書で確認した。大平は「総理大臣になるのは自分が先のほうがいい」とは思っていた。しかし、角栄がやろうというなら仕方ないという間柄である。三木武夫との連携の核にあるものは「日中国交正常化」だった。佐藤にしばしば「男は一回勝負する」とドンキホーテの挑戦をしてきた三木は、「次の政権で日中を」と角栄の誘いを受け入れた。佐藤がついにできなかったこと、福田でもできそうもないこと、それが次の政権の大義になる。

孤立する福田はなお佐藤の影響力を期待した。佐藤は中曽根康弘に「同じ上州なんだから、福田を頼む」と要請を続けていた。だが、その佐藤に対し、中曽根は返事をしなくなる。六月二一日、中曽根は自らの不出馬、田中支持を明らかにする。『週刊新潮』は、自民党の中川俊思《しゅんじ》議員の話をもとに、中曽根派に七億円が渡ったという記事を載せた。これは世間を騒がせたけれども、その真偽はわからない。しかし、どうやら自民党総裁選の裏でカネが乱れ飛んでいる匂いが漂ってきた。ともあれ中曽根の動きに誘われて、中間諸派が角栄になびき始める。

福田の『回顧九十年』には、こんなエピソードがある。

佐藤は、角栄と福田を呼んだ。「君ら二人、どっちがどうなるかわからんが、おれを支えてきた二人じゃないか。二人のうちどっちが一位になろうとも、二位になった方が一位に全面的に協力するということでやっていいじゃないか」。福田は賛成した。角栄は「そういたしましょう」、ただし「このことは、そっとしておいて下さい。これが漏れると、できるものができなくなります」。そう言っておきながら、角栄は三木、大平と政策協定を結び、三人のうち一位の者に他が協力する、いわゆる「三派連合」をつくった。これは、福田との「一位二位協力」と反するのではないか。

佐藤は総裁選の前日、七月四日にまた福田と角栄を呼んで、角栄の約束違反をなじった。しかし角栄は「選挙というものは、これはいろいろの経過をたどるものです。佐藤総理もいざ選挙となると、（同じ選挙区の山口二区で）お兄さんの岸（信介）さんとの間でもあれほど激しくやり合うじゃありませんか」と意に介さなかった。

やはり、相当のカネが乱れ飛んだのだろう、福田は同志の坊秀男から「もう、こんな汚い総裁選挙はやるな。投げ出してしまえ」と忠告された。福田自身、こんな選挙はこりごりだと思った、と書いている。

わたしも田中陣営で往時、中間派議員にカネを持って歩いた金丸信から、「ほんとにニッカ・サントリー・オールドパーなんだぜ。あっちからもこっちからもカネを受け取るんだから、いやになっちゃうよ」と思い出話を聞いた。二人、三人、すべての陣営からカネを受け取ることを、ウイスキーの名前で表現した。カネを渡すほうもさすがにうんざりしていたのだろう。

「最高の道徳」対「数」の戦い

一九七二年（昭和四七）七月五日、日比谷公会堂で総裁選が行われた。第一回投票は次の通りである。

田中角栄	一五六票
福田赳夫	一五〇票
大平正芳	一〇一票
三木武夫	六九票

角栄はもっと票を取れるはずだった。角栄出陣の会合にも、もっと大勢の議員が集まって

いたからだ。「大平の面目が立つように票を回しすぎたかなあ」などと、席から飛び上がる思いだった。

第二回投票
田中角栄　二八二票
福田赳夫　一九〇票

自民党総裁に選出された角栄，1972年7月5日

大平、三木に投じた票が回ってきた。かくして田中角栄自民党総裁が誕生した。七月六日、角栄は内閣総理大臣に国会で指名された。七日、「決断と実行」を高らかに掲げた田中内閣が発足する。「今太閤」「庶民宰相」「コンピューター付きブルドーザー」などと、新聞の評判は上々だった。

「角福戦争」とは何だったのか。

それは、まず経済政策の違いだった。

角栄は「高度成長」であり、福田は「安定成長」だった。それを国民の生活態度に置き換えれば、角栄は「消費は美徳」の系譜であり、福田は「勤倹貯蓄」という違いとなる。

しかし、「角福戦争」は、何よりも政治への態度の違いであったろう。

福田は「政治は最高の道徳」と言い続けた。国や社会は、人間が長い時間をかけて育てあげた仕組みである。人は社会公共のために奉仕しなければならない。その奉仕の量の多寡が、その人の人生の価値を計る基準のひとつであるというのが福田の人生哲学である。であればこそ、政治は「最高の道徳」でなければならないのである。

角栄のそれは「政治は力」である。力がなければどんな理想も実現はできない。それは民主主義のもとであれば、「政治は数」ということになる。民主主義は頭をぶちわるのではなく、頭数を数える制度だからである。福田より「具体的」でリアルな政治観だった。

この違いのゆえに、角栄は攻めて、福田は守りに回った。「成り上がり」と「エリート」の差だった。かくして、角栄は勝ち、福田は敗れた。

政治家は風、民衆は大地

よく俗説に、角栄は「政治は力」「政治は数」に加えて「政治はカネ」と言ったという話がある。しかし、わたしは角栄からそんな話は聞いたことがない。角栄がカネを法外に使ったことは確かだとしても、「政治はカネ」と開き直るほど、角栄も品格なき人物ではなかった。

角栄の「天下取り」の話は、わたしが官邸詰め記者になって早坂茂三に初めて挨拶したときに、一時間ほど巷談よろしく聞いた。頭脳の回転は緻密で速く、重みもある。時に早坂は四三歳、わたしは二八歳。角栄の内閣が倒れ、ロッキード事件が起きて角栄が「闇将軍」として権力を振るい、そして角栄が病に倒れるまで、早坂とは長く行き来して政治状況を語り合った。わたしが折々、角栄権力の暴虐への批判に及べば、それに耳を傾けつつ、この「角栄伝道者」はこう語った。

早坂茂三

透さん、それは乙女の祈りだよ、政治はもっと重心を低くしてみていかなければね。政治の世界の人間なんてそんなものじゃないんだよ、自分の利害、他人への焼きもち嫉妬、どっちにつけばおれは得するか、みんな損得勘定で動くんだぜ。それが政治のしらじらとした現実なんだぜ。シュテファン・ツヴァイクの『ジョゼフ・フーシェ』を読むといい。天性の裏切り者、へびのように生き抜いてロベスピエールもナポレオンも監獄にぶちこんだナンバー2の男だ。政治権力とはどういうものかをわからせてくれるぜ。

「角栄伝道者」は、『オヤジとわたし』を皮切りに、角栄に関する膨大な才気あふれる著作を残した。それを読むと、早坂茂三は「リアリズムの角栄」を描きながら、むしろ権力闘争のドラマのなかにいる「角栄というロマン」を愛し続けていたように思えた。

透さん、黒澤明の『七人の侍』を見ただろう。「侍は風、百姓は大地」と志村喬《たかし》がつぶやく場面があったろう。村を襲う賊を退けて侍たちは去っていく。平和がよみがえって、百姓は今年もまた田植え歌を歌う。政治家は風、民衆は大地だ。角栄も吹きすぎていく。民衆は生き続ける。

「角栄というロマン」を、角栄と早坂で演じていたようにも思えた。

第Ⅵ章　首相時代――頂点からの滑落

1　日中国交正常化――外交の成果

北京までの道

一九七二年（昭和四七）九月二五日午前、田中角栄首相の一行を乗せた日航特別機は中国・北京空港に着陸した。周恩来首相が歩み寄って、角栄と握手した。

その場面を日本に伝えたのは「北京プール」だった。在京テレビ五局の「総理訪中放送共同製作機構」である。国交のない国からのテレビ中継のために、KDD、NECは直径一〇メートルのパラボラアンテナを持つ可搬式地上局を突貫でつくって北京に持ち込んだ。角栄と周恩来の握手の映像は、通信衛星によって届けられた。

日本から乗り込んだのは、田中角栄首相、大平正芳外相、二階堂進官房長官のほかに随員四九人、取材する記者団は同行八〇人、加えて「北京プール」の技術要員だった。滞在は六日間である。

わたしは角栄の取材を続けて、「政治は戦機だ。戦機をどうつかむかなんだよ。つかんだらすかさず攻める。それは勝機になる」といくたびか聞かされた。角栄は内閣総理大臣となって、まず何をすべきか。「日中国交正常化は政権奪取の多数派工作のカードだったから、あまり急いで失敗してすぐ失脚するのは困ると角栄は逡巡していた」という話も聞く。しかし、それは角栄流のフェイントだったろう。角栄は、これは歴史的「戦機」と思っていた。それをどう勝機に結びつけるか瀬踏みしていたということだったろう。

ニクソンが訪中した一ヵ月後の一九七二年三月二三日、角栄通産相は衆院予算委員会でこう述べた。

「私は中国大陸に対しては、やはり大きな迷惑をかけたという表現を絶えずしております。やはり日中国交正常化の第一番目に、たいへんご迷惑をかけました、そして、心からおわびしますという気持ちが大前提になければならない」

角栄は、すでに個人的に外務省の橋本恕《ひろし》中国課長から日中国交正常化シナリオのレクチャーを聞いていた。サムライ気質の橋本は角栄を見込んで、以後、一課長なのに角栄の懐刀の役割を果たすことになる。まだ佐藤政権下で、外務省内も自民党内も親台湾派が強いときである。

日本の敗戦によって日本軍が中国大陸から引き揚げるとき、時の国民政府の蔣介石は「以徳報怨」をもって日本への帰還を許し、かつ賠償も求めなかった。蔣介石は内戦に敗れて台湾に逃げ、中国本土には毛沢東の中華人民共和国が成立する。しかし吉田茂の日本政府は、蔣介石への恩義を感じ、台湾の国民政府と日華平和条約を結んで中国との「戦争状態」を終了した。

その後の自民党政府はアメリカの影響下で「反共」に動き、岸信介や佐藤栄作の歴代首相は台湾を訪問した。佐藤は「沖縄返還」で合意したニクソンとの日米共同声明でも、「韓国の安全、台湾の安全」が「日本の安全に重要」とするいわゆる「韓国・台湾条項」を盛り込んで、「台湾は中国の不可分の領土」とする北京政府を逆なでしていた。ニクソン訪中の動きにあわてた佐藤のいわゆる「アヒルの水かき」といわれる水面下の日中交渉の打診も、北京政府は拒否した。

しかし北京政府のほうも「中ソ対立」が深刻化するなかで、アメリカや日本との接近の必要に迫られていた。佐藤政権のあとは福田なのか角栄なのか。角栄の国会答弁での「ご迷惑とおわび」のサインを北京政府が見逃すはずはない。「角栄首相」なら話がわかるかもしれないと、角栄なる人物の取材を始めた。秘書早坂茂三が「田中は暑がりで室内の適温は摂氏一七度」「好物は台湾バナナと木村屋のアンパン、味噌汁は柏崎の「西巻」という老舗の三年味噌」などと話すと、中国側は田中訪中の際にそれを「完璧に実行した」ので驚いた。

四月、角栄は大平正芳、親中国の古井喜実とひそかに会合、「首相になったら大平君に外相になってもらう」と明かし、五月、古井は北京に出向いた。

七月、角栄の首相就任後、佐々木更三元社会党委員長や竹入義勝公明党委員長が訪中した。佐々木から中国の角栄評価を聞き、竹入からは周恩来との間で詰めた国交回復への中国側の見解を「竹入メモ」の形で受け取る。そこには、①中華人民共和国が中国を代表する唯一の政府②台湾は中国の領土③戦争状態の終了④中国は賠償請求権を放棄する——などの諸条件が書かれていた。竹入の話を角栄とともに聞いていた大平外相は「これ、頂戴していいですか」とメモを持って外務省に引き揚げた。日中国交正常化の基本線は竹入メモの通りになる。

なぜ一気呵成だったか

わたしは後年、なぜあんなに日中国交回復を一気呵成《かせい》に急いだのか、角栄に聞いた。

毛沢東、周恩来の目玉の黒いうちにやらなきゃと思ったんだよ。ふたりは何度も死線をくぐって共産党政権をつくった創業者だ。中国国民にとって肉親を殺されたにっくき日本と和解して、しかも賠償を求めないなんて決断は、創業者じゃないとできないんだ。毛沢東と周恩来が言えば、中国国民も納得する。ふたりがいなくなって二代目になったら、日本に譲るなんてことはできるわけがない。

わたしは、田中土建の「創業者」の実感から中国政府の「創業者」を推し量っているんだなとおかしかったが、なるほどと納得もした。角栄は、いまこそ日中打開の「歴史的戦機」と踏んだのである。

八月三一日、角栄はハワイに飛び、ニクソンとの日米首脳会談に臨んだ。日中国交正常化に踏み切ること、その場合、アメリカとともに味方してきた台湾政府とは外交関係が終わることを伝え、アメリカに仁義を切る。

九月一七日、その台湾に、角栄は椎名悦三郎自民党副総裁を特使として派遣した。田中首相の親書を渡し、わずかでも台湾の怒りを鎮めるためである。椎名はかつて、日韓条約交渉のときも外相として韓国に出向いて、民衆のデモに遭った人物である。大人の風格があってとぼけたところのある椎名は、こうしたいやな役回りを飄々とこなしてくれる。台湾でもデモに取り囲まれ、蔣介石は風邪と称して会ってくれなかった。

角栄は日中国交正常化後も台湾とは実務関係を保持したかったから、できるだけの根回しはして北京に向かった。だが、反共右翼がどんなことをしでかすかわからず、角栄も大平もいのちを賭ける思いだった。大平は遺書も書いていた。

角栄と周恩来の第一回首脳会談は、角栄が北京に着いた日の午後、さっそく行われた。周恩来は「大同を求めて小異を克服したい」「日本人民に賠償の苦しみを負わせたくない」「日米関係はそのまま続けて問題はない」などと語った。ということは、日米安保条約はそのままでいいことになる。会談後、二階堂官房長官は「驚くほど率直に、双方の基本的立場や考え方について意見を交換した。非常に有意義で必ず成功するという印象を受けた」と語った。角栄と周恩来は四回の首脳会談と二回の歓迎と返礼の夕食会を重ねた。

周恩来との丁々発止

わたしはのちに、角栄は周恩来との間で、公式発表にはない、ずいぶんざっくばらんなやりとりをかわしたことを角栄の口から聞いた。ポイントは、戦争の反省とおわびである。角栄はこんな説明をする。

私は、日本は中国に迷惑かけっぱなしだったと言ったんだ。すると、周恩来はそれであんたはどうするんだと切り込んでくる。だから、私のほうからここに来たんだと答えた。そうしたら周恩来は、日本に殺された中国人は一一〇〇万人であると言って、どこどこでどれだけ中国人が殺されたかを言うんだ。大平も二階堂もたまげて聞いていたね。私は、死んだ子を数えてもしょうがないと口に出しそうになった。しかし田中角栄も政治家だ。黙っていた。

しかし黙っていてもしょうがないので、日中両国が永遠の平和を結ぶ以外にないと話

角栄と周恩来の第２回目の首脳会談，1972年9月26日

した。だけど、あなたがたも日本を攻めてきたことがあったけど上陸に成功しなかったでしょ、と言ってしまった。周恩来は色をなして怒った。それは元寇のことか、あれはわが国ではない、蒙古だぞと言う。そこで私は引き下がらない。一〇〇〇年の昔、中国福建省から九州に攻めてきたではないか、そのときも台風で失敗したと言い返したら、周恩来は、たいしたもんだ、あんたよく勉強してきましたねと鉾《ほこ》を収めた。首脳会談というのは、そういうものだよ。

角栄は、粗雑というべきか言い過ぎというべきか、史実や事実と確認できないこともわりと平気で口に出して論議を煙に巻くところがある。周恩来との間でも、そんなことだったのか。

また、角栄が歓迎夕食会の挨拶で、「わが国が中国国民に多大のご迷惑をかけたことについて、私は改めて深い反省の念を表明するものであります」と述べたことが紛糾のタネになる。このとき「ご迷惑」は「添了麻煩」と中国語に訳されて、座がざわめいた。「麻煩」はごく軽いおわびの言葉である。

角栄は『田中角栄回想録』でこう語っている。

「日本側の表現は、夏のある日、小僧が店先で水を撒《ま》いているところへ日傘をさした婦人が通りかかり、彼女の裳裾《もすそ》に水がかかって、『アッ、ごめんなさい』と謝る程度のものだ。これでは困る」と周恩来がいった。そこで、わたしは「親子代々、何十年も垣根争いで一寸の土地を争い、口もきかないような両隣りの家もある。その両家の息子と娘がお互い同士、好きになって結婚したい。親が反対するなら家出をするといい出したときは、それではすべてを水に流して……」と説明しかけたところが、周恩来は「あなたは日中間の長い戦争を垣根争いだと思っているのか」と切り込んできたんだよ。わたしも気色ばんでね、「個人の家同士における垣根、寸土の争いは最大の争いだ。国家の争いは国境問題である。それが中ソ七千キロにわたる国境の緊張ではないか」。そうしたら周恩来は黙った。

このやりとりの通りだったとすれば、周恩来の問いかけに角栄はまともに答えていない。

「ご迷惑」という言葉の弁明に隣家との境界争いを引き合いに出すのでは、あの侵略戦争と多大な犠牲への謝罪としては不適当である。周恩来もあっけにとられただろう。

角栄の奔放な物言い

日中共同声明に戦争責任の問題をどう盛り込むか、大きな焦点となる。中国側は、「日本軍国主義」という言葉を盛り込んで、日本の非を明確にしようとした。それを日本側は認めれば、自民党内のタカ派が強く反発するだろう。そこで日本側は、「戦争によってもたらされた苦しみと損害に対し深く反省の意を表明する」という案文を示した。それならばと中国側は「日本軍国主義」を削る代わりに、「責任」という言葉を入れることを主張した。その結果、共同声明では、「過去において日本国が戦争を通じて中国国民に重大な損害を与えたことについての責任を痛感し、深く反省する」と書くことになる。

「ご迷惑」より反省の度合いが多少は強まったといえるのだろうか。のちに日中の間で戦争認識のズレが問題化、いつまでも靖国神社参拝問題で紛糾する原因はここからあったように思われる。

周恩来が「反省不十分」な角栄の論法をほんとうに許したのか、それは疑問である。しかし、周恩来もまた、米中ソの角逐するなかで、日中関係を修復しなければならなかった。角栄の奔放な物言いを政治家らしい率直さと認め、おそらくは日中国交正常化という「戦機」

をつかんだ日本の新しい指導者田中角栄の政治勘と度胸を評価したのであろう。以来、角栄は「周恩来は百戦錬磨の傑物だ」と言い続けるのである。

日中国交正常化の中身は、大平外相と外務省幹部が詰めた。外務省が苦心したのは、日華平和条約との整合性だった。高島益郎条約局長は、台湾政府との間で、すでに「戦争状態の終了」を認めているのに、北京政府との間で「戦争状態の終了」を重ねてうたうのは整合性がとれないこと、台湾政府との間で「賠償放棄」の合意をしたのに、北京政府との間でもう一度「放棄」するのも理屈にあわないことなどを主張した。

周恩来は高島の議論に激怒した。中国側は、そもそも中国の一部であるはずの台湾との条約そのものを認めていない。周恩来は高島を「法匪《ほうひ》」と非難したという話が当時伝えられた。これは服部龍二著『日中国交正常化』の検証によると、事実ではないらしい。

しかし、その夜の日本側のテーブルは、大平外相の食事も進まず、一同沈鬱だった。角栄だけが「高島君、あれ以上、周恩来が言ったらな、おれはガーンとやり返すつもりでいた。角栄だけど、けんかしに来たのじゃないしな」と明るかった。大平はなお沈鬱である。角栄はマオタイを飲み干して、「大学出たやつはこういう修羅場になると駄目だな」と笑った。大平は「じゃあ明日からどうやるのだ、この交渉を」と感情をむき出しにした。角栄がニヤリと笑って「そんなこと、おれに聞くなよ。君らは大学を出たのだろ。大学を出たやつが考えろ」と言うと、みんな顔を見合わせて笑った。

大平と外務官僚は知恵を絞って、「戦争状態の終了」の代わりに「不正常な状態の終了」という言葉を案出した。共同声明はこの言葉で折り合うことになる。

毛沢東との会談——下世話な応答

角栄の外交交渉術は、単純であり雑駁《ざっぱく》である。「大学出」だったら配慮して発言しないこともロにする。角栄は周恩来に「蔣介石をどう思うか」と聞いてみたり、「尖閣諸島についてどう思うか。私のところに、いろいろ言ってくる人がいる」と持ち出したりもした。「大学出」からすれば、どこかとっぴな会話の展開であり発想の飛躍もある。しかし、単刀直入で本音ベースでもある。のちにソ連その他との外交交渉でも発揮される。さらにいえば、角栄はムードメーカーである。角栄がはしゃいで話せば、相手も、まあ、それならそれでいいじゃないかという気になる。それが図に当たることもある。戦機を読む。本音でしゃべる。遠慮しない。かくて政治家角栄の伝説になる。

ちなみに尖閣諸島の帰属について周恩来は「今回は話したくない。今、これを話すのはよくない。石油が出るから問題になった。石油が出なければ、台湾も米国も問題にしない」と角栄を制止した。

九月二七日夜、角栄は大平、二階堂とともに毛沢東主席に会う。「もう喧嘩はすみましたか」と毛沢東が言った有名な会見である。角栄が「周総理と円満に話しました」と答えると、毛沢東はそばの日本通の廖承志《りょうしょうし》を指して、「彼は日本生まれなので、帰るときぜひ連れていってください」と言う。角栄は「廖先生は日本でも非常に有名です。参議院全国区に出馬させれば必ず当選するでしょう」と答える。話が下世話である。

毛沢東も調子をあわせて、「日本は選挙があって大変ですね」と聞く。角栄は「街頭演説しなければ、なかなか選挙に勝てないのです」「国会もいうことを聞きません」と答える。角栄がマオタイを飲んだというと、毛沢東は「あまり飲むとよくないですよ」と答える。「中国には古いものが多すぎてたいへんですよ。あまり古いものに締め付けられるということは、良くないこともありますね」と毛沢東がいうのは、「造反有理」の文化大革命のさなかでもあったからだろう。角栄はどこまでも無手勝流である。

九月二九日、日中共同声明に調印した後、上海に向かう飛行機のなかで、角栄は周恩来の隣席でグーグーと寝入った。二階堂が起こそうとすると、周恩来は「そのまま寝かしておきなさい」と微笑んだ。

帰国後の角栄と大平は、台湾切り捨てと怒る親台湾派の議員たちの強烈な突き上げを喰らった。しかし、角栄の政権は絶頂である。時の女神がついていた。周恩来も国内対策に追われた。賠償請求の放棄に納得できない国民に対して、「日本軍国主義と日本人民とを区別しなければならない」と説得した。

角栄は周恩来の日本訪問を誘った。しかし青春時代を日本で過ごした周恩来は「自分は生きては日本を二度と訪問することはないでしょう」と答えた。周恩来はがんに侵されていた。

六年後の鄧小平訪問

一九七八年（昭和五三）一〇月二四日、東京・目白の田中角栄邸に、中国の最高指導者鄧小平が訪ねに来た。角栄の訪中から六年、周恩来が死去してから二年九ヵ月、この年八月一二日に日中平和友好条約が調印され、その批准書交換のために中国首脳として初めて来日、昭和天皇と会って握手した。新幹線や新日鉄やトヨタ自動車の工場を見た。日本の躍進ぶりを目の当たりにして鄧小平は中国を「改革開放」に導くことになる。このとき、角栄は金脈問題で首相を辞め、あまつさえロッキード事件の被告人であるのに、鄧小平は日中関係を打開したこの人物を義理がたく表敬に来たのである。

この異例のできごとを、わたしも取材記者として目の当たりにした。

その日、角栄は朝からうきうきして、背広にゲタを履いて庭をうろうろしていた。「ゲタを履く人は五年くらい長生きするんだよ。指先が生きているからな」とつまらぬ冗談を飛ばし、「普段通りで迎える。ガラスを拭いたくらいなもんだ。選挙区から人が来て、庭掃除をしてくれた。鯉の池は掃除しなくていいっていったんだ。新聞記者に『角栄の鯉は死なず』なんて書かれちゃうからな。でもいつの間にか掃除してくれていた」などとおしゃべりしていた。角栄首相の金脈追及さかんなときに、「角栄の池の鯉は一〇〇万円もする」などと書かれたりした。

そしてこう語り継いだ。「あれから六年、長いようで瞬く間だ。人生そんなものだな。明治以来、日本の歴史は半分くらい日中問題が占めた。平和条約ができてよかった。中国大陸で自分の子を失った母、夫を失った妻の心もこれで整理がつくだろう」

鄧小平が現れる。

角栄「日中の新しいスタートですな」

鄧「東洋人ですので、古いことも忘れがたい。こうしてあなたを訪問できるのはうれしい」

角栄「周恩来さんと会っているような感じです」

鄧「あなたがたが北京にこられたときは、北京の郊外にいました」

鄧小平は文化大革命で「走資派」と指弾されて失脚、強制労働をさせられていた。鄧小平は何度もおきあがりこぼしのように復活した。

庭では、二階堂はじめ田中派議員の面々四〇人もが待っていた。白いグラスに新潟の酒を注いで乾杯した。角栄、はな夫人、娘眞紀子と鄧小平、黄華外相ら中国側との記念写真に「おーい、みんなも入れよ」と角栄は上機嫌に大声を出した。

朝の日差しの目白の宴が終わって、最後に記者のひとりが「ロッキード事件の被告という立場で迎えたのは……」と聞いた。角栄は「そういうことを言うから、君たちを入れるのはいやなんだ。どこの社だ」とにわかに不機嫌になる。

角栄の政治家人生を観望して、日中国交正常化の成功は「上機嫌のとき」だった。その後は「不機嫌の時代」ばかりである。しかし中国だけは角栄を「井戸を掘った人」として大事にした。どんなにありがたかったことだろう。

一九九二年四月七日、こんどは江沢民中国共産党総書記が来日、再び角栄の私邸を訪ねた。角栄は脳梗塞で倒れて七年になる。日中国交二〇年を祝って、中国再訪を誘った。八月、病身をおして角栄は訪中した。「中国は田中先生を永遠に忘れない」と国賓待遇でもてなした。

2　「日本列島改造論」と石油危機

支持率低下と衆院選での後退

田中角栄の政権は、栄光の季節は短く、あとは急速に秋が来て、冬が来た。その前の佐藤政権が七年八ヵ月と長かったから、角栄の二年五ヵ月の政権はあっけなく去った印象だった。栄光の短さを示すのは、内閣支持率である。政権が始まってすぐの一九七二年（昭和四七）八月、朝日新聞の調べた支持率は、未曽有の六二％に達した。しかし、一年も経たない七三年五月には二七％に落ちた。

政権発足から八五日間で日中国交正常化をなしとげたのに、国内政局ははじめからつまずいた。まず内閣づくりである。「角福戦争」の論功行賞で、長老級の六〇代、七〇代の大臣を多く登用した人事は国民の感興を呼ばなかった。福田派から登用した三池信《まこと》、有田喜一の二人については福田赳夫からも当人からも了承も得ておらず、二人は入閣をいったん拒否した。角栄は福田との和解の会談をしてなんとか収めた。

これだけの日中外交の成功ならば、いま選挙をやれば勝てるのではないか。中国から贈られたパンダが上野動物園にやってきて大人気。角栄は「解散の前にやるべきことがある」とためらっていた。しかし角栄の腹心というべきか盟友というべきか、自民党幹事長の橋本登美三郎は舞い上がって解散風を加速させる。マスコミが「パンダ解散」のムードを煽る。角栄にして流れを止められずに、一二月一〇日、衆院選挙となる。

結果は意外にも、自民党は二七一議席と解散前の二九七議席から大きく後退した。保守系無所属の当選者を加えてようやく二八四議席とした。社会党が復調、共産党は大都市で驚異の伸びを見せて三八議席を獲得した。公明党、民社党は後退した。

公明党は母体の創価学会と「政教分離」して初めての選挙だった。政治学者藤原弘達の著書『創価学会を斬る』の刊行を止めさせようと当時の自民党幹事長田中角栄を通じて圧力をかけた「言論出版妨害事件」を批判されての「政教分離」が裏目に出たようだった。

「日本列島改造論」づくり——九〇万部の売上げ

それにしても、角栄はなぜ敗れたのか。

角栄の政権は、外交は日中国交正常化、内政では「日本列島改造論」を掲げてスタートした。いつまでも日中の成果を誇ってもしかたがない。角栄は、むしろ「列島改造」、とりわけ生活環境の整備と社会保障を訴えた。しかし、野党は、「列島改造は物価上昇と公害拡散」と批判した。この敗北は、角栄のアイデンティティ「列島改造」で敗れたことを意味するのかもしれなかった。

角栄の代表的著書『日本列島改造論』は、一九七二年六月二〇日に発刊された。自民党総裁レースが白熱していた。都市と農村、太平洋側と日本海側の格差をなくす。それは角栄の人生をそのまま反映させている政治的ライトモチーフである。

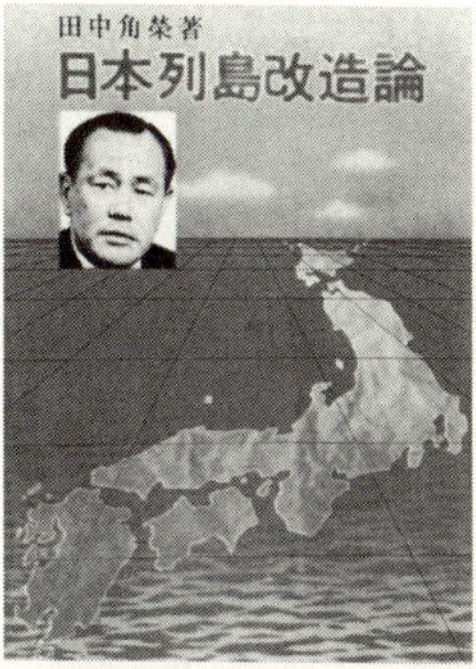

『日本列島改造論』

角栄の政策体系としては、角栄の無役の時代、自民党都市政策調査会なる勉強会でまとめた「都市政策大綱」がある。論文と資料集で成り立つ、なかなか学術的な色彩のものである。一九七一年の暮れ、通産大臣秘書官の小長啓一は角栄大臣からふいに話を向けられた。「おれもまあ、工業の再配置とか、通産省から見た国土開発を勉強した。これで政策の全体系が頭に入った。代議士二五年の節目だから、考えをまとめてみるか」

　年が明けて一月、角栄は秘書早坂茂三にその話をした。「都市政策大綱は理屈が多すぎて大衆にはわかりにくい。あれを下敷きにした臨床医の診断書がいる。どこでどんな事業をやるかをまとめたい」。早坂が「地名を特記すると跳ね返りが多すぎませんか」と心配する。角栄は「福田くんと争うときに、おれの内政の目玉は国土政策だ。おれの名前で本を出したい」と言い張る。先回りしていえば、早坂の危惧はのちにその通りになって、角栄政権を弱めることになる。

「日本列島改造論」づくりは、小長ら通産官僚、早坂、出版元の日刊工業新聞の記者らが角栄の口述を聞くことから始めた。「君ら、酔って丸の内でひっくり返っても、すぐ救急車で運んでもらって、一晩休めば命には別状ない。同じことを北海道でやったらどうなるか。そういう格差をなくそうじゃないか」。章ごとに執筆を分担、各省も協力した。そのなかには、のちに作家堺屋太一となる通産官僚池口小太郎や、滋賀県知事から新党さきがけの党首になって「小さくともキラリと光る国」を提唱した武村正義もいた。

　序文と「I　私はこう考える」と「むすび」は角栄が書いた。といっても、文章の筆致や言葉遣いからみて、秘書早坂が書いて角栄が手を入れたものと思われる。「藤吉郎の墨俣城の一夜づくり」の勢いで仕上げた。「これで結構だ」と角栄。『日本列島改造論』は九〇万部を売るベストセラーになる。

内容はどうか。「序」は、「水は低きに流れ、人は高きに集まる」と始まる。人口や産業の都市集中によって国民所得は上がった。しかし、いまや「巨大都市は過密のルツボで病み、あえぎ、いらだっている半面、農村は若者が減って高齢化し、成長のエネルギーを失おうとしている。都市人口の急増は、ウサギを追う山もなく、小ブナを釣る川もない大都会の小さなアパートがただひとつの故郷という人をふやした」と角栄は綴る。明治百年、都市集中のメリットはデメリットに変わった。

角栄は提案する。「民族の活力と日本経済のたくましい余力を日本列島の全域に向けて展開する」。工業の全国的な再配置と知識集約化、全国新幹線と高速自動車道の建設、情報通信網のネットワークの形成などがテコになる。「都市と農村、表日本と裏日本の格差は必ずなくすことができる」。

霞が関官僚が執筆した各章は、「Ⅱ 明治百年は国土維新」「Ⅲ 平和と福祉を実現する成長経済」「Ⅳ 人と経済の流れを変える」「Ⅴ 都市改造と地域開発」「Ⅵ 禁止と誘導と」と続く。そしてこの本の特徴は、「昭和六〇年」を目途に具体的な事業計画が具体的地名をともなって書いてあることである。

たとえば、全国の工業団地候補地の図がある。既存の団地は一〇七、新規の団地は二四六。大規模団地は、苫小牧、むつ小川原、秋田、周防灘、志布志。港も必要である。新港の具体的地名が列記される。

新幹線のページを開ければ、「全国新幹線鉄道網理想図」なる図が出てくる。北は、稚内、網走、釧路まで、徳島から熊本まで海を渡る路線もある。「国土開発幹線自動車道網図」もある。「四国は日本の表玄関」と冠して、本州四国連絡橋の三ルートの絵がある。これらの整備によって全国を一日で往来できる「一日交通圏」「一日生活圏」ができる。ダムは一〇〇ヵ所つくる。地方の拠点につくる新二五万都市も具体名が書かれた。

「むすび」にはこうある。「私が日本列島改造に取組み、実現しようと願っているのは、失なわれ、破壊され、衰退しつつある日本人の「郷里」を全国的に再建し、私たちの社会に落着きとうるおいを取戻すためである」

官僚が上から目線で描いた青写真

これをどう読むべきか。

地名の出た地域は、角栄が首相になれば実現すると喜んだ。衰退する過疎地域は蘇生を夢見た。しかし、事情のわかる人は危惧も抱いた。何をするにせよ、土地買収が必要になる。すると地価が上がる。土地の騰貴対策が決定的に欠落していた。水俣病、四日市ぜんそく、イタイイタイ病などの公害を見て、工業化を不安に思う人も少なくなかった。それに、これらの事業の前提となる経済成長、物価、財政などのマクロの見通しは大丈夫なのか。のちに三ルートに架かった本四架橋は巨大な赤字を作った。

角栄が首相に就任すると「日本列島改造問題懇談会」ができた。委員は当初の七五人から九〇人に増員された。各業界は、バスに乗り遅れるなと押し寄せた。各省は「列島改造関連」とうたえば予算がつくと色めきたった。

角栄が「日中」を仕上げたのは見事だった。しかし、「列島改造」は何だか胡散臭かった。角栄の夢はわかる。しかし、これは霞が関官僚が上から目線で描いた青写真ではないか。それに業者が蟻のように群がる図である。一二月の衆院選挙の頃には、ふつうの有権者は夢から覚めていた。角栄敗北の開票結果はそういうことだったのではないか。

投開票の二日後の一二月一二日、角栄は首相就任後初めて新潟へお国入りした。新潟は風雨だった。読売新聞の番記者だった中野士朗の著書『田中政権・八八六日』によれば、角栄は、新潟市で三〇〇〇人、長岡市で六〇〇〇人の聴衆にこう演説した。

仕事をすれば、どうしても批判が起こります。信濃川に橋をかける場合でも「かける、かける」と言っている段階では、みんなに喜ばれるが、いざかけてみると、下流の人は「上流にかけすぎた」と言い、下流にかければ今度は上流の人が異論を唱えるもの。だから「せっかくの田中ブームを、永続きさせるためには、あまりせっかちに仕事をするな」と言ってくれる学者もいます。

しかし、ムードで政治はできません。これから私の人気が悪くなったら「ああ、田中は、東京で仕事をしているなァ」と思っていただきたい。

角栄は西山町（旧二田村）の実家に帰った。母フメに迎えられて、角栄は「今夜は叱られないうちに早く寝ます」と照れた。

小選挙区騒ぎと青嵐会の結成

明けて一九七三年春。角栄政権の次の失敗は小選挙区騒ぎである。それは「角栄の暴走」とも言うべきものだった。

口火は、自民党選挙制度調査会が「衆院は小選挙区比例代表並立制、参院全国区は非拘束名簿式比例代表制にする」などの改正案を決定したことである。それまで小選挙区制に否定的だった角栄がにわかに「今国会でやろう」と言い出した。調査会長の松野頼三は「首相にハッパをかけにいったら逆にハッパをかけられた」と訝《いぶか》った。

角栄の胸には、前年一二月の衆院選挙の敗北が去来していたに違いない。あのときは、自民党の候補者が乱立して負けたんだ。「列島改造」のせいじゃない。一人の議席を争う小選挙区ならば、乱立を防ぐことができる。角栄は、あの敗北は、自分の政策でなく選挙制度のせいだと思いたかった。

選挙制度の改正には、選挙区の「区割り」表をつくる必要がある。自民党議員も、いざ

「区割り」に直面すると自分の当落を懸念して二の足を踏む。しかし、角栄は強引に有識者の「区割り委員会」を発足させ、「今国会成立」へ向けて大幅な会期延長を策した。

野党は必死に抵抗する。小選挙区で当選しにくい小政党にとっては死活問題である。共産党は、小選挙区比例代表制になると自民党は現有二八四人から四一三人になるという試算を出した。全国津々浦々に「小選挙区制反対」のポスターを貼る。やはりこの騒ぎは角栄の非と映ったのだろう、内閣支持率が急落したのはその頃である。角栄は「新聞の世論調査はいっこうに気にしない。支持率が一%、〇%になっても、やるべきことはやる」とぶったりした。角栄は意固地になっていたというべきだろう。

角栄の暴走には、さすがに親角栄の中村梅吉、河野謙三の衆参議長も諫《いさ》め、椎名悦三郎副総裁や三木武夫副総理も窘《たしな》めた。角栄は挫折した。朝日新聞は、角栄のキャッチフレーズ「決断と実行」をもじって「独断とシマッタの角さん」という大見出しをつけた。

夏が来て、反角栄の政治集団「青嵐会」ができた。中川一郎、渡辺美智雄、石原慎太郎、浜田幸一らがメンバーである。「綱領」に「自由社会を守り、自由主義国家と親密に連携する」とうたい、「青嵐会は、いたずらな論議に堕することなく、一命を賭して、右実践することを血盟する」と結んだ。「血盟」だから、実際に指を切って血で押印した。「自由主義国家」とあるのは韓国、台湾のことである。「ハト派」角栄の「日中」に抵抗する若手議員の決起だった。

彼らは角栄の内閣に若手が登用されなかったことにも不満を抱いていた。福田派の別働隊のごとく、日中航空協定をめぐって、角栄と大平外相を陰に陽に揺さぶる。角栄以後も、青嵐会は長く「タカ派」の議員グループとして存在感を持つことになる。

八月、金大中事件が起きた。韓国の朴正熙軍事政権に対抗して民主主義を標榜する金大中が東京のホテルから拉致され、五日後にソウルの自宅近くのガソリンスタンドで釈放された。いったい誰が犯行に及んだのか、よく殺されないですんだと誰もが思ったナゾに満ちた事件だった。

日本の捜査当局は、在日韓国大使館の金東雲一等書記官の指紋をつきとめ、韓国中央情報部（KCIA）の犯行と断じた。日本の野党も世論も「わが国への主権侵害である。原状回復せよ」と盛り上がる。しかし、金鍾泌首相が来日して角栄に陳謝、とりあえず政治決着させた。韓国は、KCIAの犯行であることを認めなかった。

九月、国会は一三〇日に及ぶ会期延長をして、「国鉄」「健保」「防衛」「筑波研究学園都市」などの重要法案を可決成立させた。角栄は「通年国会」を言い出した。国会に会期なんかあるから思うように法律が通らないんだ、一年中、国会は開くべきだ。角栄政権は、いささかやぶれかぶれの様相を呈してきた。

そして、一〇月六日、エジプトがイスラエルを攻撃する第四次中東戦争が勃発した。エジプト軍がスエズ運河を越えてシナイ半島に進攻した、この「遠いところの戦争」がいかに角栄政権への決定的打撃になるのか、角栄にもわからなかった。

日本を揺るがすことになる「石油危機」は、アラブ石油輸出国機構（OAPEC）と石油輸出国機構（OPEC）の産油国がアラビアンライト原油（サウジアラビア産の軽質原油）の価格を一バレル当たり三・〇一一ドルから五・一一九ドルに引き上げたことから始まる。それまでは、米欧の国際石油資本、「セブンシスターズ」などと呼ばれるオイルメジャーが原油の採掘から販売、そして卸売価格までも支配していた。いまや石油は武器である。アラブ産油国はオイルメジャーに反乱を起こしたのだった。

戦後の荒廃から立ち直って経済成長を遂げた日本は、いつのまにかアメリカ、ソ連に次ぐ世界第三の石油消費国になっていた。しかし原油のほとんどを海外に依存し、大部分は中東からである。角栄の「列島改造」もむろん、安価な石油が確保されていることが前提だった。その価格上昇だけでも打撃なのに、さらに産油国は生産の削減、アラブの「友好国」以外への輸出削減二五％の措置を打ち出したのである。これを皮切りに石油の価格は四倍にまで跳ね上がった。

角栄政権はさすがにあわてた。日本はアラブの「友好国」なのか。それまでの日本外交は、イスラエルを支援するアメリカに気兼ねして、アラブとの関係は手薄だった。しかし、こんどは日本の死活問題である。二階堂官房長官談話を出し、イスラエルの「全占領地からの撤退」とイスラエルへの政策を「再検討」するとの二点を打ち出し、アラブ寄りに態度を変更しようとした。「再検討」とは、断交を意味するのかどうか。

怒ったのはアメリカである。石油消費国は結束してアラブ産油国に対応しなければならないのに、油乞いの日本は抜け駆けするのか。一一月一四日、キッシンジャー米国務長官が来日する。

日本政府は、政治家も官僚も迷った。大平外相は、アメリカに叛旗を翻すことはできないとキッシンジャーに逆らわなかった。だが、角栄は、石油を確保するためにはアラブ寄りに外交の舵《かじ》を切ることはやむをえないと考えた。キッシンジャーと角栄はこんなやりとりをした。

キッシンジャー「いまアメリカは中東和平工作を進めている。日本がアラブ寄りに変わることは控えてほしい。無理をすると日米関係にヒビが入る」

角栄「もし、日本がアメリカと同じ姿勢を続けてアラブから禁輸措置を受けたら、アメリカは日本に石油を回してくれるのか」

キッシンジャー「それはできない」

角栄「それでは日本は独自の外交方針をとるしかないではないか」

のちにロッキード事件が起きて角栄が訴追されることになったとき、ジャーナリスト田原総一朗は「アメリカの虎の尾を踏んだ田中角栄」という論文を『中央公論』に書いた。角栄が首相在任中に各国に外遊を重ねて展開した資源外交は、不遜にも「アメリカの傘」から抜け出ようとした反乱であって、その咎《とが》でロッキード事件で追い落とされたという内容である。であれば、キッシンジャーに逆らった「石油危機」が、その場面にほかならなかった。角栄は三木武夫副総理を中東各国へ特使として派遣、ついに「友好国」の待遇を勝ち得て輸出制限を免れることになる。

「列島改造論」撤回と福田の蔵相就任

「石油危機」は国民にパニックをもたらした。トイレットペーパーがなくなるという噂が飛んで、スーパーに主婦が押しかけた。洗剤、砂糖、日用品が次々と店頭から消える。買い占め売り惜しみが横行すれば、グングン値上がりする。政府は、室内温度は二〇度、ネオンサインの自粛、深夜テレビの中止、営業時間の短縮や週休二日制の推進などの「石油消費抑制」を打ち出した。「石油二法」など次々と緊急立法をした。それでも「石油危機は千載一遇のチャンス」などと記載した「便乗儲け」を奨励するゼネラル石油会社の内部文書が国会質疑で暴露されるなど、てんやわんやの騒ぎは翌春まで続いた。

しかし、角栄政権にとって痛かったのは、「狂乱物価」である。それを福田赳夫はじっと見ていた。

福田の著書『回顧九十年』にこうある。

「日本列島改造を旗印に田中内閣が誕生して一年、いざなぎ景気と謳歌されてきた日本経済が様変わりになった。見る見るうちに地価が暴騰を来たす。それに引きずられて諸物価が軒並み暴騰する。田中内閣の成立後一年間だけで、卸売物価で実に二五％の高騰を来たすという異変が生じたわけだ。のみならず、それまで極めて安定しておった国際収支、これも赤字基調に転じ、一年間に実に百億ドルの赤字を出すという驚くべき事態になった」

「狂乱物価」とは、福田赳夫が名付け親である。

角栄の政権ができた頃は貿易黒字のマネーが過剰流動性となり、土地や商品の買い占めに向かって物価が上がった。物価安定のために金融引き締めに転じると一転、国際収支は赤字になる。そこを襲ったのが「石油危機」である。

一一月二三日、愛知揆一蔵相が急性肺炎で急死した。愛知は大蔵省出身、長い間、角栄の、ただひとりともいえる政策ブレーンだった。角栄は選挙区の群馬に帰っていた福田に電話した。知らせを聞いて福田は「愛知君は病死ではない。悶死《もんし》だ」と思った。角栄は福田に後任の蔵相を頼んだ。だが、福田はすぐには引き受けなかった。

福田「経済の運営は手綱が二本ある。人間でいえば呼吸が物価、脈拍は国際収支である。いまは二本の手綱がめちゃくちゃになってきた。なぜと思うか」

角栄「石油ショックでこうなって……」

田中改造内閣発足，1973年11月25日　福田赳夫を蔵相に迎え，最前列に「三角大福中」が勢揃いした

福田「そうじゃないんだ。あんたが掲げた日本列島改造論で大混乱に陥っているんだ。この旗印を改めない限り、事態の修復はできない」

角栄「明日、また会おう」

どうしようもない窮地のときに、角栄は存外、割り切りが速い。このときもそうである。翌朝、福田に「日本列島改造論を撤回する。こと経済問題については一言ものをいわない」と述べて、福田に一切任せるとした。「それなら」と福田は引き受ける。新蔵相に就いた福田は、「総需要管理政策」に転換、公共事業の実施を繰り延べたりした。この回復には「全治三年」と診断した。

かくして、角栄の政治的シンボルとしての「日本列島改造論」の物語は終わる。それは、日本の戦後が大きな曲がり角に来ていることを意味していた。「高度成長」から「安定成長」へ、さらには「成長停滞」の時代がやってくる。

角栄の「上り列車」は、もはやふさわしくない時代になっていく。それを角栄はまだ呑み込めていなかった。角栄五五歳である。

電源三法と柏崎刈羽原発

ただひとつ、「石油危機」の遺産というべきか禍根というべきか、いわゆる「電源三法」のことに触れておく必要がある。

一九七四（昭和四九）年、田中内閣は「電源三法」をつくった。これからは、石油に頼りすぎると日本のエネルギー供給は危ない、火力発電以外の電源を開発してリスク分散しなければならない、それには新たに「電源開発促進税」を電気料金に付加し、そこから新規に発電所を立地してくれる自治体に「電源三法交付金」を配って地域整備にあててもらう、ざっとそういう仕組みである。火力発電以外の電源とは、原子力発電にほかならなかった。

角栄のふるさとは柏崎である。このあたりは石油の産地で、かつては帝国石油や日本石油、そして理研ピストンリングの三つが第二次産業を担っていた。しかし、石油会社が撤退していき、柏崎市長小林治助はどのように地域開発を進めていくか思い悩んでいた。荒浜の広大な砂丘に、原子力発電所を招致したらどうかと、荒浜出身の理研ピストンリングの松井琢磨社長が口にしていたのを小林は耳にしていた。

しかし、小林が原発を推進しようとすると、「放射能が怖い」という住民の反対にぶつかる。小林が不満だったのは、電気税の問題である。電気の消費量に比例して、電気税が都道府県に落ちる。大消費地の東京には相当額の収入になる。もし柏崎に原発をつくっても、電力は東京に送るので、地元にはいくらもカネは落ちない。それでは、反対住民を説得して原発を建設するなんてできない。小林はそう考えて、角栄邸を訪ねて陳情した。角栄は「そりゃ不公平だ」と応えて「電源三法」をつくる。

柏崎で一〇〇年続く酒屋に生まれ、若き日は満州国に飛んで理想の国家づくりに血をわかせた小林は、戦後は柏崎の発展を夢見て角栄に託した。荒浜に金網が張られて、東京電力の柏崎刈羽原発が姿を現す。電源三法交付金で、柏崎の道路や学校や上下水道やスポーツ施設がみるみる整備されていく。小林は「電源三法生みの親」とも目されている。

だが、この交付金は原発建設に伴ってもらえるのだから、原発が完成すればもらえなくなる。そうなると、原発をもう一基つくってほしいということになる。次から次へと交付金目当ての原発建設が進んでついに七基になる。しかし、こんなふうに安易に国からカネが落ちてくることが地域経済の自立力を蝕《むしば》んで、いつしか市の財政が破綻するようになる。

一九七九年、小林治助はそうした交付金の病弊を見ることなく、がんで死んだ。「あなたと私は柏崎刈羽の青写真をつくり、その実現を誓い合いました。病を得てなお、あなたの情熱には迸《ほとばし》るものがありました。困難な原子力発電所の問題に全精力を傾けられ、それが命を縮めたことであると思います」。角栄が弔辞を読んだ。

小林の「原発建設」も角栄の「列島改造」も、いわば明るい進歩思想だった。二〇一一年三月、東京電力福島第一原発が東日本大震災の大津波で被災して水素爆発を起こし、膨大な放射能が飛び散って、住民は避難を余儀なくされた。ふるさとの開発がふるさとの喪失になってしまう悲劇。福島原発事故を受けて高まる「原発反対」のデモは、角栄の進歩思想へのもっとも深い批判と思われる。

柏崎刈羽原発の立地に関しては、もうひとつ、角栄をめぐるいやな話が潜んでいる。二〇〇一年、共産党機関紙「しんぶん赤旗」がかつて刈羽村長だった木村博保からこんな証言を得た。

柏崎刈羽原発の用地になる荒浜の砂丘地五一万五〇〇〇平方メートルは、もとは木村村長当時の一九六六年、農業構造改善事業に使おうと北越製紙から買おうとしたものだった。だが、村にもカネがない。角栄に相談すると、「おれが買っとく」と言い出した。それではと、村が買い戻す条件をつけて、角栄に買ってもらった。土地登記簿は、角栄のダミー企業「室町産業」が所有者になる。

だが、地元の柏崎市議会の革新派が問題視するようになって、これはやはりまずいと登記を間違えたことにして木村の名義に「錯誤訂正」しておいた。そこに、原発建設の話が出てくる。木村は角栄邸に呼ばれ「東京電力に売る。坪三五〇〇円でどうだ」と持ちかけられる。名義人の木村はこの年、県内所得番付のトップに躍り出たが、実際は角栄のカネである。

一九七二年になると、角栄が自民党総裁選に出ることになって、「カネがいるから持ってきてくれ」と連絡が入った。木村は新潟の銀行からおよそ五億円の現金を下ろして、ボストンバッグや手提げ袋に詰め込んで角栄の国家老本間幸一とともに上京、角栄邸に運び入れた。「ありがとう」と角栄は喜んだ。木村は「二〇世紀が終わって、歴史として語っておきたい」と三〇年の沈黙を破って証言したそうである。

角栄よ、「列島改造」の夢の裏に、いつも利権が蠢いていたのでは、「上り列車」の英雄があまりに悲しくはないか。民主主義の子が民主主義を汚していることに、角栄は気がつかなかったのか。

3　金脈追及から退陣へ――金権選挙と〝告発〟

二〇ヵ国訪問と資源外交

ただ、田中角栄政権は、単に失敗した政権ではない。

角栄は二年五ヵ月の首相在任中に八回、延べ二〇ヵ国の外国訪問をした。

角栄からは「日米中は三角形だ」という話をしばしば聞いた。いつのまにか「二等辺三角形」になったりした。どこが底辺なのかは、それぞれ自国が底辺だと思えばいいということだった。要するに、日米中の適切な間のとりかたが大事だということだろう。少なくとも中国が侵略的だなどとは思っていなかった。

ソ連が攻めてくるとも思ってなかった。日本はソ連の北海道上陸に備えているけれども、ソ連はそんなことよりシベリアを開発するほうが得だろうと思っていた。中距離核ミサイルSS20の極東配備も「せっかくあるんだからどこかに並べておくということだろう」という片付け方である。のちに中曽根康弘首相が先進国サミットでこの問題を騒いだのとは大違いである。ブレジネフのような戦争の苛烈さを知っている世代の指導者は、妻子を置いて博打をするような愚かなまねはしない、心配なのは数字と理屈の教条主義で割り切ろうとする党官僚が次なるトップになることだという話である。

軍事や防衛を軽視しているわけでもないけれど、あまり重視しているとも見えなかった。

角栄の外交を特徴づけるのは、資源外交である。角栄の脳裏には、太平洋戦争がアメリカの石油禁輸から始まったことがある。一九七三年(昭和四八)九月から一〇月にかけて、角栄はフランス、イギリス、西ドイツ、ソ連を歴訪した。

フランスでは、石油資源の共同開発、第三国でのウラン鉱石開発、そしてフランスから濃縮ウランを年間一〇〇〇トン購入することを約束した。フランスはアメリカが濃縮ウランの供給を独占している状況からの脱皮を望んでいた。日本が買ってくれるなら大規模な濃縮工場をつくることができる。角栄は機転をきかせて即座に応じた。外務省はアメリカの機嫌を損ねることに不安を感じていた。

それと交換というわけではなかったが、フランスはルーブル美術館所蔵の「モナ・リザ」を日本に貸し出すことになる。角栄は「日本の首相はフランスの最高の美女をかどわかしに来たと心配されるかもしれないが、ふさわしい栄誉をもって迎え、指一本触れさせずに送り返すと約束します」と挨拶した。「モナ・リザ」は翌一九七四年四月、東京で公開され一五〇万人が鑑賞した。

イギリスに渡って角栄は、北海油田の共同開発を要望する。しかし、これは新聞に漏れてイギリス側に反発が出て挫折する。角栄はエリザベス女王との競馬談議を楽しんだ。同行の娘の眞紀子が「お父さん、千載一遇のときに初めからおしまいまでバカみたいに馬の話ばかりして」と怒っていたと『田中角栄回想録』にはある。

西ドイツでは、ソ連のチュメニ油田を日独で開発しようと持ちかけた。そのソ連に乗り込んで、角栄はブレジネフ書記長、コスイギン首相と会談した。角栄は北方領土問題を取り上げた。ブレジネフはチュメニ開発をはじめ天然ガスや鉱物や森林資源について長広舌を振って日本の開発協力を求めた。しかし角栄はもう一度、北方領土を返せと談判する。ようやく共同声明に「第二次大戦の時からの未解決の諸問題を解決して平和条約を締結する……」

と盛り込むことで合意した。角栄は念を押した。

角栄「未解決の諸問題のうちの最も重要な問題は四つの島、歯舞、色丹、国後、択捉の四島のことであることを確認してよいですね」

ブレジネフ「その通り」

角栄「確認しますよ」

ブレジネフ「その通り」

ロシア語で「ダー、ダー」とブレジネフが言ったことが、のちの日ソ交渉のひとつの出発点になる。

角栄がモスクワに滞在中に、第四次中東戦争が勃発した。角栄は帰国して「石油危機」の対応に追われた。資源外交にとって運命的なタイミングというほかなかった。

アメリカの不興、さらなる歴訪

角栄の資源外交、つまり資源ルートの多角化は、たしかにアメリカの不興を買ったようである。フランスから濃縮ウランを買うということは、アメリカの「核の傘」の外に出るということである。田中内閣でずっと通産相を務めた中曽根康弘は著書『天地有情』のなかでこう語っている。

「田中君は、国産原油、日の丸原油を採るといってメジャーを刺激したんですね。そして、さらに、かれはヨーロッパに行ったとき、イギリスの北海油田からも日本に入れるとか、ソ連のムルマンスクの天然ガスをどうするとか、そういう石油取得外交をやった。それがアメリカの琴線に触れたのではないかと思います。世界を支配している石油メジャーの力は絶大ですからね。のちにキッシンジャーは「ロッキード事件は間違いだった」と密かに私にいいました」

角栄の資源外交はアメリカに復讐されたのかどうか。角栄は『田中角栄回想録』で語っている。

アメリカの核燃料支配に頼ってきた日本への姿勢が厳しくなったわけだ。まァ、それは仕方のないことだけど……。〔中略〕しかし、あんなにアメリカがキャンキャンいうとは思わなかったなあ。〔中略〕後ろからいきなりドーンとやられたようなものだ。しかし、それもまた、しょうがない。そこまで考えて、怯《おび》えていたら、資源外交なんかできないもの。それぞれの国家は、おのれの利害のために動いている。〔中略〕わたしの資源外交に対して、アメリカのメジャーからいろんな横ヤリがあるだろうとはわかっていたが、それはしょうがない。こっちは初志貫徹だ。わたしだっていつまでも総理大臣の職にあるわけじゃないし、殺されないうちに逃げればいいいんだと思っていた。短兵急だったかな。

角栄はその後も資源外交を続ける。一九七四年一月、フィリピン、タイ、シンガポール、マレーシア、そしてインドネシアのスハルト大統領と会談、石油、LNG、アルミなどの開発に日本が協力することになる。しかし角栄は「日本の経済支配」に反発する激しい学生デモに取り囲まれる。日本大使館や日本企業が襲われて日本製自動車が二〇〇台も放火された。秋になって二度、外遊に出た。九月にメキシコ、ブラジル、アメリカ、カナダ。一〇月に、ニュージーランド、オーストラリア、ビルマ。すでに退陣間際、「田中金脈」追及が火を噴いて、気もそぞろな資源外交だった。

国土庁の発足

角栄の内政は、「日本列島改造論」の挫折はあったけれども、いくつか注目すべき施策をした。

角栄政権の二年目、一九七三年（昭和四八）は「福祉元年」と言われる。まず七〇歳以上の老人医療費の無料化が実現した。「革新」の美濃部都政が先行し、それに対抗する形だった。健康保険の被扶養者の給付率の引き上げ、高額療養費制度の創設、五万円年金の達成、年金の物価スライドを導入した。

文教行政では人材確保法を制定して、義務教育の先生たちの給与をふつうの公務員より大幅に引き上げた。教職員の海外派遣制度を期間も人数も増やした。角栄の小学校重視の考えからである。

角栄の内政は、社会民主主義の色彩が濃かった。あるいは、角栄特有の共同体思想というべきか、気前がいい、ばらまき気分だったのか。それはむろん、まだ高度成長の余韻があって財政基盤の強さに裏打ちされていた。

一九七四年六月、角栄念願の国土庁も発足した。「名前は国土開発庁にしたかったんだがな。「開発」はみんながだめだというんだ」と角栄。各省から国土開発の俊秀が集められた。その代表格に下河辺淳がいた。下河辺の『戦後国土計画への証言』によれば、角栄は「おれが本気にやるようになったら国土庁をつぶすよ」と言っていたとのことである。国土計画の屁理屈をこねているような官庁ではだめ、いずれ公共事業の予算編成権を国土庁が持たなくてはということだった。

それにしても、角栄の「日本列島改造論」が捨てられた時期に国土庁発足とは、角栄政権が時代とミスマッチになりつつあるように思えた。

そんな頃、日本武道館で「田中総理を励ます新潟県の集い」というのが開かれるというので、首相番記者のわたしは取材に出かけた。そこで角栄は「五つの大切・十の反省」という演説をした。「五つの大切」とは、人間を大切にしよう、自然を大切に、時間を大切に、モノを大切に、国・社会を大切に、「十の反省」は、友達と仲良くしたか、弱いものいじめをしなかったか、お年寄りに親切だったか――など、子ども向けの徳育の提唱というわけである。角栄周辺の人々が「これで盛り返せる」とはしゃいでいるのを見て、何だか焼きが回ったように思えた。

「企業ぐるみ選挙」への批判

そんな違和感を抱かせつつ、角栄は最後のつまずきの石となる参院選挙を迎えた。政権の起死回生は選挙の勝利である。全国区には、山口淑子、宮田輝などのタレント、地方区にも知事をはじめ目一杯の候補を立てた。全国二〇〇ヵ所で遊説するぞとヘリコプターで飛び回る角栄を、わたしも追いかけた。ヘリコプターが不時着する騒ぎもあった。

角栄が訴えるのは、どこでも新幹線と高速道路だった。「テレビに映る前に、ちょっとタバコを吸っていいかね」などと汗をふきふき各地で記者会見をする角栄を覚えている。投票日は一九七四年七月七日の七夕である。

何としても勝たなければならない角栄が案出したのは「企業ぐるみ選挙」だった。橋本登美三郎幹事長が「自由社会を守るために」と二〇〇〇社の企業に協力要請の手紙を送った。これまでも官僚出身候補は関連業界が選挙運動を引き受けるのが通例である。今回は、たとえばタレントの山東昭子にも、日立グループ、コカ・コーラ、ヤクルトなどがついた。総理府出身の坂健は、三菱グループが推すことになって、傘下各社の会長、社長が後援会に名を連ねた。

角栄の原体験がある。自分が立候補した最初の選挙はみこしに乗って落選した。二度目は、自分の会社「田中土建」の社員に運動させて当選した。それを自民党全体でやろうというのである。社会党は「大企業や商社が企業ぐるみで自民党候補の選挙を買ってでるのは、政治をカネで買うことであり、民主主義への挑戦である」と批判した。

投票日が間近に迫って、中央選挙管理委員会の堀米正道委員長が「企業ぐるみ選挙が、雇用や取り引き関係を通じて、何らかの強制が伴えば、思想・信条の自由、投票の自由の原則が阻害される恐れがある」と異例の警告を発した。自民党は「選挙妨害」と怒ったが、新聞は「国民の素朴な疑問」と堀米を支持した。どうやら、この選挙は途方もないカネが注がれている「金権選挙」ではないかと国民も感じ始め、自民党副幹事長だった竹下登も「行きつくところまで行った感じだ」と語った。

結果は、案に相違して自民党に厳しかった。三菱の推した坂健が落選したのが「企業ぐるみ選挙」の失敗を象徴していた。自民党公認の当選は六二人、過半数に足りなかった。非改選組とあわせて一二九議席、オール野党との差はわずか七議席だった。新聞には「与野党伯仲」の見出しが躍った。政局が動き出した。

三木、保利、福田の閣僚辞任

七月一二日、三木武夫副総理・環境庁長官が辞任した。この日の閣議で、角栄は自分の隣の席を指して「ここが空いているのは病気とか欠席ではない。閣僚として、ここに座るのを潔しとしないということである」と発言した。

三木はこの朝、角栄を私邸に訪ねて「かつて私は党の近代化を答申したが、何もなされていない。この際、自分が核をつくって、人を結集し、自由にやりたい」と申し出た。角栄は慰留しなかった。

この参院選では、三木と角栄の間に遺恨がある。三木の地元徳島県の参院地方区では、三木の子飼いの現職久次米《くじめ》健太郎がいた。しかし、自民党は公認せず、角栄のもとで官房副長官を務めた後藤田正晴を割り込ませ公認した。久次米は無所属で立候補した。角栄は参院選挙の事前遊説の最初の地に徳島を選んだ。三木は不快だった。それから田中派、三木派の議員がそれぞれの応援にかけつけて「三角阿波戦争」と目を引いた。

後藤田は警察庁長官まで出世したコワモテの大官僚である。「カミソリ後藤田」と言われて、のちに中曽根政権を支えるなど政界で大をなしたことからみても、むろん有能な人材である。一方、久次米は地元の村長、県議、県会議長を歴任、農協でも重きをなして中央政界に出た。参院選は、久次米への判官贔屓からか、後藤田は敗れた。戦前から議席を持っている「議会の子」三木の辞任は、「角栄よ、思い上がるな」という気持ちからだったろう。

七月一六日、福田赳夫蔵相が辞任した。その一足先に行政管理庁長官の保利茂が辞表を提出していた。

実は、三木と福田は参院選の直後、上野の旅館で密かに会談した。三木は「この内閣のひさしの下にはいたたまれない。私は辞める。福田君、どうだ。一緒にやめようじゃないか」と言った。三木が角栄邸を訪ねて辞任を伝えたのはその二日後である。三木は福田に「君がどうするか、それは君の問題だ」と電話してきた。

福田の盟友である保利は、福田に辞任を思いとどまらせようとした。「君は吉田口という立派な大道から、富士登山の八合目まで来た。それをもう一度下山して、草むらをかきわけかきわけ、また登って行くと言う。そんな必要と価値があるのかね」。三木はどうせバルカン政治家だから「草むら」でいい。しかし福田は「本流」だ、角栄に協力してここまできたのだから、いずれ福田の手に政権は落ちてくる、ここは堪忍、というのが保利の考えだった。わたしは保利の私邸に取材に通って、保利は新聞記者から政界中枢に入ったからよけい「本流」に固執するのかと感じた。

しかし福田は辞任し、「角栄と福田」のつなぎ役を自認していた保利も内閣にとどまる理由はなかった。

マキャベリの『君主論』には、君主は自らのヴィルトゥ（力量）をもってフォルトゥナ（運命）を切り開いていかなければならないと書いてある。運命の神は女神だから、その後ろ髪を引っ張っても自分に引き寄せていかなければならないというのである。わたしは角栄のフォルトゥナが逃げていくと感じた。

「田中角栄研究」の衝撃

角栄は「石の地蔵さん」になると称して、沈黙に転じた。経団連会長の土光敏夫が角栄を訪ねてきて、「政治献金の各業界への割り当てをやめる」と申し入れてきた。東京電力もまた「公益企業は政治献金しない」と宣言した。

海の向こうからは、ニクソン米大統領がワシントン・ポスト紙の若き記者が暴いたウォーターゲート事件の責任を取って辞任するニュースが届いた。しばしばニクソンと会談した角栄に聞くと、「アメリカの国民が、ウーン、来るべきものが来たと感じているようだね」と返ってきた。

自民党は「党基本問題・運営調査会」を発足させた。会長は椎名悦三郎副総裁である。世間の金権批判をかわすべく、「派閥より党」の自民党にしていこうという趣旨である。だが、その頃若きライター立花隆は、「少なくとも前代未聞の金額が政治に使われていることは、おそらくまちがいない。金を使うからには、どこかから入ってきているはず」と雑誌の企画を考え始めていた。これが、自民党の三木、福田の叛旗よりも、野党の追及よりも、新聞の社説よりも強力な、角栄政権を倒壊させる爆弾になるのである。

一九七四年（昭和四九）一〇月六日、アメリカ議会でラロック退役海軍少将が「核装備した米艦船が日本に寄港する際、核兵器をその都度おろすことはしない」と証言をしたというニュースが入ってきた。かねてそういう「核密約」があるのではないかと疑われていた。わたしたちは角栄や二階堂官房長官に確認に走り回り、「退役軍人が言っているだけだろ」とはぐらかされて腑に落ちないでいた。

その三日後の一〇月九日、立花隆の「田中角栄研究——その金脈と人脈」と児玉隆也の「淋しき越山会の女王」の二つの記事を載せた『文藝春秋』一一月号が世に出た。角栄のカネと女性関係を暴くものだった。

ずっとのちに角栄の秘書官だった人から、こんな話を聞いた。「実は、あのとき、角栄首相は、おれがこんなこと（金脈と女性関係）で責められるなら、核持ち込みの密約をばらしてしまえと逆上していたんですよ」。

日米間の核持ち込みの暗黙の了解は、外務省のトップと首相官邸のトップの間でひそかに引き継がれていた。それをばらせば、この局面を変えることができる。角栄はそう思ったのかもしれない。

だが、政局は「核密約」から『文藝春秋』に移った。われわれ番記者が角栄を取り囲んで、ひとりの記者が角栄に質問した。「総理、文春の……」。とたんに角栄は形相を変えて「そんなものは知らん」と取り合わなかった。

金脈問題は外人記者クラブの昼食会で一気に火がついた，1974 年 10 月 22 日

『文藝春秋』を読むと、わたしたちが間近に親しんでいる「角さん」のまったく知らない人間像がそこにあった。あるいは、先輩記者たちはみんな知っているのかなと思った。二階堂官房長官の定例記者会見でも質問は出ない。政界は何もなかった風情で毎日が過ぎる。カネのこと、女のことはまあ、口にしないものなのかなと思っていたところに、一〇月二二日昼、角栄は前から約束していた東京・丸の内の外人記者クラブの記者会見に出かけた。

司会の外国人記者が「田中首相はいまさらご紹介するまでもなく、最近の『文藝春秋』で……」と切り出した。「あれはほんとうか」と根掘り葉掘り、遠慮のない質問が飛んだ。翌朝の朝刊一面に「田中金脈追及」の大きな記事が現れた。フォルトゥナを司る女神は角栄に見切りをつけたのである。

立花隆の「田中角栄研究」は、ジャーナリズムの金字塔である。のちに立花は「そのインパクトの大きさは、その論文プロパーの持つ力ではなかった。背中に荷物を目いっぱい積んでようやく立っているロバの背に、ワラを一本のせただけで、ロバはひっくりかえることがある。私はただ、最後の一本のワラをのせる栄誉を担っただけにすぎない」と書いている。だが、あの論文がなく三木、福田の反乱だけだったら、角栄はまだ血路を開いていく力があったろう。

「田中角栄研究」は、政治資金にはオモテとウラがあることから始まる。ファクトと的確な論証で綴っていく。要旨は次の通りである。

オモテ金は自治省に収支報告が出されている分、ウラ金はもしオモテに出れば犯罪を構成してしまうような分。ウラ金づくりの手段は「株と土地」である。オモテ金も、ある時期、特定業界の献金が集中するのは関連法案が国会にかかっているときである。収支報告といっても組織活動費や調査費などは実際何に使ったか皆目わからない「全く恐れ入った帳簿」である。

田中角栄氏には、「政治家」「実業家」「資産家」「虚業家」の四つの側面がある。申告所得は年間七千万から八千万円である。理研ビニール、昭和高分子、越後交通、理研プラスチックスの株を大量に所有する。土地建物は、目白台の大邸宅、軽井沢の三つの別荘がある。目白台の私邸は昭和二八年八月に取得、周辺を買い足して二千四百坪になる。別荘はあわせて九千五百坪である。総理大臣就任のときに買った別荘もある。私邸も別荘も角栄氏名義だけではなく、東京ニューハウスの名義分もある。この会社は角栄氏の私邸の住所に本店があって、代表取締役は遠藤昭司氏。角栄氏の秘書で、私邸の拡張のときは周囲の住人を立ち退かせた人物である。電話すると、伝言を受ける人がいるだけで「あなたはどちらの方ですか」と聞くと「福田組です」と答えた。つまりユーレイ企業である。福田組は新潟県の土建業界の最大手である。

田中派議員には一人当たり一億五千万円から百万円を配っている。秘書に配られたカネは、他派閥の隠れ田中派に渡ったものと思われる。越山会への献金は、一回だけの会社も多い。業界でそろって献金しているのに、名前が出ているのも出ていないのもある。越山会は隠したり隠さなかったりの基準がはっきりしていないのではないか。

土建業界は公共事業の入札談合があるから、政治家への鼻薬はとくに必要である。上越新幹線は計画が決まったときに業者と工区が決まっていたほどだ。面白いことに、「あの人は政治を土建屋の感覚でやっているんですよ」と土建業者が角栄氏を批判する。

角栄氏ははなさんと結婚して最初の資産をつくった。炭管事件や長岡鉄道事件を切り抜けて「日本電建」なる住宅会社の社長になる。刎頸の友入内島金一ら田中ファミリーが役員になる。加入者の積立の掛金を担保に大量の土地と証券を買った。新星企業、室町産業の二つのユーレイ会社をつくる。室町産業の社長は佐藤昭、その住所が本店である。新星企業の社長は小佐野賢治の国際興業の常務だった。

日本電建の業績が悪化したのは、角栄氏に利益を吸い取られたからではないか。加入者が騒ぐ寸前になって、小佐野氏が電建を買い取った。小佐野氏は国有地の払い下げを受けているからその恩返しではないか。

田中金脈問題で記者会見に臨む立花隆，1974年11月22日　当時34歳

「田中角栄研究」の分析は圧倒的説得力がある。その波紋がようやく国会にも広がって、入内島金一や佐藤昭を参考人に呼ぼうという話が出る。さすがの角栄も困惑した。しかし、ニュージーランド、オーストラリア、ビルマへの外遊に出なければならなかった。

外遊前に角栄は河野謙三参院議長に会う。河野は「これは災難だ。災難と思ってあきらめるよりほかないんじゃないか」と慰めた。河野は角栄を「百年に一人の逸材」と買っていたから、ここはさっと引いて捲土重来を期すほうがいいと思った。「田中は腹を固めているようだ」と記者団に喋った。「田中退陣示唆」の記事が大きく載る。

角栄を少し哀れに思った日

一一月一一日、外遊から帰国した角栄が首相官邸記者クラブの記者会見に臨んだ。外人記者クラブに先行された恥を雪《すす》ぐかのように、角栄に厳しい質問が相次いだ。雑誌に抜かれた焦りもある。これまで政治記者は角栄金脈のことを多少は耳にしても、きっちり調べてこなかった。角栄は必死に答えた。わたしはメモをとりながら、少し角栄を哀れに思った。

「エー、貧乏な百姓のせがれとして、上野に出てきてから、まったくひたむきに走りながらきょうまできた、こういうことであります。そういうなかで誤解ありとすれば、公人としてはなはだ遺憾であると言わざるをえないのであります」

「私が不正な所得をしておらないということは、税務当局が十分調べておるわけであります。私が知る限り、答えられるかぎり、答えていけばいいわけであります」

私邸の土地の買収の経緯、幽霊会社のこと、かなりあたふたと、あっちこっち飛びながら話した。

「私は違法性はなくて、妥当性のある行為しかやっていませんよ」

総理大臣がこんなことまでしゃべるのかと思ったのはこんなくだりである。

「あの土地がほしかったらね、その隣に一坪買って、そこで毎日毎日、ガンガンガンガンと製缶工事をやっときゃね、うるさくて隣はタダでも売るよ、というような、そういう無法な、不法な……」

あとで秘書の早坂茂三の述懐を聞いた。「田中派の担当記者に最初に質問してもらってペースをつくりたかったんだがな。福田派の担当記者がガンガン鉄砲を撃ってきた」

角栄はその日、内閣改造をした。まだ、がんばるというのか……。組閣本部から出てきた橋本登美三郎幹事長が「うん、いい内閣ができた」と言ったのが耳に残る。だが、それは近くフォード米大統領の来日を迎えるための時間つなぎにすぎなかった。フォードが日本を去るのを見届けて、新聞はいっせいに「田中退陣」を書いた。

角栄は「ヤマトタケルが枯野で火に囲まれた時のようなものだ。草薙の剣を振るえば血路は開けるのだが。やはり、できることとできないことはあるものだ」と早坂茂三に語った。

政局が流動化すると、首相番記者は毎朝毎晩、首相の私邸まで追いかける。角栄私邸の庭にプレハブの「番小屋」が立っている。夜、寝静まった頃、番小屋から角栄の寝ている本宅に向かって「角栄のバカヤロー」などと怒鳴った記者もいた。

首相最後の日——「魔がさしたんだな」

一一月二六日朝、わたしは角栄私邸にいた。角栄の首相最後の日である。角栄邸の前の日本女子大学の窓から、手を振る女子学生がいて、角栄はうれしそうに手を振った。「いなかの母に電話した。ご苦労さまと言ってくれた。やっぱり母は母だ」。角栄はそう語った。

昼、首相官邸の会見室で、竹下登官房長官が角栄の「私の決意」を代読した。

「一人の人間として考えるとき、私は裸一貫で郷里を発って以来、一日も休むことなく、ただ真面目に働き続けてまいりました。顧みましていささかの感慨もあります」

角栄はここに至るまで「上り列車」の人なのである。「上り列車」は総理大臣まで行き着いた。しかし、それは何だったのだろう。「私個人の問題でかりそめにも世間の誤解を招いたことは、公人として不明不徳のいたすところであり、耐え難い痛苦を覚えるのでありま す」として、「厳粛かつ淡々として」辞職することを表明した。そして、むすび。

「わが国の前途に想いをめぐらすとき、私は一夜、沛然《はいぜん》として大地を打つ豪雨に心耳を澄ます思いであります」

「耳を澄ます」ではなく、「心耳を澄ます」としたこと、漢学者安岡正篤《まさひろ》の添削だったという話である。

角栄はまだ日のあるうちに私邸に戻った。わたしたち各社の番記者は、最後にゆっくり角栄の話を聞きたいと申し入れたら、角栄は背広に下駄履きで出てきた。

「いやあ、総理大臣っていうのがこんなに窮屈とは思わなかったよ。もう、いやだね。外人記者クラブであんな問題（金脈のこと）が出るとは思わなかったよ。あの司会はひどいよ。あれをきっかけに新聞が書いた。しかし、魔がさしたんだな。やっぱり避けられない魔というのはあるんだな」

　そうか、あれは「魔」のときだったのか。日本の新聞だったら、もう少しわかってもらえる。外国人記者はそれが通じない。角栄はそう思っていたのか。なぜ、田中金脈を新聞が書かなかったのに、雑誌が書いたのか。往時の政治記者の栄光のポストは自民党の派閥担当記者である。いつしか派閥の代弁者になって権力の興亡にかかわるような気になり、政治の質に無頓着だったのではないか。

辞任表明のため官邸に向かう角栄，1974年11月26日　私邸前の日本女子大学の学生が手を振り，それに応える

「でもな、私と違って君たちはエリートだ。これからもがんばってくれよ」

　番記者風情が総理大臣からエリートと言われて驚いた。その頃はまだ、角栄の心底にあるものをわたしは知らなかった。

　角栄が下駄をカランコロンさせて本宅に帰ったあと、番記者連中は相談して「きょうの話は、お互い書かないでおこうぜ。ずっと先まで」ということにした。首相角栄の白鳥の歌は、デスクやキャップに報告せずに自分たち番記者だけのものにしておきたい、そんな哀惜の気持ちからだった。

4　角栄後継問題

後継椎名への目論見

嵐の海を羅針盤も持たずに突っ走って難破した田中角栄政権のあとをどうするか、自民党は空前の危機のなかにいた。「パンダ解散」で敗れ、「企業ぐるみ選挙」で敗れ、金権田中角栄とともに自民党は沈没しかねない。そこに歴史はひとりの名優を生んだ。自民党副総裁椎名悦三郎である。

次の総理総裁をだれにするか、角栄と長く対決してきた福田赳夫か、それとも角栄とともに歩んできた大平正芳か。わたしもまた駆け出しの政治記者として政局のすそ野を走り回った。しかし角栄が後継に描いていたのはそのいずれでもない、椎名だった。

一〇月二五日、外遊前の角栄が河野謙三参院議長を訪ねて苦しい心中を明かしたことは前述した。『記録椎名悦三郎』によれば、そのとき二人はこういう会話もかわしていた。

角栄　一雑誌に書かれたというだけで辞めたら、わるい例を残すことになる。

河野　自民党はなあ、ヒビの入った茶碗だよ。一度ヒビが入ったら、元に戻すこたぁ容易なこっちゃあない……。

角栄　俺は恋々とはしないよ。

河野　一度引っ込んで、世の中を静かにさせること考えろよ。

角栄　椎名さんさえ元気だったらなぁ。

河野　椎名さんは体が弱いんだよ。……二時間、官邸で昼寝しないともたないんだ。

首相の激務は体力が必要である。角栄自身、甲状腺異常のバセドー病の持病があって、汗っかきである。首相を務めるストレスで顔面神経痛になって顔が歪んだこともある。この頃も体調が悪くなって、高血圧と血糖値の数字は恐ろしく上がっていた。

このとき河野は角栄の「退陣示唆」だけを外に明かした。角栄後を椎名の「暫定政権」でつなぐ考えは、その翌朝、角栄から椎名に伝えられる。記者に見つからないように朝六時半に来てくれと言われて、椎名は角栄の私邸を訪ねた。

角栄「国会を開くと野党が金脈問題で総攻撃を仕掛けてくるだろう。私は病気ということで国会に出ないから、その間、あなたが内閣を一時預かってくれないか」

椎名「ごらんの通りの体だ。まあ、ゆっくり考えさせてくれ」

角栄「それしかない。それが一番いいんだ」

角栄邸を出るとき、記者につかまった椎名は「外遊に出るんで留守をよろしくと頼まれた。別にたいした話じゃなかったね」ととぼけた。

一一月一一日、内閣を改造したとき、角栄は「暫定政権」への伏線として椎名を副総理にしようとした。ところが、そのことを大平にいうと、大平は反対した。総裁選が話し合いでなく公選になれば、福田を抑えて政権をとることができると踏んだ大平は「暫定政権」を警戒していた。となると、角栄も推すわけにいかない。福田辞任のあと蔵相をこなしてくれている大平は盟友である。結局、角栄は後継への布石を打つことなく、フォード大統領の離日後、一一月二六日に政権を投げ出した。

椎名暫定への大平の反対

「次」をどう選ぶか、自民党副総裁であって、「党基本問題・運営調査会」の会長である椎名悦三郎に託されることになる。「次」は誰かということはもちろん、派閥や金権の是正、党近代化を進めることにつながらなければならなかった。

椎名悦三郎は岩手県水沢の出身、高野長英の血を引き、戦前の大物政治家後藤新平を叔父に持つ。東京帝国大学から農商務省に入り、満州国にも勤務した。ものぐさというべきか、あくせく働かない、事を省くにしかずという「不如省事」をモットーにする。昇進とともに頭角を現し、軍需次官、商工次官になる。戦後は公職追放のあと政界に出て、岸信介内閣の官房長官、佐藤栄作内閣で通産相、外相、党の役職を歴任する。

椎名といえば、おとぼけ答弁が有名だった。日韓交渉に臨んで韓国に対し「深く反省する」と述べた意味を国会で問われて、「しんみりと反省しているということです」と味のある答え方をしたりした。日米安保条約に反対する社会党から追及されて、外相の椎名は「アメリカは日本の番犬である」と答弁した。さすがの野党もあわてて「大臣、そんなこと言っていいのか」と問い直すと、椎名は「あ、間違いました」と一拍置いて「番犬さまでございます」と答えたのである。人を食った答弁は、椎名の落語好きから来ているものらしかった。

椎名は角栄の叩き上げ人生に同情しながらも、自民党総裁選を「賭け金ばかり高い草競馬」と評し、「次」はそんなこととは縁遠い、「暗闇の牛」のあだ名のある前尾繁三郎、佐賀出身で「葉隠」精神を自負する保利茂らの長老政権も頭に浮かべていた。しかし、それならやはり「おとぼけの椎名」こそふさわしいと保利が富士山麓の椎名別荘を訪ね談判したりした。

一一月二九日からの三日間は、名優椎名のクライマックスである。椎名は三木武夫、中曽根康弘、大平正芳、福田赳夫の順に四実力者と個別会談した。三木、中曽根は「椎名暫定政権」を是認していた。しかし大平はそれを阻もうとしていた。

大平「副総裁のお考えは」

椎名「しばらく暫定的政権をつくり、党の体調を整えて、その後に本格政権をつくったらどうか」

大平「ということは、椎名さんということも」

椎名「みんなから是非といわれれば逃げるわけにもいかない」

大平「経過的政権をつくるのは賛成できない」

椎名は本気で「暫定政権」を狙っていたのかどうか。よくわからないけれども、大平派は「行司がマワシを締めた」とか「産婆が自分もお産すると言い出した」などと椎名をくさして回った。

椎名裁定――周到に動いた三木の「青天の霹靂」

一一月三〇日、椎名と四実力者の五者会談が続けられる。福田は「話し合い」で自分が選ばれることを期待した。大平は田中派の協力をもらって「公選」によって勝負をつけたかった。角栄の腹心、二階堂自民党幹事長は物別れを見越して、党大会を開く準備を始める。椎名は「後継は、ここにいる四人しかない」と述べ、自分を含めて長老の「暫定政権」でなく、四人の誰かを選ぶことを宣言した。

運命の日、一二月一日。椎名は現れて「いつまでも議論しても結論は出ない。いま裁定を出したいと思う」と述べ、上着の内ポケットからごそごそと紙を取り出した。

「わが党は第一歩より出直すにひとしいきびしい反省と強い指導力が要求されています。政

椎名裁定直後の五者会談，1974年12月1日　左から椎名，福田，大平，中曽根，三木

治の空白は一日たりとも許されません。私は国家国民のために神に祈る気持ちで考え抜きました。国民は派閥抗争をやめ、近代政党への脱皮について研鑽《けんさん》と努力を怠らざる情熱を持つ人を待望しています。私はこの際、政界の長老である三木武夫君を推挙申し上げます」（要旨）

椎名が「神に祈る気持ち」で指名したのは三木！　椎名は「裁定」を読み上げるとさっと席を立つ。三木は「青天の霹靂《へきれき》だ」と呻《うめ》く。

三木には、民社党から三木首班の「中道政権」を一緒につくろうと誘いも来ていた。副総理を辞任したあとは、角栄批判を控え党近代化への意欲を語っていた。三木は「青天の霹靂」を呼び込むべく、実は周到に動いていた。

歴史の狡智

さて、この「椎名裁定」を受け入れるのかど

うか。福田は「大神《おおみかみ》の心で下した裁定だ」と受け入れた。話し合い決着を主張していたのだから、いまさら拒むことはできなかった。中曽根はむしろ幹事長狙いだったから、椎名の裁定に喜んで乗る。問題は大平である。

大平派も田中派も「こんなものを呑めるか」「副総裁が総裁を決められるのか」と険悪な空気が噴出した。二階堂幹事長は椎名から何の相談もしてもらえないで面目丸つぶれだった。

わたしは中間派の水田三喜男に聞いてみた。前夜、椎名から「一人に絞る」と耳打ちされていた水田は「うまいもんだねえ」と感嘆した。権力闘争のベクトルが千々に乱れていよいよ爆発する寸前に注いだ一滴の水であっという間に沈静する、わたしもそんな「政治芸術」を見る思いがした。

大平が角栄邸に向かったという話を聞いて、わたしも追いかけた。角栄は埼玉にゴルフに行って不在なので、大平は角栄の帰宅を待っていた。角栄が帰る。

大平「自分は裁定に抵抗して横に寝るべきかもしれない。しかしそんなことをしたら暗い一二月になり社会不安を引き起こしかねない」

角栄「これはしょうがない。うまくやられた。五一対四九でキミの負けだ」

角栄邸の庭で待っていたわたしは、門を出ていく大平に「三木さんでいいですか」と聞いた。大平はちょっと笑みを浮かべながら「そうだね」と答えた。

数日後、大平は記者団と懇談した。大平は「ぼくと福田さんが四つに組んで相撲をとるほど自民党の土俵はしっかりしていない。まわしを締め四股を踏んでいたら、土俵がなくなってしまった」と嘆いてみせた。そしてポツリ、「歴史の狡智《こうち》だよ」とつぶやいた。

椎名は「暫定政権」に意欲があったのかどうか、「三木武夫」に落とすことを始めから想定して大平を翻弄したのか。椎名は大平にはいくらか悪感情を持っていた。日中国交正常化のときに台湾に特使に行った椎名に、大平の感謝は十分とはいえなかった。政治の人間関係は、思わぬところで仇を討たれる。しかし、みんなをはらはらさせて、一夜で「金権角栄」から「クリーン三木」に転換させたのは、たしかに「歴史の狡智」だった。

かくて三木政権が誕生した。その政権下で、角栄は運命のロッキード事件に遭遇することになる。三木は角栄を追い詰める。椎名は「産みの親」になっても「育ての親」にはならぬとばかり、「三木おろし」に動くことになる。

歴史には、ずる賢い知恵がある。歴史は人々を停滞やら逆境やら矛盾やらで苦しませておいて、突然、そこからの解決策を示し飛翔させる。人々に、悪を見せつけておいて、突然、善を蘇らせる。偶然のつながりのように見せておいて、いつのまにか必然の結果を用意する。それが「歴史の狡智」である。大平はそれを感得した。

大平にならっていえば、わたしには「椎名裁定」ばかりでなく、「田中角栄政権」そのものが「歴史の狡智」だったように思える。自民党政権は、この政権の上昇と転落から、なお生き延びるための血路を開いた。

さらにいえば、「角栄の人生」そのものが「歴史の狡智」だったのかもしれない。新潟の寒村に生まれ、時代を生きる巨大なエネルギーを持つひとりの男を思うままに生きさせて、その敗残のなかから日本は次の時代をつくった。いや、角栄に代表させて、焼け跡闇市を生き抜いた時代の人々すべてを「歴史の狡智」は操っていたのかもしれない。

一九七九年九月三〇日、椎名は八一歳で死去した。椎名のあとの自民党副総裁を務める西村英一は遺体のそばで「おい、椎名くん起きろ。タヌキ寝入りするな」と泣いた。大平が自民党総裁として「落日秋山を蔽《おお》い、萬象《ばんしょう》悉《ことごと》く呼吸を止めた思い」と弔辞を読んだ。

角栄は椎名の一周忌に、昔、築地の料亭に呼ばれてともに飲んで、ともに粋な歌を歌った思い出話を語った。

第Ⅶ章　ロッキード事件の衝撃――刑事被告人へ

1　角栄逮捕――遠ざかる復権

クリーン三木

「三角大福中」と呼ばれた五人の実力者の時代、田中角栄が表舞台から去って、三木武夫内閣は、福田赳夫を副総理・経済企画庁長官、大平正芳を蔵相、そして中曽根康弘を幹事長に配してスタートした。わたしはこんどは三木の首相番を務めた。

「角さん」と違って「三木さん」は、ゆっくり歩く。質問すると、悠揚の笑みを浮かべ、当方の太ももなどをぎゅっとつかみながら答えてくれる。

「椎名裁定」の政治力学で思わぬ首相の座を得て、三木は意気込んでいた。「信なくば立たず」と国民世論を重視し、政治の粛正、物価抑制と安定成長への転換、そして社会的公正の実現を目標とした。

一九七五年（昭和五〇）は三木政権一年目、目玉政策のうち独占禁止法改正案は財界の反対で廃案になる。もうひとつ、政治改革のほうは、公職選挙法改正は成立したものの、それとペアの政治資金規正法改正案は参院本会議の採決で可否同数になり、河野謙三議長が自分の一票によって「可と決します」と裁断し、辛うじて成立した。

政治献金はそれまで制限額がなかった。そこで、個人の献金は二〇〇〇万円、会社は一億円を上限とすることとし、さらに政党は一万円、派閥や個人後援会は一〇〇万円を超える寄付は公開とした。三木の政治改革は「金権田中」へのアンチテーゼである。このときの規制強化は、存外の効力があって、のちに「献金が集まらなくなったなあ」などと政治家の嘆きをもたらすことになる。

一一月、初めての先進国首脳会議がパリ郊外のランブイエで開かれた。ホスト国のフランスをはじめ、アメリカ、イギリス、西ドイツ、イタリア、そして日本。大統領、首相が一堂に会して、石油危機後の対応を話し合った。三木は「南北問題」を打ち出そうとして各国の意外な消極姿勢に遭い、「世界は理想主義より現実主義が支配的なんだね」との感想をもらした。外務官僚は驚いて「そりゃそうですよ。みんなリアリストですよ」と答えたと、新聞記者から転身した中村慶一郎首相秘書官は記している。

三木という政治家はクリーン理想主義とともに、それと裏腹に小派閥を率いて権力闘争を生き抜くバルカンの粘りが身上である。それがのちに角栄の政治生命に深手を負わせることになる。

三木は帰国すると、公労協の「スト権スト」に見舞われる。公労協とは、国鉄、電電、郵政などの公共企業体の労働者の組織で、ストライキが禁止されていた。「スト権奪回」を唱えて、一一月二六日から一〇日間のストに突入した。国鉄が動かなくなって、サラリーマンの通勤や生鮮食料品の運送に影響がでて、社会は騒然とする。

三木はストが続く間、南平台の私邸に帰らず、首相官邸と公邸に立て籠もった。三木番のわたしたちも終日、官邸の廊下に寝転んで過ごした。三木は「ストと処分の悪循環を断ち切りたい」と、「スト権付与」の態度をにじませた。三木にすれば、スト権はそもそも労働者の基本権であるということだったろう。だが、そこに立ちはだかったのは、「田中派」である。

三木武夫

その頃田中派は「七日会」を名乗り、角栄の留守を預かる西村英一会長はすでに九月の研修会で「スト権付与反対」を打ち出していた。角栄には郵政大臣当時、全逓労組と渡り合ってクビを含む大量処分をした経験がある。党内で最大派閥を誇る田中派が反対だと、三木もそうそう動けなかった。ストは続き、国民の不満も高まる。スト四日目、中曽根幹事長は角栄の私邸を訪ねた。自民党内は「スト権付与反対」で固まってくる。三木はやむなく、スト権を認めない態度に転じる。スト八日目、公労協は何も取れないまま中止した。三木派の面々は、「三木がスト権付与に突っ込んだら、政権が潰れた」とほっと胸をなでおろした。三木は、「ストと処分の悪循環を断ち切りたいとは言ったが、スト権を与えるとは言っていない」と嘯《うそぶ》いた。三木もしたたかである。一方で明らかになったのは、世の顰蹙《ひんしゅく》を買って総理大臣の座から落ちたのに、角栄は死んでいないということだった。「角栄復活」論が出始める。

ワシントンからの衝撃のニュース

年が明けて一九七六年（昭和五一）一月一五日、仮谷忠男建設相が急死した。仮谷は国会軽視の舌禍事件を起こして野党の攻撃のマトになったところを、竹下登ら田中派の僚友が得意の野党懐柔に走ってもみけした。それから三ヵ月である。

議員宿舎の仮谷の部屋にわたしもかけつけた。角栄が来ていた。角栄が陣頭に立って、まことにてきぱきと葬儀の指揮をするので驚いた。別室で竹下登らが話していた。「仮谷さんの後任はだれになるんだろうなあ」「そりゃ、竹さん、あんただよ」。そんなやりとりを窺《うかが》い知ったのだろう、角栄が怒った。「後任はおれが決めるんだ」

いったい誰になるのか、短時日の後、わたしは竹下邸で竹下とともに待ち受けた。角栄から電話がかかってきた。「三木から君にしたいと言ってきた。君にするからな」。竹下は電話の前でおじぎした。そのあと、三木から「建設大臣をやってくれ」と電話がきた。角栄は、「おれが人事を握っている。田中派はおれのものなんだぞ」と派閥を引き締め直した。いよいよ「角栄復活」である。

だが、そこにロッキード事件が起きた。天網恢恢《てんもうかいかい》というべきか、天は角栄がうかうかと復活するのを許さなかったというべきか。ロッキード事件追及の「正義の旗」と「田中支配」という異常権力との戦いが始まるのである。

朝日新聞 夕刊

ロッキード社献金問題
政財界に衝撃
国会論戦の焦点に

社党あす追及
特別委設けて
米に調査団も

対日工作費は30億円
領収証のコピー公表
児玉氏に21億円
ロ社駐日代表喚問へ
米上院委

ロッキード事件を伝える紙面，朝日新聞（1976年2月5日付夕刊）　朝刊2面に至急電で伝えられたロッキード事件は，以後連日朝夕刊の1面を飾るようになる

一九七六年二月五日朝、ワシントンから衝撃のニュースが届いた。

朝日新聞の朝刊に五段抜きの見出しで「ロッキード社　丸紅・児玉氏へ資金」

という二六行の至急電が特ダネでねじ込まれていた。朝からテレビが報じ、その日の夕刊は一面をつぶして「対日工作費は三〇億円」「領収書のコピー公表」「国会論戦の焦点に」の記事が躍った。ここから日米をめぐるサスペンスドラマがいつ果てるともなく続くのである。いまスクラップを読み返すと、次々と登場する多くの人物が揃いも揃って、しらばくれて、嘘ばかりついていてという感慨がわく。

最初の数日間でロッキード事件の概要が浮かび上がってくる。

米上院外交委員会多国籍企業小委員会（チャーチ委員長）はロッキード社のコーチャン副会長らを次々と公聴会に呼び、航空機の売り込みのために日本に賄賂を贈った実態を糺《ただ》した。ロッキード社はもともと軍用機メーカーだった。日本への売り込みを策して、オモテの販売代理店として商社の丸紅と結び、ウラでは児玉誉士夫を秘密代理人とした。岸信介内閣のもとで日本の主力戦闘機をグラマンからロッキード社のF104の採用に逆転させた。

チャーチ委員長は、米国を代表する航空機産業が児玉のような「極右軍国主義政治集団の著名な指導者」と秘密取引をしていることに不快を感じた。児玉は、海軍の物資調達で儲けた財産を日本自由党の結党資金に拠出したことから政界の黒幕をもって任じ、岸信介から大野伴睦に政権移譲を約束する秘密の「誓約書」に名を連ねるなど暗躍した。ロッキード社はその児玉の闇の力をあてにした。それにしても「右翼の大物」「国士」のウラの顔は「利権屋」だったとは……。

一九七〇年代になって、大型ジェット機の販売競争が激化した。ボーイング社、マクドネル・ダグラス社、そしてロッキード社。当時、経営悪化していたロッキード社は日本へのL1011トライスターの売り込みが至上命令だった。どこに売り込むか。日航は、ダグラス・ファミリーといわれていた。ロッキード社の売り込み先は全日空以外になかった。チャーチ委員会の舞台には、次々と証拠が開示された。

「これは田中金脈の一環である」

児玉誉士夫の領収書のほかに、奇妙な領収書がある。「I received One Hundred Peanuts」とあって、受取人は「Hiroshi Itoh」の署名がある。ピーナッツ一〇〇個を受け取ったとは何のことか。丸紅の伊藤宏専務がヒロシイトウは自分と認めた。ロッキード社の東京駐在クラッター代表から作成を頼まれたものであって、金品を受け取った事実はないなどと釈然としない釈明をした。

ロッキード社のコーチャン副会長はさらに、全日空への売り込みを児玉誉士夫のほかに国際興業社主で全日空の大株主でもある小佐野賢治にも頼んだこと、丸紅幹部の進言で日本政府当局者（複数）に賄賂を贈ったこと、かくてトライスター売り込みが成功したことを認めた。小佐野の名が出れば、小佐野と親しい田中角栄を連想する。日本の新聞は、ついに「黒い傷口」が開いたと伝えた。

ロッキード社が使った賄賂は、児玉誉士夫に二一億円、政府高官に六億円。児玉はそのカネをどう使ったのか。政府高官とは誰なのか。

ピーナツ領収書、それとピーナツの代わりにピーシズと書かれたピーシズ領収書は計四枚、あわせて五〇〇個である。そのほかに「30ユニット」「90ユニット」と書かれた領収書二通の存在も明らかにされた。これらが政府高官に渡った六億円に相当するのか。いったい黒いピーナツを食べたのは誰か。

日本の国会では衆院予算委員会が開かれていた。野党は政府を激しく追及した。とりわけトライスター売り込みの政治的背景を抉《えぐ》って鋭かったのは、社会党の楢崎弥之助だった。以下はその要旨である。

一九七二年(昭和四七)六月、キッシンジャー米大統領補佐官が来日、佐藤栄作首相と会談、一〇億ドルの緊急輸入を日本に要請した。アメリカは繊維交渉もそうだったように貿易赤字で苦しんでいた。機会をとらえては日本の輸入拡大を要求した。

七月の日米通商協議で、三億二〇〇〇万ドルの大型機を含む民間航空機輸入の話が出た。八月三一日と九月一日、田中角栄首相とニクソン米大統領のハワイ会談では、日中国交正常化の事前了解をすること、もうひとつ、日本が貿易不均衡是正のために米国から民間航空機を輸入することが話し合われた。

ロッキード社はニクソンの本拠地カリフォルニアの企業である。ニクソンは再選を目指す大統領選挙が控えていた。九月に英国のヒース首相が来日した。トライスターのエンジンは英国のロールスロイス社製である。ロールスロイス社は倒産騒ぎを起こしていたから、ヒース首相と角栄首相の間でも救済の話が出たに違いない。

これらの政治日程とロッキード社の贈賄工作の時期はぴったりと重なる。

楢崎はここまで気迫を込めて喋って、最後に言い放った。

「これは田中金脈の一環である」

楢崎は不正追及の凄腕を誇っていたから、ロッキード事件のゴールに「田中角栄」が見えたように思えた。そうだとすれば、「金脈問題」どころではない、「角栄復活」なんてとんでもない。だが、これはまだ推測の域を出ず、新聞も名指しでは書けなかった。国会議員は固唾をのんで見守ることになる。三木内閣も推移を見つめる以外になかった。

「記憶にございません」の連発

わたしは一九七六年（昭和五一）二月から防衛庁の担当になっていた。ロッキード事件の火の粉がこちらにも降りかかってきた。次期対潜哨戒機（ＰＸＬ）の機種選定問題である。

一九七二年一〇月九日、田中内閣のもとでの国防会議で、それまで国産の方針だったのが「白紙還元」されて輸入の方向に変わった。しかも、角栄首相と相沢英之大蔵省主計局長、後藤田正晴官房副長官の三者が相談して決定したと久保卓也防衛事務次官が喋ったのである。

坂田道太防衛庁長官は「久保発言は事実誤認」と否定した。しかし、ロッキード社が自社製の対潜哨戒機P3Cの売り込みも狙ったのだとすれば、軍用機商戦に実績のある児玉の役割がわかるというものである。

このあたりでアメリカからのニュースは途絶え始める。アメリカ政府、とりわけキッシンジャーが「外国政府を窮地に陥れる」と情報開示にブレーキをかけた。とすると、ここからは、日本の国会、日本の政府、日本の司法当局がどう解明できるかに焦点が移る。最初に動いたのは、国会である。テレビで証人喚問が映し出された。

児玉は病気と称して引っ込んだまま出頭に応じない。小佐野賢治から始まる。戦後の闇からのし上がった、この「怪物」の顔も喋り方もこの喚問で初めて見聞した国民がほとんどだったろう。

ロッキード事件証人喚問，1976年2月16日　宣誓する右から小佐野賢治，若狭得治，渡辺尚次

角栄首相がニクソンとハワイで会談したときに泊まったホテルは、小佐野が経営していた。小佐野もそこに行き、金丸信、竹下登ら田中派議員も詰めかけていた。コーチャンからの売り込み要請は受けたけれども角栄を紹介はしていないなど、小佐野は答えたが、ではだれに

会ったのか、具体的な話になると「記憶にございません」を連発した。事実と違うことを答えれば偽証で議院証言法違反になる。これならば偽証にならない。小佐野の「記憶にございません」は世のはやり言葉になる。

全日空の若狭得治社長、渡辺尚次副社長、さらには丸紅の桧山広会長、大久保利春専務、伊藤宏専務らの証人喚問が続いた。桧山は「なにしろ田舎社長でして」とはぐらかしながら疑惑を否定する言葉ばかり連ねた。

事実究明を求める三木書簡

国会の追及の限界だった。野党は政府に「真相究明」を求め、予算審議に非協力の態度をとる。自民党には、問題の政府高官は自民党政権の誰かには違いないのだからこのへんでうやむやになることにほっとした人々もいた。であれば、ここは三木首相の出番である。

三木は秘書官の中村慶一郎らに語りかけた。「こんどの事件は徹底して真相の究明をしなくては……。それが日本の政治の名誉のためだ。ほどほどにという人もあるが、真相を究明して、それで三木内閣がどうなろうと構わないじゃないか」

そこには、クリーン三木の建前もさることながら、これが党内の派閥抗争を戦い抜く武器になることを感じ取っているバルカン三木がいた。三木の心眼は、「角栄復活」を阻むべく暗く光っていたに違いない。

一九七六年（昭和五一）二月二三日、衆参両院は、米政府、米上院に対してロッキード事件解明のための資料提供を要請する決議を全会一致で採択した。三木はすかさずポケットからメモを取り出して一気に読み上げた。

「決議の意を体し、こうした国民的総意を私自身からも直接、ただちに書簡でフォード大統領に要請いたします」

三木は誰にも相談せずに、書簡を出すことを決め、書簡を書いた。「その関係者の名前が明らかにされず、この事件がうやむやに葬られることは、かえって日本の民主主義の致命傷になりかねない。日本の民主政治は、本件解明の試練に耐えうる力を有していることを確信している。われわれは真実を究明する勇気と、その結果に直面していく自信を持っている」。三木の熱情を込めた部分である。

おそらく、この三木書簡がなければ、アメリカ政府が「その名」を明らかにすることもなく、ロッキード事件はうやむやになっただろう。だからこそ自民党内では「三木ははしゃぎすぎだ」という悪感情が湧き上がってくることになる。

翌二四日、東京地検、警視庁、東京国税局は、児玉誉士夫宅、丸紅本社、そして大久保利春、伊藤宏の自宅など二七ヵ所を一斉捜索した。ついに日本の司法のメスが入った。東京地検は児玉誉士夫の臨床取り調べで、脱税の容疑を固め起訴した。児玉はロッキード社からの資金提供を認めた。

しかし「政府高官」を求める捜査当局にとって、どうしてもほしいのは、アメリカの捜査当局が持っている資料、そしてロッキード社のコーチャンらの事情聴取である。多国籍企業の犯罪を暴くためには法制の違った国との捜査協力が必要である。東京地検の堀田力《つとむ》検事が米国に派遣された。堀田は「国の壁」に挑んだ経験をのちに著書『壁を破って進め』に克明に描いた。

角栄が読み上げた便箋一一枚の所感

一九七六年（昭和五一）三月一二日、フォード大統領の返書が届いた。資料は提供するけれども、事件が解明されるまで秘密扱いとするのが条件である。つまり、司法の捜査に役立てるのであって、政治的利用は許さないということである。政府高官の名を一刻もはやく知りたい三木には未練が残ったがやむをえない。野党はこれを「日米両政府の政府高官隠し」と非難した。

三月二四日、ワシントンでようやく日米司法当局間の相互援助の協定が調印された。これで、アメリカから政府高官の名の入った資料が日本に届けられる。さらには米国内で米国側証人の証言をとる司法共助も可能になる。ただし「政府高官」の名は、逮捕起訴の段階まで明かされない。

四月二日、田中角栄は「七日会」の総会に出て、便箋一一枚の「私の所感」を読み上げた。

田中派議員は息を詰めて聞いた。

「いうまでもなくロッキード問題は徹底的に究明されなければなりません。あげて当局の努力に待つべきであり、われわれもまた当局を信頼すべきであります」「ロッキード問題をめぐり、あらゆる揣摩《しま》臆測《おくそく》が乱れ飛んでいることはきわめて遺憾であります。私は自分自身に対しひそかに誇りを持っております」

こう述べたあと、角栄は、ニクソンとのハワイ会談については一国を代表する首脳会談で一民間航空会社の問題が議論されるなどありうるはずもないこと、PXLの機種選定は政治が介入する余地のまったくないこと、小佐野賢治は古くからの友人だが公私のけじめははっきりさせてあること、児玉誉士夫とは会ったこともないなどを縷々《るる》説明した。伝聞、風説、噂、デマの奔流は、時の流れのなかで真実が明らかにされると結んだ。

アメリカから資料は来ても、ただちに「政府高官」の名が明かされることはないというタイミングで角栄は反撃に出たのか、田中派議員はいくらかほっとしたけれども、翌四月三日、三木首相の記者会見は角栄を信じようとする人たちを脅かした。

刑事訴訟法四七条は、訴訟書類は公判前には秘密にすることを定めている。しかし三木は「刑訴法四七条但し書き」を持ち出した。「ただし、公益上の必要その他の事由があって、相当と認められる場合は、この限りでない」。三木はアメリカの資料が秘密扱いになってもうやむやにはしない、政治の正義のためにはたとえ不起訴になっても「政府高官」の名を公表することはありうると言及した。

「政府高官」とは誰か

角栄vs.三木。ロッキード事件の土俵のなかで、激しい権力抗争が始まる。

四月一一日の日曜日、最高検察庁に布施健検事総長はじめ七人の幹部が集まって、アメリカからようやく届いた資料に目をこらした。「政府高官」とは誰か。堀田力の『壁を破って進め』の最初のヤマ場である。

資料のなかからコーチャンが書いたと思われる手書きの人脈図が出てきた。その中央に「Tanaka」の文字があって矢印が集中していた。やはり田中角栄だったのか。

これもコーチャンが書いたと思われる日記風のメモが出てくる。

8・20　東京に着く
8・21　桧山にP・Mと会見するよう依頼した
8・23　桧山と大久保がP・Mを訪問した

「P・M」とはプライムミニスター、首相である。コーチャンが滞日しているさなか、一九七二年（昭和四七）八月二三日、丸紅の桧山と大久保が首相に就任してまもない田中角栄を訪ねた。丸紅が角栄に贈賄を持ちかけたのはこの日ではないか。

カネの流れはどうなっているのだろう。六人の政治家と数字を記したホテルオークラの電話メモ用紙が出てくる。

T・Hashimoto	7
Nikaido	7
Sasaki	4
Fukunaga	4
T・Sato	4
M・Kato	4
	30

橋本登美三郎、二階堂進、佐々木秀世、福永一臣、佐藤孝行、加藤六月という田中派幹部、あるいは運輸族議員の名が浮かんでくる。これはあるいは「30ユニット」か。しかし、田中角栄へのカネの流れはわからなかった。やはり、コーチャンその人に尋問しなければならない。もし角栄が収賄したのならば、丸紅から角栄への請託はあったのかなかったのか、実際、現金授受は行われたのか、膨大な事実を明らかにしなければ起訴できない。検察首脳は、資

料を見て「重かった」と感想をもらした。

「三木ははしゃぎすぎ」という批判

五月に入って、自民党内の権力抗争が拡大する。動き出したのは自民党副総裁椎名悦三郎だった。角栄をはじめ、大平正芳、福田赳夫と相次いで会談、いずれも「三木退陣」を求めていくことで一致した。

椎名は、三木が進めた独禁法改正やスト権ストへの対応が気に食わなかった。ロッキード事件が起きて、三木が「真相究明」に動くのを「はしゃぎすぎだ。村の中だって、村の連中に災いがかかるとなるとそんなにはしゃがない」と皮肉ったのは椎名である。自民党内に「三木は惻隠の情がない」という批判が広がる。「三木はいつから検事総長になったのか」と時の推移とともに椎名の言葉に怒りがこもり始めた。

椎名は自ら三木を指名したのに、なぜ三木おろしなのか。「金脈問題のときの田中の苦しみ方は目に焼きついている。三木は最高指導者になって自民党を征伐に来たのではない。党を立て直すべきはずなのに、党を根絶やしにし、枯らそうとしている」。産んでおいて育てないのかと聞かれると「産婆が育てていては忙しくてたまらない」と答えるのが椎名らしかった。

「ロッキード事件はホウキの目がついていてさえすればいい」というのが椎名の言い分だった。

「チリひとつないまでに解明」すれば時間がかかる。三木政治は、政治倫理ばかりで経済音痴だからこのままいけば日本がおかしくなるというわけだった。

だが、この「反三木」の動きが報じられると、世間には「ロッキード隠し」の強い反発が広がった。三木は世論に力を得て椎名らの退陣要求を突っぱね、政府の会議で同席する大平蔵相には「あんまり大きな音を立てないでくれよ」と大平の膝を揉んだ。大平は「新聞が大きく書くんですよ」と言い訳した。福田副総理には「まあ頼むよ」などと懐柔した。たしかに大平も福田も三木政権を支える立場なのだから、いかにも辻褄があわなかった。

三木は「はしゃぎすぎ」と非難されたけれど、稲葉修法相は実際、はしゃいでいた。ロッキード捜査の進展を聞かれ、「すでに一三〇人から事情を聞いている。イワシや小サバばかりではすまされないよ」と予言した。

全日空、丸紅の関係者の逮捕

そんな攻防のさなか、自民党の若手河野洋平ら六人が離党、新自由クラブを結成するという動きも起きる。ともあれ、ここは収拾する以外ないと間に立つ人がいて、六月二一日、三木と椎名が会談、「原点に返り協力する」として、現体制でロッキード解明を進めることで合意した。

政局収拾を見定めたように、六月二二日、ロッキード事件の最初の逮捕者が出る。全日空、丸紅の関係者が続々と逮捕された。稲葉法相は「これまで逮捕した連中は、十両か前頭十三、四枚目ぐらい。これからどんどん好取組が見られますよ」「捜査は奥の奥まで神棚の中までやるよ。まあ期待していてください」などとはしゃいで党内の反感を買った。七月に入って全日空の若狭得治社長、丸紅の桧山広会長も逮捕された。刻々と「政府高官」に迫る足音に自民党内もなりを潜めた。

検察庁にとって最後の壁は、アメリカでの証人尋問だった。七月六、七日、ロサンゼルス連邦地裁で、堀田力検事、東條伸一郎検事らが段取りをつけてクラーク検事によるコーチャンの嘱託尋問が行われた。コーチャンがあの「八月二三日の檜山のP・M訪問」について語って、事件の全容がわかった。問題は、このコーチャン証言を日本の捜査、公判に使えるかどうかだった。

アメリカは日本の検察庁のみならず最高裁もコーチャン証人らの刑事免責を保証しない限り、証言内容を日本に引き渡さないとの条件をつけた。日本の検察庁はコーチャンらを起訴しないむね宣明、それを受けて七月二四日、最高裁長官名でそれを認める宣明書を出した。かくて、コーチャン証言は日本の捜査当局の手に渡されることになる。

だが、贈収賄事件を立件するのに、贈賄側を免責して供述を得て、収賄側を罰することができるのかどうか、日本では許されない措置はのちにロッキード裁判の重大な争点になる。そしてずっとのち、角栄死後の最高裁判決で、最終的に最高裁自身が「嘱託証人尋問調書」

の証拠能力を否定する見解を盛り込むことになる。あの時点、ロッキード事件をどう解明するか、司法もまた国民の期待を受けて必死だったということだろう。

角栄逮捕

一九七六年（昭和五一）七月二七日早朝、東京地検の松田昇検事が目白の角栄邸の門をくぐった。角栄はしばらくして出てきた。「地検にいらしてください」。車に乗ると、角栄は松田と「君は検事をやって何年になる」「一三年になります」「そうか、えらいもんだな」などと会話をかわした。松田は上司に角栄をどこから地検に入れるか相談した。「正門から」。角栄もそれでいいとうなずいた。

最初の調べは高瀬礼二東京地検検事正があたった。「あなたをお呼びしたことを残念に思います」「ウンウン」「真相究明のためにお話しいただきたい」。逮捕状をみせると、角栄は「書きものがある」と言う。ペンと紙を用意すると、中曽根幹事長あての「離党届」と西村英一七日会会長への「退会届」だった。角栄は東京拘置所へ移る。高瀬は「環境が変わるのでくれぐれも健康に留意ください」と見送った。付き添った松田は、角栄がハンカチを持っていないのを見て、「これをお使いください」と自分のものを渡した。のちに角栄から洗ったハンカチと丁重な礼状が届くことになる。

その朝七時、まだ自宅にいたわたしに朝日新聞政治部デスクから電話がかかってきた。

「田中角栄が捕まった。すぐ「砂防」に行ってくれ」

東京・平河町にある砂防会館三階に角栄事務所がある。砂防会館は「砂防の父」といわれる赤木正雄博士が建設、玄関前には角栄が碑銘を書いた赤木の銅像がある。かけつけると、東京地検の家宅捜索で騒然としていた。人の出入りあわただしく、その様子をしばらく見ながら階段わきのトイレに入ったら、角栄の秘書早坂茂三と隣り合わせた。

「キミ、越山会の女王は捕まったか知らないか」

その日の夕刊は、「田中前首相を逮捕」「桧山らから五億円」「ロッキード疑獄、一気に核心」「政界パニック状況」「首相会見、金権体質を打破」という超特大の見出しが躍った。すみずみまで目を通すと、元秘書官の榎本敏夫は捕まっていたが、佐藤昭は捕まっていなかった。

逮捕されて東京拘置所に向かう角栄，東京地検前で，1976 年 7 月 27 日

東京地検の捜査は「イワシや小サバ」ではない、いきなり「神棚の奥」から来た。

総理大臣から刑事被告人に。ロッキード事件と角栄の物語が始まる。

2 三木政権から福田政権へ——逆風下、角栄の選挙圧勝

二億円による保釈

天国から地獄へ転落した田中角栄。一九七六年（昭和五一）八月一六日、東京地検は田中角栄を受託収賄罪と外国為替管理法違反で東京地裁に起訴した。「総理大臣の職務権限」のもとで運輸相を指揮、全日空のトライスター導入にからんでロッキード社から五億円の賄賂を受け取った容疑である。贈賄側の丸紅の桧山広、大久保利春、伊藤宏も同時に起訴された。

八月一七日夕、角栄は二億円の保釈金を払って東京拘置所を出た。二一日ぶりだった。梶山静六ら田中派の四人の国会議員が出迎え、早坂茂三らに「笠原君はかわいそうなことをした」と語った。角栄の運転手笠原政則は取り調べを受けたあと、埼玉の山中で自殺した。沿道に一〇〇〇人の群衆がいた。バカヤローの声が飛ぶ。車中で角栄は「糖尿病を治すいい機会だと思って食事もちゃんと食べた」「検事の調べもていねいだった」「ぐっすり寝た」などとよく喋った。帰宅すると母フメに電話した。「元気だよ。心配するな」

佐藤昭の『私の田中角栄日記』によれば、その夜、角栄から電話がかかってきた。「こんなものは二年で片付けるから」

辻和子の『熱情』によれば、保釈されてから初めて「おとうさん」が帰宅した日、かなりの興奮状態でどかどかと入ってきた。そして、一点を見つめるような目で「三木にやられた。三木にやられた」とかすれた声で言った。「おれがこんなになったのは、アメリカのほうからやられて……」とも言ったそうである。「お母さんがいなくて、和子、おまえもほっとしたろう」と女将が亡くなっていることをそう語った。「とにかく、おまえたちは心配するな」と言い残して引きあげた。

拘置所内でどう過ごしたか。のちにわたしも角栄に聞いたことがある。「いやあ、暑かった。蒸し風呂みたいだった」。その頃冷房は不備だったのかどうか、暑がりの角栄は困っただろう。独房の中に蚊が一匹いて、やっと一五日目に捕まえた。始めは四キロやせ、それから六キロ増え、出てきたときは都合二キロ太った、と角栄は笑った。

三木はいつの時点で「角栄逮捕」を知ったのか。

稲葉修法相は、角栄逮捕の前日、新潟の川でアユ釣りを楽しんでいた。稲葉の選挙区は、角栄の隣、新潟二区である。そこへ法務省刑事局長から電話がかかった。角栄の逮捕状請求の許可を求めた。稲葉は「起訴にもっていけるのか。公判維持できるのか」と確かめて「それならよろしい」と電話を切った。

三木が知ったのは、翌朝早く、稲葉からの電話である。「いま、田中邸に検察が向かっています」。三木は絶句した。「政府高官」の逮捕がいきなり頂上から来るとは誰も思っていなかった。自民党内はしばし茫然とした。

では、角栄逮捕の衝撃で「反三木」もしぼむのかどうか。そうではなかった。「前総理まで逮捕させるとは、三木はやりすぎ」との空気が広がる。三木の徳島入りの計画にも「角栄のクビをぶら下げてお国入りするのはまずい」という忠告が寄せられる。「さあ、忠臣蔵が始まるぞ」という人もいた。三木を吉良上野介に見立てて、こんどは三木の首級を挙げようというわけである。「角栄が捕まってしまったのだから、もうロッキード隠しとは言われまい」とまた「三木おろし」が始まる。

三木おろし――「挙党協」の旗揚げ

角栄保釈の二日後、八月一九日、「挙党協」が旗揚げした。挙党体制確立協議会の略である。田中、福田、大平派に中間派も加わる。田中派は「忠臣蔵」に燃える。福田、大平はこの際、三木を退陣に追い込んで「次」を狙う。中間派は、甘い水に誘われるホタルである。二〇日、佐藤孝行元運輸政務次官、二一日には、角栄の腹心だった橋本登美三郎元運輸相と「政府高官」の逮捕が続く。

八月二四日、挙党協に集まる議員二七一人が総会を開く。自民党の議員総数の三分の二を超し、三木内閣の一五人の閣僚まで出席を通知した。代表世話人の元衆院議長船田中は「ロッキード事件の解明はいい。だが、やり方が問題だ。政治的配慮のもとで国民が納得する程度にとどめておくことが必要だ」と発言した。語るに落ちたということだったろう。挙党協は、九月に開く臨時国会前の「党刷新」、つまり三木退陣を決議した。

それを横目にみながら、三木は福田、大平と三者会談に臨んだ。「力ずくで退陣を求めたって絶対に応じない」「来るべき総選挙で、三木では勝てないというのはよくわからぬ」という三木は、福田、大平にこう言った。「あなた方は私に代われというが、では私が辞めたあと二人のうちどっちがやるのか」。福田、大平は「それはまだ決めていない」と答える。三木の「爬虫類的粘り」がふたりに優って、三木はこの暴風圏を切り抜けた。

それにしても、三木内閣の閣僚一五人が三木退陣に与するとは……。わたしは担当していた坂田道太防衛庁長官はどうするのか聞いた。「ぼくは首相の指揮のもとに自衛隊の実力部隊を動かす責務にある。首相がその職にある最後の瞬間まで首相に従うというのでなければ文民統制の原則は守れない。政局には中立だよ」と坂田が言うのをすぐ原稿にして送った。立場をわきまえた坂田の行動は「さわやか長官」の評判を呼ぶ。しかし、坂田を含めて、三木に味方するのはたった五閣僚だった。

にもかかわらず、三木は粘る。挙党協も気圧《けお》される。三木は自分の退陣ではなく、内閣改造と自民党の人事刷新に持ち込んだ。

中曽根幹事長が退き、三木は党三役に松野頼三幹事長（福田派）、桜内義雄総務会長（中曽根派）、内田常雄政調会長（大平派）を当てようとする。ところが、福田派は「松野は親三木、もはや福田派ではない」と文句をつけ、結局、ポストをぐるぐる回しにして、内田幹事長、松野総務会長、桜内政調会長で決まる。松野は自尊心が強く、福田を「キミ」呼ばわりして怒った。政策通だが党務に弱い内田は「道を歩いていたらマンホールに落ちたような気分だ」と嘆いた。内閣は、福田、大平がそれぞれ留任して、臨時国会が始まる。それまでの対立は何だったのか、三木は「わしゃ、健忘症だよ」と笑い、福田、大平もてらいもなく「大人の政治家」を気取った。

世論はそれまで、三木の「ロッキード解明」を支持し、「三木おろし」の動きを「ロッキード隠し」と嫌った。しかし、角栄逮捕後、自民党内の争いはただの権力抗争、醜い内ゲバにしか見えなくなっていた。

「灰色高官」の公表と弁明

この間、検事総長を騙《かた》って三木首相にニセ電話をした鬼頭史郎判事補の珍妙な事件が発覚したりした。ひとつ、問題が残っていたのは、「灰色高官」の扱いだった。

三木はかねて、刑事訴訟法四七条但し書きを引いて、たとえ時効や「職務権限なし」で不起訴となっても賄賂を受け取ったものは公表すると公言していた。ロッキード事件の捜査終結にあたって、これをどうするか。

三木は衆院ロッキード問題特別委員会の田中伊佐次委員長と連絡をとる。「いさやん」のあだ名を持つ田中は、三木と同じ、数少ない戦前派の代議士で、なかなかの正義派と目されていた。

一一月二日、委員会は秘密会に切り替えられ、田中委員長の指示を受けて法務省刑事局長が五人の「灰色高官」を発表した。田中角栄一〇〇〇万円、二階堂進五〇〇万円、佐々木秀世三〇〇万円、福永一臣三〇〇万円、加藤六月二〇〇万円だった。いずれもあの「三〇ユニット」領収書に見合う三〇〇〇万円の一部だった。二日後、「灰色高官」と名指しされた五人の弁明の機会がもたれた。いずれも「事実無根」あるいは「やましいところはない」と釈明した。二階堂は「三木首相の政治的意図」と反発、「家内は東京におれなくなり、私には救済の手段方法もない」と怒った。福永は受け取ったことは認めつつ、「政治献金として届けてある。毒饅頭だった。われわれ五人は犠牲の羊」と反駁《はんばく》した。

二階堂進は一九〇九年（明治四二）、鹿児島県高山村に生まれ、立志の人である。旧制高校受験に三度失敗、一念発起してアメリカに渡った。大恐慌のさなか、果物店で働き、喀血《かっけつ》したり、ハリウッド映画のエキストラをしたりしながら南カリフォルニア大学に通った。日米開戦の前、引き揚げ船「竜田丸」で帰国する。

二階堂は、戦時下の一九四二年（昭和一七）の翼賛選挙に「アメリカを知る私が国政に必要」と立候補した。「ぼっけもん」、つまり無鉄砲者だったということだろう。「アメリカ帰りのスパイ」「アカ」と見られ、特高警察に付け回され落選した。時勢は変わって、二階堂は戦後一回目の衆院選挙に出て当選、その後はしばしば落選した。苦闘の連続だった。佐藤派に属しながら佐藤とは肌があわない。「佐藤さんはエリート官僚、吉田学校の優等生、雑草のような私とはまるで育ちが違った。佐藤さんもぶっきらぼうな口調の私を嫌うようになった」という二階堂の前に現れたのは田中角栄である。それ以後は角栄一筋、あるとき趣味を聞かれて「趣味は田中角栄」と答えたほどである。

わたしは、のちにつぶさに田中派議員を取材して、それぞれの人生で「挫折」体験を持つ人が多いことに気づいた。二階堂は鎌倉時代から続く名家の出ではあったが、「挫折」派の代表格である。

自民党の派閥はそれぞれ特徴がある。福田派は「思想右翼」、大平派は「エリート保守」、三木派は「リベラル」、中曽根派は「出世互助会」だとすれば、田中派は地を這う「土蜘蛛《つちぐも》族」みたいなものだなあというのがわたしの観察だった。そもそも、「まつろわぬ妖怪」のたぐいなのに、なまじ民主主義になって政権を取ろうとするから金権の汚辱に塗《まみ》れた。二階堂はそれからも角栄の代理人として、自民党幹事長、副総裁を務め、天下を目指して心揺れたこともあった。おそらくは心残りの多い一生だったろう。

「ロッキード選挙」での角栄出馬

それはともかく、一九七六年(昭和五一)の政局は、福田の副総理辞任、大平は蔵相残留という経過を経て、一一月一五日、「ロッキード選挙」といわれる衆院選挙が公示された。三木は結局、衆院解散に持ち込めず、戦後初の任期満了選挙である。自民党は、三木支持か福田支持か、それぞれをかついでの分裂選挙だった。問題は田中角栄である。前回は首相になったご祝儀か、一八万二六八一票の大量票を得た。今回は、どのくらいの票を集めるのか。あるいは激減するか。

角栄は機関紙『月刊越山』特別号に「私のとるべき道」と題して出馬宣言をした。「ひたすら走り続けた三十年の政治生活を回想するとき多くの反省がある」としながら、「私の生まれ、育ち、やがては骨を埋めるふる里の山河を歩いて私に降りかかった人生最大の難問の解決を図りたい」と書いた。この選挙に「角栄復権」を賭けるのである。

新潟三区入りした角栄は、毎朝、母フメに見送られて辻説法に出た。日本海の沿岸から上越国境の山間地まで、降りしきる雪のなかをつぶさに回った。

「政治は生活です。みなさんの生活をよくすることで

総選挙公示前日に選挙区入りした角栄，長岡駅前

す」。角栄はこのせりふで演説を始める。「新幹線、高速道路、ニュータウンの建設によって、公害のない基幹産業の地方進出が可能になるのです。新潟三区からの出稼ぎは六万人。新幹線ができれば、帰ってくるのです」「新幹線に反対する人には言ってやるんです。お前さんの田んぼの値段も上がるんだ、とね」。角栄が語るのは、雪国新潟の再生であり、列島改造である。

そしてロッキード事件。「いっさい関係ありません。みなさんがどこから耕運機を買おうと総理大臣には関係ありません。同じように飛行機も総理大臣と関係ありません。そうでしょ、みなさん」。固唾をのんで聞く越山会の人々は、「耕運機」の話を聞いて、そりゃそうだと納得する。

「ぺらぺらしゃべっているのが政治ではなく、実行だ」というのは、三木とそれを支えたマスコミに対する皮肉だったろう。「私は死ぬまで働かされることがわかってきた」と角栄は締めくくる。

三木退陣と角栄圧勝

一二月五日、投開票。自民党は二四九議席、過半数を割る大敗北を喫した。公明、民社が伸びて、河野洋平らの新自由クラブは都会地で軒並みトップ当選し、三倍増の一七議席を獲得した。三木は退陣を表明、「次」は福田赳夫にバトンタッチする。

さて、新潟三区はこうだった。

当　田中角栄　一六八、五二二票
当　小林　進　五四、三〇二票
当　三宅正一　五四、〇三五票
当　渡辺秀央　四〇、一八八票
当　村山達雄　三七、一〇七票
落　大野市郎　三三、三三三票
（以下、民社、公明、共産候補は略）

角栄は、首相ご祝儀の前回票から一万四〇〇〇票減らしただけだった。

秘書早坂茂三は、『月刊越山』の「選挙総括」にこう書いた。

「今回の選挙は、田中先生にとって総理辞任、ロッキード事件という最悪の環境の下で行われました。先生の政敵、野党、マスコミは、先生が新潟三区の有権者から信任されて圧勝し、日本政治の有数の実力者として再登場することを恐れ、選挙期間中を通じて、狂気の十字砲火を浴びせました」

さらに新聞の世論調査がわざと得票数を低く予測して記事にしたことを嘲笑《あざわら》った。「東京のマスコミ」を主敵にしたてて角栄は圧勝した。

それにしても、角栄はなぜ勝ったのか。朝日新聞は、編集委員本多勝一のルポ「田中圧勝村の心理と論理」を載せた。ベトナム戦争のルポで名声を得た記者である。新潟三区の奥深い開拓地に潜り込んだ本多はこう書いた。

「農家に泊まったり深夜まで酒をくみかわしながらききだした声は、一種の怨念ともいうべき必死の叫びであった。——負けるな、田中先生。こんどはオラアが恩返しするでのう！」

その開拓地はすでに積雪一メートル、真冬は五メートルになる。若い者は出稼ぎにいく。嫁をもらえば都会に出ていってしまう。年寄りが取り残される恐怖感。そんな死にかけた村を救ってくれたのは田中先生だ。只見線を全通させ、国道二五二号もつくった。角さんは庶民としての心の広さ、温かさを持っている。「あけっぴろげすぎた。ヒトがよすぎてコスくなかった。ヘタだった」と農婦は悔し涙を浮かべる。こうした空気のなかでロッキード事件は完全に無力だった。

そして本多は、角栄を圧勝させたものをこう書く。「中央に対するイナカ、「表」に対する「裏」、都市的・秀才的・エリート的な「日の当たる世界」に対する「ふみつけにされつづけた側」の怒りと痛み。それをたくして反撃に出たのが、こんどの一七万票だともいえよう」

この三年後、わたしも朝日新聞新潟支局員になって、「越山会」を取材して回ったことは前述した。わたしは、本多が書いたことをもう一度確かめたに過ぎなかった。

福田赳夫の首相就任

福田赳夫は七一歳、勇躍、首相の座についた。自民党幹事長に大平正芳を配して「大福体制」と呼ばれた。福田は「党の出直し的大改革」の断行を謳った。ひとつは派閥解消である。率先垂範、福田派は事務所も閉鎖した。各派は、看板こそ下ろしたものの政策集団を標榜して派閥を温存した。一年後、自民党総裁選の年に、次々と公然と復活した。このへん、福田には理屈倒れの癖がある。

もうひとつ、三木からの申し送りで、総裁選に議員だけでなく党員・党友も参加できる予備選を導入した。「あなたも総裁を選べます」と党員・党友を集めた。一九七八年（昭和五三）一月には、党員が一五八万六〇〇〇人、党友は一九万余に達した。だが、この予備選制度によって福田が総理総裁の座を追われることになってしまうのだから、まことに皮肉である。

福田政権の二年間は、福田、大平、田中の三派に支えられたから安定していた。

福田は経済運営に力を尽くした。「全方位外交」を唱えた。日中平和条約も結んだ。東南アジア諸国歴訪で「日本は軍事大国にならない」「ASEAN諸国との心と心のふれあいを大切にする」などの「福田ドクトリン」を発表して好評を博した。

日航機のハイジャック事件が起きた。バングラデシュのダッカに駐機して、犯人は服役中の日本赤軍兵士ら九人の釈放と人質の身代金六〇〇万ドルを要求してきた。福田は悩んだあげく「人命は地球より重い」という言葉を吐き、超法規的措置として犯人の要求を受け入れた。

東京新国際空港となる成田空港を過激派学生の抵抗を排して開港を実現した。

ロッキード裁判開廷——角栄の涙

角栄にとって「後顧の憂いがなくなった」政情のなかで、一九七七年（昭和五二）一月二七日、角栄はいよいよロッキード裁判を迎えた。それから一九八三年一〇月一二日の判決の日までの六年八ヵ月、東京地裁の計一九一回の公判廷に通った。その始まりの朝は雨だった。

七〇一号法廷の中央に岡田光了裁判長、被告席には田中角栄、榎本敏夫と丸紅の三人の幹部、桧山広、伊藤宏、大久保利春が座る。いわゆる「丸紅ルート」の公判である。この朝、角栄はカレイの煮付け、昆布巻き、梅干、マタタビに大根と油揚げの味噌汁、ごはん一杯を食べた。「国民のみなさんにうっとうしい思いをさせて大変申し訳なく思っています」などメッセージを早坂秘書が朗読して、法廷に出向いた。

裁判長「田中被告人、名前はなんといいますか」

角栄「タナカカクエイです」

検察が起訴状を読み上げる。弁護側が「公訴棄却」を申し立てた。ひとつは「首相の職務権限はない」こと。角栄が「みなさんが耕運機をどこから買おうと……」と言ったのと同じ主張である。もうひとつは「コーチャンらを刑事免責したのは法の下の平等に反する」ということ。これらはのちに重大な争点になる。

いよいよ角栄の意見陳述である。全面否認である。「陳情客が殺到して、テーブルの呼び鈴をチンと鳴らすと次の面会人が入ってくる」ようなときに桧山が来ても、「いくら「わかったの角さん」などとマスコミに揶揄されたりする私でも、それほど軽率でもなく、藪から棒に「五億円用意していますからよろしく願います」などと申し込まれて「わかった」と即答したりするほど単純でもありませんし、事実そのようなことはなかったのであります」と弁明した。法廷から笑いが起きた。

続いて「かりそめにも総理大臣在職中の犯罪なりとして起訴せられたことは空前絶後の思いがするのであります。まことに痛恨の極みであり、無念至極であります」「完膚なきまでに痛めつけられ、何の弁解も成り立たず……」「死よりもつらい思いがしたのであります」などと述べるうちに、声がとぎれ、ハンケチを出して目にあてた。角栄が泣いた。「日本国の名誉を損なったことになり、万死に値するものと考えました。私もまた日本人の一人、密かに身を処する潔さに心ひかれ、一つの安らぎを覚えたこともありました」とは自殺を考えたということだろうか。だが、「日本人的な潔さの美名に隠れた安易な道を選ぶことは許されないことを知って……」総選挙に立候補したと述べ、「私は無実であります」と結んだ。

検察の冒頭陳述——角栄は「真っ黒」

いったい角栄の涙は何だったのか。真実の涙なのか、自己陶酔の虚偽の涙だったのか。

検察側の冒頭陳述は、丸紅の角栄への請託、ロッキードからカネを受け取った経緯、そして四回にわたって丸紅から榎本を通じて計五億円を角栄に渡した場面をなまなましく描き出して驚かせた。

一九七二年八月二三日、桧山が角栄を私邸に訪ね、「ロッキード社が全日空に飛行機の売り込みをかけていますが、なかなか思うようにいきません。ロッキード社が売り込みに成功した場合、総理に五億円の献金をする用意があると言っています。総理からしかるべき閣僚に働きかけるなど何分のご協力をお願いしたい」と言うと、角栄は「丸紅はロッキード社の代理店だったのか」と確かめて「よっしゃ、よっしゃ」と機嫌よく答えたというのである。

八月二五日、赤坂の料亭「木の下」で秘書の榎本と丸紅の伊藤が顔合わせした。

角栄は全日空の若狭に電話して「日航がDC10、全日空がトライスターに決めてくれると都合がいい」と伝えた。さらにニクソンとのハワイ会談の直後の九月、角栄は砂防会館の事務所で小佐野賢治と会って「ニクソンから日本が導入する飛行機はトライスターにしてもらうとありがたいと言われた」と述べ、全日空に伝えるように頼んだというのである。

全日空は一〇月三〇日、トライスター採用を決定、それから九ヵ月後、榎本は伊藤に電話し「ロッキードのものはどうなっているのか」と問い合わせた。賄賂の現金授受が四回にわたって行われる。

一九七三年八月一〇日　英国大使館裏の路上で、一億円

一九七三年一〇月一二日　千代田区富士見の路上で、一億五〇〇〇万円

一九七四年一月二一日　ホテルオークラの駐車場付近で、一億二五〇〇万円

一九七四年三月一日　伊藤宏のマンションで、一億二五〇〇万円

そしてとどめを刺すように、角栄の隠蔽工作を暴いた。

一九七六年（昭和五一）二月五日、アメリカから事件発覚のニュースがもたらされた直後、角栄は榎本を通じ、あるいは自分で電話口に出て丸紅の伊藤宏に「田中はカネをもらわなかったことにしてほしい。五億円ぐらいのカネは用意できるので、返してもよい。田中に迷惑が及ばないよう丸紅側でがんばってくれ」と要請したというのである。

検察の筋書によれば、角栄は真っ黒である。だが、角栄は全面否認した。午後四時五七分、法廷の長い一日が終わった。

これからの法廷で、角栄はどう反証していくのか。ヤメ検といわれる検事あがりの大物弁護人らが弁護する。被告人は検事への供述は誘導されて言わされたものだと証言を翻していく。四回の現金授受をめぐってアリバイ崩しの攻防がある。

角栄はほぼ週一回、東京地裁に通いながら、その一方で政治がある。とりあえず福田でいい。だが、そのあとは？　角栄には盟友大平を総理大臣にする仕事が待っている。

3　盟友大平の死と田中派の結束

信濃川河川敷問題

一九七七年（昭和五二）一〇月、わたしは自民党の「平河クラブ」に移った。田中派の担当になる。そこで最初にぶつかったのは、田中金脈と騒がれた信濃川河川敷問題である。一一月一日の官報で、建設省はここを「廃川敷《はいせんじき》」とすることを決定した。これによって、この土地を所有している角栄のファミリー企業「室町産業」はこれから自由に利用できることになる。

この問題を追及してきた共産党は「七〇〇〇万円で買って一〇〇億円になるとは、田中ファミリー大もうけ」と建設相に撤回を申し入れた。

わたしはのちに新潟支局に赴任して、この問題のいきさつを調べた。

新潟県長岡市は、真ん中に信濃川が流れ東西に分かれている。東は旧城下の市街地、西は「川西」と呼ばれる農村部。貧しい農民たちは、信濃川の河川敷まで耕作地にしていた。そここにはツツガムシという毒虫がいて、これに刺されると出血、発疹、中枢神経を侵されて、ほとんどの農家で死者を出していた。「川西に嫁をやるな」と言われたりもした。折々、洪水にも襲われる。農民たちも嫌気がさして、ここを売りたがる者が出てきたが、いったい誰がこんな土地を買ってくれるのか。

一方、信濃川のそのあたりに新たに橋をかける話が持ち上がっていた。信濃川は幅が広すぎるから、橋建設には堤防をもっと川側に送り出すことが必要になる。待てよ、そうなれば、ツツガムシの耕作地も堤防のこちら側に出てきて、きっとよい耕作地になる。いや、新市街地として発展するかもしれない。ただ、それはまだ先のことである。先の一〇〇万円よりいまの一万円がほしい。角さんの「室町産業」が買ってくれるらしい。都市化のなかで農民心理はそんなふうに変わった。

橋ができ、堤防の送り出しが完成したときには、旧堤防と新堤防に囲まれた半月形の土地六二ヘクタールは「室町産業」のものになっていた。共産党からすれば、これは権力の計画犯罪に見えた。

当時の長岡市長は社会党出身の小林孝平だった。小林は角栄が金脈問題で首相を辞めたとき、この問題を何とかしようと考えた。小林は角栄を訪ねた。小林の『元首相と私』によれば、こんな会話をした。

小林　あそこを二等分して、半分は長岡市が利用し、半分は田中さんのほうで利用するというのはどうか。

角栄　あの土地はみんながぜひ買ってくれというから仕方なく買ったんだ。いまさら騒ぎ立ててなんだ。

小林　これを解決しないとあなたは復権できませんよ。

角栄　よけいなことをいうな。

小林　あなたの権力の前に、本当のことをズケズケ言う人がおりますか。あなたは学歴も閨閥《けいばつ》もない、でも努力すればだれでも総理になれると夢を与えた。あなたがつまずいたら、やっぱり学歴、閨閥がないとだめなのかとなってしまう。

角栄は翌朝、小林を呼んで「君に一切任す」と伝えた。小林が長岡市に帰ってそれを発表した同じ日、河川敷の旧所有者が共産党の支援で土地返還訴訟を起こした。だが、この訴訟は最高裁まで争って原告敗訴となる。いま、旧信濃川河川敷はすっかり市街化して、ツツガムシの耕地は残っていない。

総裁選をめぐる福田と大平の角逐

三木政権がブレーキをかけていた「廃川敷」処分が福田政権になってゴーサインが出たの

は、やはり「角栄復権」の表れにほかならなかった。年が明けて、一九七八年（昭和五三）元旦、角栄邸に七〇〇人が年賀に訪れた。「目白の正月」は意気盛んだった。年始の一番乗りは、江戸火消しの鳶《とび》の親方衆、渋いのどで木遣り節を披露する。昼になれば宴たけなわ、「元帥」木村武雄が「天下乱れれば英雄が生まれる。田中は現代の信長だ」と持ち上げると、角栄は「何、おれが信長？　おれはいま良寛だよ」。役人もマスコミも、ほとぼりは覚めたかと顔を出すようになる。

さて、この年の政局の焦点は、年末の自民党総裁選である。総裁の任期は角栄のときの三年から二年に改められている。さらに、党員・党友が一票を投ずる予備選も導入されている。この予備選で一位と二位になった者が国会議員による本選に進むことができる。福田の派閥解消の掛け声はどこへやら、派閥の党員系列化競争が始まって、最終的には一四九万九二六四票を争うことになる。

五月、福田首相は外遊先のホノルルで「大平幹事長と相争うようなことになれば自民党は大混乱する。何もかも吹き飛んでしまう。大福体制は空気の入る余地もない」などと語った。だが、「争わない」となると、福田の続投を大平が認めるのか、それとも福田が降りて大平に譲るのか、どちらかしかない。いったいどちらなのだろう。

福田はまずまず安定した政権運営ぶりで、世論も落ち着いた。福田は当然続投に意欲を持っているだろう。しかし、大平派からは総裁選には大平を擁立するという声がしきりと聞こえてくる。そうこうするうちに、大平が「党員参加の総裁選はりっぱにやり遂げなければならない」と発言する。大平の出馬宣言とも受け取れる。すると、福田は、それならば候補を一人に絞ったらどうかと言い出す。いったい「福田一本化」か、それとも「総裁選実施」か。

七月に入ると、福田は「秋口に衆院解散」を口にする。総裁選の前に、総選挙を実施して国民の信を得れば、それは福田続投となる。政局の行方は何かもやもやとして、よくわからなくなる。

田中派の微妙な空気と角栄の決断

八月、福田は外遊先のブリュッセルで、大平は地元の香川県で、それぞれ「出馬意向」を表明した。さあ、いよいよ大福決戦かというときに、わたしは田中派内の微妙な空気に気づいた。「わが派はまだ福田とも大平とも決めていない」と派の幹部小沢辰男が触れ回る。金丸信は「福田さんを三木さんのようにひきずり下ろすわけにいかない。いずれ大平内閣をつくるとしても、福田陣営のバックアップがなければ安定政権は保てない。福田さんがもう少しやりたいというのをだめだと拒むわけにいかん」と言い出した。大平を担いで「大福戦争」になるより、「角大福提携」のほうがいいという主張だった。

ロッキード裁判は、この間、丸紅の大久保利春や伊藤宏、さらには小佐野賢治が次々と証言台に立ち、丸紅のふたりは「灰色高官」の政治家にカネを渡した様子を、実名をあげて赤裸々に語った。小佐野もまた、被告人席の角栄と顔をあわせ、核心部分の証言を拒否するなど、激しい攻防が繰り広げられていた。コーチャンらの嘱託尋問調書も証拠採用されることになる。角栄にとって裁判は有利な展開ではなかった。

「オヤジの裁判はまだ長引きますからね。それならば、気心の知れた安定政権の湯のなかで、ゆっくり療養の身を回復したいということもあるかもしれないね」という早坂茂三の解説はなるほどと思った。

九月、わたしは目白の角栄邸に日参することにした。カギを握るのは、角栄である。「福田一本化」か「大平支援」か、この派閥は大衆討議で決める派閥ではない。その行方を知るには角栄の胸を叩く以外なかった。

一〇月、角栄は決心した。「田中派は大平支持を強める。田中派が黙っていると、何をされるかわからない。派の結束を守るためにも、大平支持でいく。ただ、大平が勝てるというわけではない。予備選で二位になったものは本選を下りるという考えを福田にも伝えて、双方で合意しておかなければならん」

大平支援をする、ただし「角大福連携」を壊してはいけない、予備選一位になったものに協力するということにしておこう。それが角栄戦略だった。

政局の幕間に、妙な「密約」がばれるできごとが起きた。二年前に福田、大平が「三木おろし」に動いたときに、「次」は福田、二年後は大平という約束の文書をかわしたというのである。そうであれば、ここは福田が下りて、大平を推すということでなければならない。文書の署名は、福田、大平、鈴木善幸、園田直、立会人は保利茂。

なるほど、そうだったのか。この「密約」があればこそ、なぜ福田が自分への一本化をおずおずと主張したのかがわかる。大平が福田の禅譲を期待していたこともわかる。最後に福田から大平に電話があって「みんなから推されて、出馬せざるをえない」と通告してきた、そのあっけらかんとした調子に大平が怒ったのもわかる。

田中派のローラー作戦

一一月、総裁選がスタートした。福田、大平、中曽根康弘、河本敏夫の四人が出馬した。角栄は、まず予備選で大平を勝たせるために動き出した。「党員が馬券を握りしめて見ているんだからな。大平派はだらしないんだよ。へたすると中曽根に負けるぞ」とハッパをかけた。本選での国会議員の争奪と違って、予備選の一四九万党員の争奪は、これまでの人脈の広さとこれからの運動量の勝負である。派閥の真の力量が問われる。角栄は語った。

「まあ、福田は現職だから、朝日新聞が値上げしても二〇万部しか減らないようなものだな。大平が勝つには読売新聞みたいに足で稼ぐというほかはない。新聞だって、手ぶらで拡張できるわけはない」

「こんどの選挙の有権者は、みんな知っているやつばかりだ。投票用紙を集めてこっちでマルつければ、いくらだって票は増やせるんだ。そういうもんだよ。でも、こんどはそこまでやらんだろ」

福田は「全国津々浦々で、福田を求める声があがっている」と余裕を見せた。新聞には「福田、断然リード」などと党員アンケートの結果が報道され、福田は予備選で圧勝すると思った。「予備選で二位になったら下りる」と発言した。油断していた。

角栄は、次々と電話を取って各県の角栄人脈を呼び出した。「おれだ。大平を頼む」。そうでない人脈には「おれだ。半分、大平に回してくれ」。角栄のそばにいたわたしに「自民党の七割はおれの息がかかっているんだよ」と嘯《うそぶ》いた。

自民党全国組織委員長の竹下登が各県の党員名簿を管理していた。東京は票田なのに、田中、大平派の議員が少ない。後藤田正晴の指揮のもと、党員の住所を東京都の地図に落とし、田中派の秘書たちがしらみつぶしに訪ねるローラー作戦をした。これに驚いた福田陣営は「金権」「物量作戦」の言葉を投げつけて田中派の動きを牽制した。

「田中派の諸君は専門家なんだよ。大平派の役人みたいのとは違うんだ」と角栄は語った。

大平勝利と「目白の闇将軍」

一一月二七日、総裁選の予備選が開票された。わたしは角栄邸にいた。

大平　七四八点
福田　六三八点
中曽根　九三点
河本　四六点

「どうだ、おれの言った通りになっただろう。福田は下りるほかないよ。そう言っていたんだからな」

「予備選の投票率がなかなか上がらなかっただろう（予備選は一定期間、郵便で投票したので徐々に届いた）。みんな投票用紙を握ってじーっと見ていたのさ。馬券を握っているときの心理さ。本命に賭けるのは素人だ。ちょっと玄人はざっと競馬新聞を見て、大平に賭ける。大平はそういう馬だ。中曽根は万馬券みたいなものだ。福田が敗れたのは当たり前だ。人のことを金権だ、物量だといえば、みんな自分を非難されているのかと思って、福田自身の票を減らしていることに気がつかないのかね」

「大平内閣？　官房長官は斎藤邦吉、幹事長は鈴木善幸さ。それ以外にいない」

わたしは角栄の話を聞いて、自民党本部に向かった。

その日の夕方、福田は蒼白な顔で記者会見をして、本選を辞退して首相辞任を表明した。「天の声にもたまには変な声がある」という名セリフを吐いたのはこのときである。

大平は「一瞬が意味のあるときもあるが、一〇年が何の意味も持たないときもある。歴史とはまことに奇妙なものだ」と考え込むように語った。

大平が逆転勝利した。勝たせたのは田中角栄だった。この頃から「田中軍団」という言葉が生まれた。

「田中軍団」とは何か。「一致結束箱弁当」という言葉もできた。金丸信は「親分がシロをクロといえばクロなんだよ」とやくざめいた言い方をした。

角栄は田中派のことを「総合病院」と言って、政策万般に備える多様な議員を擁していることを誇った。田中派に入会する議員が次々と現れた。

首相はオモテの権力で、角栄が「目白の闇将軍」としてウラで政治を動かすという、「田中支配」という言葉も現れる。

大平の陰に角栄あり。福田はそれに反発して、いきなり「大福戦争」に突入した。角栄に近い鈴木善幸の幹事長を嫌って抵抗、衆院本会議の首相指名も遅れた。いったい角栄はどうするのか。

「やけ酒飲んでは田中が悪いというし、階段で転んでも田中のことを考えていたからだと、なんでも田中のせいにするんだからな。みんなのはけ口になっているんだよ、おれは。おれはいったい何だろうな、木魚だな。叩かれ役だな。おれが自民党のなかにいないといかんな」

福田から角栄に電話が来た。

福田　いままで君のところに行けなかったけど。
角栄　いいよ、いいよ。また酒でも飲もうや。
福田　ガタガタしているけど収めるよ。
角栄　そうしてくれよ。そうしないと、福田君の鼎《かなえ》の軽重が問われるよ。

大平は、鈴木善幸をあきらめて、斎藤邦吉幹事長の起用で収拾した。ようやく国会で大平が首相に指名され、大平内閣が発足した。前途多難の船出だった。

静かに進む裁判

大平正芳から鈴木善幸、中曽根康弘に至るまでの自民党政権は、田中角栄にとってそう悪くない時期だった。角栄はキングメーカーだった。「角影内閣」「直角内閣」「田中曽根内閣」などとそれぞれマスコミに命名された。そこに多少悪口が入っていても角栄には気分が悪いはずがない。それが一九八三年（昭和五八）一〇月一二日、ロッキード裁判の判決が出るまで続いた。

一九七九年は大平政権の一年目、アメリカからまたも衝撃が来た。米グラマン社の早期警戒機E2Cの対日売り込みの不正支払い疑惑である。日商岩井を介して複数の政府要人に賄賂が送られた。アメリカからは、マクドネル・ダグラス社の海外不正支払い疑惑も伝えられ、ダグラス・グラマン疑惑と総称される。ロッキード事件と同じ構図である。

日商岩井の海部八郎副社長は国会の証人喚問に呼ばれ、島田三敬常務は飛び降り自殺した。岸信介、中曽根康弘らの名前がとりざたされたが、結局、松野頼三が五億円を「政治献金」として受け取ったことを認めた。すでに時効となっていて、刑事訴追はできなかった。松野は議員辞職した。

ロッキード裁判のほうは、そろそろ佳境に入っていた。被告人質問の一番手として丸紅の大久保利春が登場した。桧山とともに角栄の私邸を訪ね、帰りの車中で桧山が五本の指を広げて「五億ということだよ」と言ったこと、それは「心に曇りを感じる金だと思った」と証言した。丸紅社内では「検事ごっこ」をして備え、「あれはなかったことにする」ことになっていたなどと語った。大久保には明治の元勲大久保利通の孫だという自尊心があったのだろう、淡々として率直だった。角栄はどう聞いていたのか、腰が痛くなって裁判が中断したこともある。

自民党敗北と「四〇日抗争」

一九七九年（昭和五四）九月、大平は衆院選挙に臨んだ。大平が国民に問いたいのは、「一般消費税」の導入である。第一声で「財政危機を克服したい。一般消費税を検討している。まだ導入を決定はしていない。国民の納得いく結論を得たい」と演説した。しかし、自民党候補者からは「経費削減が先」と大平に逆らう者が続出する。おりしも鉄建公団の不正経理が発覚し、「公費天国」がはやり言葉になる。大平もたまりかねて「私を増税男と決めつける政治勢力がある。私は増税隠しだへチマだとこそこそやる気はない」と述べ、消費税導入を断念した。

一〇月七日の投票日、激しい雨だった。自民党は二四八議席で過半数に達せず、惨敗した。角栄の話を聞いた。「消費税で一〇議席、雨で一〇議席減ってしまったな」。またぞろ、「大福戦争」が勃発する。

大平と福田が会談した。

福田「きょうは君がキリスト、私が神だ。腹を割って話し合いをしよう。国民にわかりやすい処置を進言する」

大平「それは私にやめろという意味か」

福田「おそれ多いことだがね」

大平「私に死ねということになる。党の機関で決着つけたい」

福田「自分で決断すべきではないか」

福田派に中曽根派、三木派が加勢して大平の責任を追及した。大平には田中が味方して迎え撃つ。西村英一自民党副総裁が調整役で動いても勝負はつかず、ついに衆院本会議の首相指名選挙に持ち込まれる。

大平正芳　一三五票
福田赳夫　一二五票
（以下、野党党首は略）

決選投票は大平一三八票、福田一二一票で、大平の首相続投がようやく決まった。世にいう「四〇日抗争」である。

ひとつの政党から二人の首相候補が立つなどということは、政党として常軌を逸した仕業である。なぜこんなことになってしまったか、やはり田中角栄という存在がそうさせたというほかない。金脈問題で退陣しても、ロッキード事件で逮捕されても、ロッキード裁判であれだけ生々しい証言を浴びてもてんとして恥じない、いや、内面の葛藤はあったとしてもそれを見せない、「笑いのなかに真実がある」などと紛らわせて立ち直っていく、田中角栄というデモーニッシュな存在が政敵の敵意を狂おしいまでにかきたたせて、この時代の政治の理性を失わせたというべきかもしれない。

大平は角栄に会いたがった

一九七九年（昭和五四）から八〇年にかけて、大平は中国、大洋州、米国からユーゴスラビアのチトー大統領葬儀まで、三回の外国訪問をした。帰国した大平に緊迫した政治情勢が待っていた。浜田幸一衆院議員のラスベガス賭博事件、KDD事件などの不祥事をきっかけに野党は大平内閣不信任に動き、自民党の反主流派も蠢動していた。五月一六日、社会党の提出した不信任案の採決に自民党の多くが欠席、予想外に可決される事態になってしまった。大平は解散を決意、衆参同日選挙が行われることが決まった。

五月三〇日、大平は公示日に第一声をあげた。ひどく疲れていて、演説後昼食のそばにほとんど手をつけなかった。翌日未明、大平は心筋梗塞の疑いで虎の門病院に入院した。「情けないなあ」とこぼしながら眠りに落ちた。選挙は首相不在で続けられた。折しも開かれるベネチアサミットには大来佐武郎《おおきたさぶろう》外相が出かけることになる。

六月一〇日夜一一時、新潟支局員に転じていたわたしは、新潟市の旅館で角栄に会った。選挙運動で真っ黒に日焼けして、鮭茶漬けを掻き込んでいた。「きょうは六〇〇〇人に会ったな」と言いながら、「東京はつむじ風が過ぎるよ。東京なんかにいることない」と話した。安倍晋太郎や竹下登らのニューリーダーが会合を開き、世代交代の気勢をあげていた。「何言ってんだ。竹下が田中派を抜け出られるわけがない」と言い捨てた。角栄はまだまだ自分を恃《たの》んでいた。秘書の早坂茂三は「大平の病気だけは計算外だったたな。生身の体ですからね。

これが選挙に吉と出るか凶と出るか。いずれにせよ暑い夏がくる」と来るべき政争を予測した。

大平は角栄に会いたがって、娘婿の森田一衆院議員が電話した。角栄は一一日、東京に戻って、翌朝、大平を訪ねることにしていた。だが、大平は角栄に会うことなく、一二日午前五時五四分、亡くなった。翌一三日、大平邸でのキリスト教式の通夜と一四日の密葬は角栄が乗り込んで指揮した。森田は、なんで角栄がキリスト教の葬儀の実務を知っているのか、その指揮ぶりに感嘆した。

クリスチャンの大平は「キリストから盗賊、遊女まで、聖書は絢爛たる人間関係の一大小説」と言っていた。「政治はできることとできないことがある」と言い、「一利を興すより一害を除くほうがいい」という謙虚な政治思想の持ち主だった。「翌日は枯れてしまう草花にも心をこめて水をあげる心」を大切にしたいと言い続けた。そんな大平が最後に角栄に会いたがったのはなぜか、政治家というより人間としての友情を感じさせる。

衆参同日選挙は、大平の弔《とむら》い合戦の趣となって、自民党は圧勝した。ここ数年の「保革伯仲」状態は一気に吹き飛んだ。自民党は派閥抗争に疲れた。大平派の大番頭ともいえる鈴木善幸の唱える「和の政治」を福田も認めて、鈴木政権ができた。角栄にむろん異存はなかった。

鈴木政権は、平凡かつ平穏な政権だった。角栄の腹心、二階堂はもともと鈴木とウマがあっていた。二階堂は鈴木政権の間、自民党総務会長から幹事長を歴任した。「和」の政治の鈴木はもともと社会党の出身だったから平和主義だった。「日米同盟」は「軍事同盟ではない」と言い張って、伊東正義外相と対立した。そんなことから日米安保条約を改定した岸信介は鈴木を辞めさせようともした。二階堂の重用を福田は「直角」人事として次第に鈴木批判を強めようとしていた。

一九八二年一〇月一二日、鈴木は次の自民党総裁選への不出馬を表明した。角栄は鈴木再選を支持していたから、だれもが再選確実と思っていた。

角栄は「次」に誰を推すのか。ロッキード事件の一審判決が近づく。この政治環境を託せるのは、もはや戦後二回目の衆院選で初当選した同期、同い年の中曽根康弘しか見当たらなかった。

終章　「今太閤」の栄光と死――判決後の圧勝と田中派離反

1　有罪判決――中曽根政権の動揺

「オヤジが右といえば右、それが派閥だ」

「和の政治」の鈴木善幸のあと、やはり後継総裁は話し合いで選ぶべきか、それとも選挙を実施するのか。総裁選をするとなれば党員による予備選をすることになる。あの「大福決戦」の政争の悪夢が蘇る。

一九八二年（昭和五七）一〇月一六日、自民党総裁選が告示され、中曽根康弘、河本敏夫、安倍晋太郎、中川一郎の四人が届け出た。角栄は鈴木首相に電話し、「うちは中曽根で行く。鈴木派からは候補者を出すな」と伝えていた。しかし、選挙戦はしばらく凍結され、二階堂幹事長、鈴木首相、それに福田赳夫が加わっての三者で「話し合い選出」ができないか調整を進めた。福田から見れば、このまま選挙戦に突っ込めば、きっと「田中軍団」が中曽根を押し上げることになる。ここは話し合いで何とかせき止めなければならないと思った。

一〇月二二日夕からの三者協議は徹夜の議論になったあげく、「福田総裁、中曽根首相」のいわゆる総理総裁分離論で収拾の光が見えてきた。二階堂もまた「長年にわたる怨念にピリオドを打つにはこれでいいのではないか」と角栄にも知らせずに進めた。

中曽根は角栄に電話した。角栄は「そんなものは絶対に受けちゃいかん。蹴飛ばせ。あとは予備選だ」と声を荒らげた。わたしはこの夜、自民党本部近くのホテルの一室に籠もった早坂茂三秘書とともにいた。自民党本部の職員らが早坂に三者協議の様子を電話してくる。早坂は目白の角栄に報告する。なるほど、角栄はこんな具合に残置諜者を持っているのか。中曽根が「総総分離は憲政の常道を破るもので受け入れられない」と蹴ったとの報が入る。「それでよし」。角栄の声が電話口から漏れ聞こえた。かくて総裁選は話し合い不成立、選挙に突入、中曽根は「田中軍団」の支えで圧勝した。ここから五年に及ぶ中曽根政権がスタートする。

ただ、この間、角栄にとって気がかりなことが二つできた。ひとつは、二階堂の「角栄離れ」である。何でおれに相談もせずに、福田と折り合おうとするのか。

もう一つ、田中派内の若手議員の不満である。「きのうは大平、きょうは鈴木、あすは中曽根というのでは、われわれはみこしの担ぎ役みたいなものだ」「うちからも独自候補を出そう」「この声をオヤジに伝えてもらいたい」。金丸信と後藤田正晴が角栄のもとに伝えにきた。

金丸「何とか若手の気持ちを汲んでくれませんか」

角栄「そうはいかん。中曽根でいく」

金丸「しかし、なんであんなオンボロみこしを担ぐんですか」

角栄「中曽根はおれの政権ができたときに協力してくれた義理がある」

後藤田「オンボロみこしなら修理しながら使えばいい。ダメなら捨てるさ」

おれのところから誰かを出せば、必ずやおれの求心力が削がれることになる。派閥が分裂し、世代交代の波がやってくる。金丸信、竹下登は、もっとも警戒すべき連中である。竹下などは、年始のおれの宴会で「一〇年経ったら竹下さん」などと戯《ざ》れ歌を歌っているが、まだまだ雑巾がけだ。おれはロッキード裁判を乗り切らなければならない。冗談じゃない。角栄はこんな心境だったに違いない。

中曽根康弘

金丸が「中曽根支持」を呑んで、「オヤジが右といえば右、左といえば左。それが派閥だ。いやなら飛び出すしかないな」と自嘲ぎみに若手議員に語ったのはこのときのことである。

角栄はその後、田中派議員のパーティーなどで「駕籠に乗る人、担ぐ人、そのまたわらじをつくる人。わが木曜クラブ（田中派）はわらじをつくって日本政治を支えているのであります」と演説するようになる。

総裁選の三ヵ月後、中川一郎が自殺した。中川が角栄に総裁選立候補を伝えたとき、角栄が「池の鯉が飛び跳ねると、外に落ちて日干しになるぞ」と語ったという話が残る。

中曽根政権発足と進むロッキード法廷

「はるけくもきつるものかな萩の原」

中曽根は俳句を嗜む。「国会議員になって三十五年、派閥を率いて十五年であった。カラッ風の吹く上州から、材木屋の倅が歯を食いしばり、風雨にうたれながらたどり着いた〝萩の原〟である」と著書『政治と人生』に記している。中曽根の組閣は驚天動地だった。

幹事長は二階堂留任、官房長官に角栄の懐刀といわれる後藤田正晴を起用した。田中派からの閣僚は竹下蔵相ら六人、法相には親角栄の秦野章、灰色高官の一人加藤六月も名を連ねた。「あすは大暴風雨が来るから、ふとんをかぶって寝る」と中曽根が予測した通り、翌朝の新聞は「田中傀儡内閣」「田中曽根内閣」「直角内閣」「金権右系ドッキング」などの見出しが躍った。だが、中曽根には、「総理になったらこれをやりたい」と書き溜めたノートが幾冊もある。「仕事師内閣だ。猛烈なスタートダッシュでいく」と怯《ひる》まなかった。

一九八三年が明けると、中曽根は電撃訪韓を実現した。こじれていた四〇億ドルの経済協力を一挙に解決した。続いてアメリカに飛び、レーガン大統領と「ロンヤス関係」を結んだ。「日本列島は不沈空母」「日米は運命共同体」など、「日米同盟」を軍事的に一歩進めた。五月、ウィリアムズバーグ・サミットでは、「軍艦マーチ」で迎えられた。中曽根は新参者の首脳なのに、ホスト国のレーガン大統領の隣に割り込んでカメラに収まった。こんなタカ派色の政権をハト派であるはずの角栄は許容するのか。

しかし、角栄はそれどころではなかった。一月二六日、ロッキード法廷はついに論告求刑の日を迎え、検察側は角栄に懲役五年、追徴金五億円を求刑した。懲役五年は当時、受託収賄罪の最高刑である。桧山広には懲役四年、大久保利春と伊藤宏には二年六ヵ月、榎本敏夫には一年の求刑である。

検察は、角栄が五億円を受け取っていないという主張はいたるところで破綻していること、いわゆる榎本アリバイも信ずるに足りないことなど、角栄側の反証がことごとく成立しないことを論じ立てた。角栄は時折咳き込みながら、渋い顔で聞いた。実際、裁判の経過を見れば、あれほど丸紅側が角栄に贈賄した経緯を詳しく述べているのであれば、それがすべて虚構とは思えなかった。角栄側の「丸紅流用説」の主張も、いわば持ち出してみただけにすぎなかった。

二月一〇、一一の両日、テレビ朝日の「モーニングショー」で、田原総一朗による榎本敏夫のインタビューを放映した。伊藤から榎本への四回の現金授受の時間も場所も、検察側の主張は捏造という趣旨だった。ところが榎本はインタビューが終わったら、「実は丸紅からカネはもらった。受け取ったのは、全部、伊藤さんの家」と打ちあけた。

榎本はどういう心境の変化だったのだろう、脳出血に倒れて療養の日々、心の平安を求めたのか。そういえば、法廷に榎本の三恵子前夫人が立って、夫に「カネを受け取ったの」と聞いたら黙って頷いていたこと、自宅の庭でメモや日程表などの証拠書類を焼いたことを証言していた。別れた妻の反逆なのかどうか、ハチはひとたび刺すとそのまま死ぬという話になぞらえて「三恵子前夫人のハチの一刺し」と女性週刊誌をにぎわせたこともある。

東京地検の求刑を受けて、国会には社会党など野党から「田中議員辞職勧告決議案」が提出された。東京の街頭に「金権汚職　角栄御用」と書いた「御用ちょうちん」をかざしたデモが現れた。衆院の本会議場で角栄と握手して顰蹙《ひんしゅく》を買った秦野法相は「御用御用と騒ぐのは、一〇〇年前に歴史が戻ったような気がする」と批判した。

中曽根のダブル選挙拒否

角栄はさかんに六月の衆参ダブル選挙をぶち上げていた。秋に予定されるロッキード事件の判決の前に、衆院選をやってしまえ。参院選と一緒にやれば、大平がダブル選挙で大勝したときのように中曽根も勝てる。二階堂幹事長も後藤田官房長官もダブル選挙を主張した。

中曽根は角栄に電話した。
中曽根「あまりダブル、ダブルと言わないでくださいよ。いろいろとリアクションが出る」
角栄「何を言うんだ。君のためを思って言っているんじゃないか」
中曽根「解散はやりません」
角栄「三〇年も国会議員をやっていて、こんな簡単なこともわからないようじゃ処置ない。でも、総理からやらないといわれりゃそれもしょうがない」
中曽根は、衆参ダブル選挙回避には「中曽根内閣は田中君の力でできたが、なんでもいう通りにするわけではないということを国民の前に示すという意味があった」と著書『天地有情』で語っている。
さすがに中曽根には角栄とわたりあってひけをとらない政治家の力量を持っていた。「政治は人間交響楽である。政治とは、いかに内閣をつくり、また内閣を倒すかということに帰着する。権力の攻防はすさまじいものがある」という政治観を持つ中曽根は、「政界の風見鶏」と揶揄《やゆ》されながらも権力を握った。なってしまえば「大統領的首相」と胸を張る。中曽根は角栄を偉材と認めながらも、角栄の力を減殺していくことが自分の権力強化につながることを知悉《ちしつ》していた。
わたしはまた、角栄邸に頻繁に通い始めた。角栄は一〇月一二日のロッキード判決をどう迎えようとするのか。当時の取材メモから角栄をたどる。

「悪口をいうやつはいるさ。朝から晩まで御用ちょうちんで追いかけられる。これで民主主義が守れるのならけっこうだ」

「一〇月の判決でおれがどうにかなると思っているやつは政治家じゃない。あいつが死んだらこうしようなんて待っているやつだ。自分の力のないやつだ」

「憲法では、国会は国権の最高機関だ。検事総長だって呼べるんだ。裁判官は責任をとらなくていいというのはおかしいんだ。裁判所がおかしくなれば、おれのほうは衆院の三分の一いるんだから」

角栄は司法権力に闘志をかきたてていた。だが、角栄子飼いの若手議員からは愚痴もこぼれる。梶山静六は「うつろな気持ちだよ。お前、まだやっているのかと笑われっぱなしだ。みこしを持たないから派の結束が弱くなる」と嘆き、小沢一郎も「ばかな人だ。いつまでも中小企業の社長みたいな癖が抜けない」と漏らした。

しかし、角栄の「次」を狙う年長世代は、まだ角栄の城は堅牢だと読んでいた。金丸信は「いざとなれば田中派はピシッとなる。判決でどうこうということはありっこない」と言い、「田中は無罪だと言い張る。そう思わねばやっていけないだろうね。カネをもらったかどうか別にして、あの精神力はただものでない」と恐れた。

竹下登は「判決が出てブツブツいうやつは田中派からつまみ出そう。各選挙区ではうちの派の者が槍玉にあがるだろう。おれたちがきちんと応援すれば勝てる」「マスコミに迎合するものの末路は哀れである」などと角栄への忠誠のポーズを見せた。「辛抱辛抱永久辛抱」というのが竹下の口ぐせ。まだ、角栄に叛旗を翻すときではなかった。

中曽根は角栄の意に反して衆参ダブル選挙を見送り、土光敏夫を担いで行政改革と、その先の国鉄民営化に向けて動き出す。角栄は「中曽根はでっかい馬にタダで乗っているんだもの。だからうまくいくんだ。中曽根が大きかったらこうはいかないよ」と少々イヤミを込めながら、田中派という「でっかい馬」の力を誇った。

判決前の角栄の言葉

角栄は『月刊越山』で「議員は辞職しない」と宣言する。

九月末、角栄の話。「きのうからタバコやめた。ぐんと調子がよくなった。人間は健康がだいじだな。岸信介は牢屋に入って獄中で夢精したそうだ。それを軍人がみて「岸さん、お盛んですね」と言ったそうだ。岸はこんな弱々しい連中が日本に戦争をやらせたのかと愕然《がくぜん》としたそうだ」

「おれのように痛めつけられれば、たいていのやつはまいっているよ。福田や三木だったら死んでしまうだろう。まあ一〇月一二日までは病気もできない」

昼食は、餅三個入りの雑煮。

「天下泰平だよ。カマ持ってきている朝日の記者の前でメシ食っているんだからな。朝日が来たくらいでおれは驚かんぞ」

「共産党が入内島金一を攻めるから、おれは、入内島はそんな下品な男ではないと言いたくて、刎頸の友と言ったんだ。刎頸の友は小佐野じゃないよ。吉田茂がおれのことを「刑務所の塀の上を歩いている」と言ったという話、あれはおれじゃないよ、田中彰治だよ」

「きょうも塀の外にたくさん(カメラマンが)来ているな。木に登ったりして、あれじゃ嫁が来ないだろ。でも仕事だからな。大変なことだ。ホースで水でもかけてやるかな。雨ですよと言えばいいだろ」

塀の外には、わが新聞の社会部や写真部が角栄邸を見張っている。わたしは時に角栄に怒鳴られながら近づき、塀のなかで角栄の話を聞いている。新聞のたくみな役割分担だと割り切ることにしていた。

一〇月初め、角栄が息苦しいと訴えて倒れた。

「いや、地獄に行くかと思ったよ。シャツを破いたんだ。ネクタイはいかんな。首吊りになる。甲状腺は、目が飛び出て顔が土気色《つちけいろ》になるんだ。まあ疲れがたまったんだな。アブやハチに刺されたりしたからな。いまや初老だからな」

以下は早坂茂三秘書に聞いた話である。角栄のはな夫人と早坂が話した。

はな「早坂さん、いったい裁判はどうなるのかしら」

早坂「オヤジさんが言っている通り、無罪ですよ」
はな「そうかしら。私は有罪だと思うのよ。裁判所だって、こんなにみんなで田中が悪いといっているのに困るんじゃないかしら」
早坂は、なかなか的を突いているなと感心した。

判　決——もっとも興奮し、逆上した日

一〇月一二日、ロッキード判決の日がきた。中曽根首相は「平常心」と一言述べて門を出た。

東京地裁の大法廷で、岡田光了裁判長は角栄に懲役四年、追徴金五億円の実刑判決を下した。榎本敏夫は懲役一年で執行猶予三年、桧山広は懲役二年六月、伊藤宏と大久保利春は懲役二年、大久保にだけ改悛《かいしゅん》の情を認めたのだろう、執行猶予四年がついた。

岡田裁判長は「総理大臣の職務執行の公正さに対する国民の信頼を甚だしく失墜し、社会に及ぼした病理的影響の大きさははかり知れない。わが国航空行政を直接、間接に利権化し、最高の非難をまさに直接にこうむらなければならない」と角栄を断罪、しかし「この事件が丸紅側からの申し出で発生、田中は国政で数々の業績をあげた事実は否定できない」と情状を述べ、求刑より一年減じた。犯罪のディテールは、おおむね検察が立証したストーリーを認めた。

角栄は目白の私邸に帰った。そこには、田中派の面々が待っていた。角栄は荒れた。

「判決はとうてい承服できるものではない。最後まで闘わなければならない。死んでもやる。これまでじっと黙って我慢してきたが、刑の宣告を受けて闘う目標ができた」

「でたらめな判決だ。あんなことをやれば、国会議員は全部有罪だ」

裁判は闘い続ける。心配なのは、「田中軍団」がついてくるかどうかだった。

「諸君が選挙に勝つために、去りたい人は去ってもいい。また戻ってくればいい。私のことでいくら悪口を言ってもいい。諸君が当選するためにどんな犠牲でも払う」

他派を脅すことも忘れない。

「おれのことをいろいろ言うが、おれは辞めない。おれはすべて調べている。それを全部ぶちまけても闘う。なぜおれがぶちまけないのか、自民党をだいじだと思っているからだ」

矛先は中曽根にも向かう。

「総理大臣に自分でなったつもりでいるから右往左往するんだ。総理総裁なんていうのは帽子なんだ。思い上がりもはなはだしい」

「田中所感」が発表された。

「私は内閣総理大臣にあった者として、その名誉と権威を守り抜くために不退転の決意で戦い抜く」「私は生ある限り、国民の支持と理解のある限り、国会議員の職責を遂行する」「根拠のない憶測や無責任な評論によって真実の主張を阻もうとする風潮を憂うる。わが国の民

ロッキード事件一審判決後，田中派議員らに迎えられて帰宅した角栄，1983年10月12日

主主義を守り、再び政治の暗黒を招かないためにも一歩も引くことなく前進を続ける」の三項目である。「所感」の文は、有罪に備えて、早坂が事前に準備した。角栄がOKを出した。この裁判は「マスコミの人民裁判」という早坂の認識が現れていた。

田中角栄六五歳、人生でおそらくもっとも興奮し、逆上した日だった。

初公判から六年九ヵ月、角栄がカネを受け取ったことを否認するには、あまりに不利な証言が積み重なっている。角栄が、総理大臣の職務権限の問題やコーチャンらの嘱託尋問の不当性という論点で反駁するならばわかる。だが、角栄はそうではなく、あくまでカネを受け取っていないと言い続けた。

角栄は嘘とわかっているのに、これほど激怒してみせる人物なのか。しかし、角栄はそこまで悪達者でもない。では、角栄は嘘を言っている間に、ホントと思い込んでしまって怒ったのか。それはあり得る。角栄は「内閣総理大臣の名誉と権威」を言い続けた。おそらくは、自分の身にあっていない燕尾服を着てしまって、その隙間を埋めるべく自己錯誤をきたしたのではないか。そう思うほかなく、つまるところ不可解である。

福田、三木、岸らの対応

政局は、ここから「角栄政局」になる。福田赳夫は「総理までした政治家にふさわしい行動を」、三木武夫は「田中君自身がけじめをつけるよりほかない」と議員辞職を促す。「田中所感」は開き直りにすぎると批判が起こる。野党は「田中議員辞職勧告決議案」を押してくる。

金丸信は「すごい騒ぎだったな。金丸信もあんなに騒がれるようになってみたいが無理だな。福田の目白での挨拶は異様だったが、うなずけた。田中は辞めないだろう。竹下には熟れて落ちてくるまで待てと言ってある。総理など、なろうと思ってなれるものではない」と語った。角栄の暴戻《ぼうれい》が収まるまで、世代交代はまだ、という判断だった。

判決翌日、一三日の角栄。

「田中はなぜ倒れないか。人間、はだかになったことがないからびくびくするんだ。おれははだかになっているんだもの」

「解散はあしただっていい。解散は戦機だ。戦って国民に仰ぐ。負ければ責任を負う。それが民主主義だということが中曽根にはわからない。選挙はこんなこと（判決）で決まるんじゃない。どれだけ走り回るかということで決まるんだよ」

ここからいつ解散総選挙か、中曽根と角栄の綱引きが始まる。中曽根は判決の影響が薄れるまで先に延ばしたい。角栄ははやく選挙のみそぎを受けて決着をつけたい。

福田が「田中所感」を「奇想天外」と評したという話が伝わってくる。

「福田は風呂にでも入って、どこまで続くぬかるみぞ〜なんてうなっているんだろうか。福田は明治だからな。天皇の裁判所だと思っているんだよ。裁判所は闘うところなのだ。新憲法の国民の権利じゃないか」

「総理は帽子ってのは、福田君のことだよ。総理はおれだけがふさわしいと思っている男だからね。おれは絶対に辞めない。内閣総理大臣をやったものが、あんなことで辞められるか」

中曽根が角栄に議員辞職を促そうとしているという動きが伝わる。

「中曽根はゾウに乗っているのに、どうしてキツネやタヌキに乗り換えるんだ。ライオンと組んでいるのがどうしてオオカミといっしょになるというんだ」

強大な「田中軍団」を誇っても、ふと弱気を見せたこともある。

「おれだってもう辞めたいと思ったことがあったよ。でもここで投げ出したら、いままでのことが何にもならないじゃないか」

角栄は上を向いてこう語った。そういうときは涙がこみ上げるときだった。

一〇月二八日、岸信介が角栄邸に来た。

「かくしゃくとしたものだ。あんたも巣鴨に入っていたから、いまでもそんなに元気なんだと言ってやったよ。おれも勲章をもらえるわけじゃない。お互いに厳しいところを生きて来たんだと言ったら岸も頷いていた」

岸は議員辞職を勧めにきたのに言い出さないで帰った。

角栄、中曽根会談——議員辞職を説得できず

その夕方、中曽根と角栄がホテルオークラで会談した。中曽根は「角さん」と言って涙を流した。角栄は「迷惑かけてすまないなあ」と答えた。一五分ほど控えの間とのあいだのドアが細く開いていて、早坂秘書と中曽根の上和田義彦秘書が聞いていた。あとはドアが閉まって二人だけの話である。

会談後、中曽根は談話を出した。

「私と田中君は昭和二二年に初当選以来、三六年の間、日本の再建・復興に努力し、政党人として友情をわかちあってきた。現在、きわめて困難な状況に直面しており、友人として惻隠の情を禁じえない。重大な時局において真剣に意見を述べ合うとともに私は一人の友人と

して出来うる限りの助言をした」

結局のところ、中曽根は角栄に議員辞職は説得できなかった。

角栄の談話は「時局重大の折から自重自戒する」というものだった。

翌二九日、角栄。「中曽根は自重自戒して禅にでも行ったかな。こちらは自重自戒してゴルフでもしよう。酒を飲むとついいろんなこと言うからな。自重自戒して飲まないようにしよう。将棋は喧嘩早いからな、今後は碁にしよう。田中所感は強すぎたかもしれんが戦いのなかだったからだ。いま便所に行って思ったんだが、もうすこし穏やかな「所懐」を発表しよう。田中は鬼のように立っていると思っているのが多いんだ。田中もまた人の子なりというのを出したほうがよくはないか。「いま静かに思うこと」というものだ」

「所懐」が発表された。中曽根の友情に感謝し、一審判決を厳粛に受け止め、さらに真実の探究を願うこと、そして「マスコミ・ジャーナリズムの状態は社会的制裁の一つと考え、これからも耐え忍んでいく覚悟であります」と結んだ。わたしにはどうみても角栄の本心とは思えなかった。

一一月、レーガン米大統領が来日、局面が変わった。中曽根は都下の別荘「日の出山荘」にレーガンを招いて、ほら貝を吹いたりした。中国からは胡耀邦共産党総書記が来日、衆院本会議で演説した折、議席の角栄に手をあげて挨拶した。国会の膠着は、結局、衆院解散で打開する以外なかった。一二月一八日の衆院選投票日が決まった。中曽根は勝てるのか。そして角栄はどうなるのか。角栄の政治家人生のクライマックスが来た。

2 造反と死——二階堂擁立と創政会

生き残りをかけた「お国入り」

一九八三年（昭和五八）一二月三日、衆院選挙が公示された。争点は、政治倫理、行政改革、日米同盟強化の是非である。角栄にとっては、生き残りをかけた「お国入り」だった。

もう一人、作家野坂昭如が長靴、懐炉、スキーウェアで新潟三区に入った。野坂の父は新潟県副知事だったことがあって、この地に縁がある。戦災の兄妹を描いた哀切な作品『火垂るの墓』で有名な「焼け跡闇市派」だった。角栄を批判しての立候補である。

野坂は第一声で語った。「雪の深さを克服するのは、お上に頼るのではなく、みなさんと一緒に考えていきたい。田中さんが官僚を操作し利益誘導したことは、とても有効だった。しかし権力にしがみつくために利益誘導するのはおかしい」

野坂のチラシには、表に「日本中が、新潟を見てる」とある。裏面に縷々綴った立候補の弁にはこう書いてある。

「今から三十六年前の十二月、ぼくは新潟の米と人情によって、あやうい生命を長らえました。臆病なぼくは、戦争の危険を感じると、いつも越後湯沢や六日町の宿屋にころげこみ、ここなら大丈夫と、ぼんやり東京、大阪壊滅の地獄図を妄想したものです」「田中角栄氏には心からご苦労さまでしたと申し上げたい。位人臣をきわめた後は地元に戻り、あたらしい視点からその天才を生かしていただきたい」。ロッキードのことは一字も触れなかった。

角栄は昔と同じように、火の見櫓《やぐら》の下、雪捨て場の空き地、農協の倉庫の前などに立って演説して回った。わたしも聞きに行った。

世論とは何か。主権在民だ。国論は国民の投票の結果でしか決まる道はない。新聞が世論ではない。一億玉砕と言っていたラジオが世論か。帰りの燃料もなく死地に行かせたのではないか。新聞やラジオではありません。声なき声を政治に実現するのが総選挙であります。

わたしに青春はなかった。何のためにこの世に生まれてきたんだろうと思っていたらロッキードだ。たまったもんじゃない。石ぶつけたやつが、先生が見回りに来るとリンリ、リンリと言っているようなものだ。もう何も怖くない。六年半、一生懸命やってきたよ。じっとしてきてばかみたいだったなあ。田中角栄、目覚めよ。それが神の声だ。それがこの選挙だ。

戦後というのは革命が起きても不思議じゃなかった。起こらなかったのは同族国家だからだ。兄弟がたくさんいれば、なかには社会党になるのもいる。共産党だって一人くらいはいる。しかし、おやじの葬式のときはみんな集まってくる。そういうもんだ。

倫理というのは、私もよく知っている。小学校で習ったもん。神さん、仏さんに手をあわせて、きょう一日、やましいところがなかったかどうか振り返ってみる。それが倫理ですよ。人を責めたり、人の前に穴を掘ったりするものではない、倫理というものは。

一〇九人にカネを配った

角栄は自分の選挙だけでなく、「田中軍団」と田中シンパの議員の選挙のことも面倒をみていた。秘書早坂茂三から聞いた内幕話である。

新潟三区に入る前、田中はいったい何をしていたと思うか。実に一〇九人にカネを配っていたんだよ。一〇〇〇万円の束を二つ、三つと持たせるんだ。それは、いったん出て行ったら、戻ってこないカネなんだよ。田中はこういうカネを配るときになると、一種、狂気になる。さまざまなものが頭脳のなかのコンピューターで計算されるんだろう。

目つきが深く、厳しいものになる。実際、カネのかからない政治などときれいごとをいうのはばかげて見えるよ。小選挙区、完全な政党法ができなければ、カネのかかる政治はなくならないよ。

一〇九人には、他派の候補者もいる。Aは一〇〇〇万円の束を前に、「ぼくのような者にまでくださって」と泣いた。田中は「いいんだ、いいんだ。それで這い上がってこいよ」と言った。Bなどは高齢だから、あと一回当選できるくらいで投資効果はない。でも田中は「Bは昔から友達なんだ」と言って渡した。

角栄は、「田中軍団」だけでなく、福田、三木派にいるシンパ、中間派も大事にした。この「広大な中間地帯」の存在が時に角栄を救うのである。早坂は語った。

いったいこのカネをどうやって賄《まかな》うのか。田中は「土地転がしというが、土地があるからこうやってカネを賄えるんだ」と言っていた。カネは借りたんだよ。借りるには担保がなけりゃ借りられない。しかも返さなけりゃいけないんだ。そうやって、この存亡の戦いのときにこのカネを調達することができたんだ。

角栄の大勝と自民党の敗北

一二月一八日、投票日の夜、わたしは角栄邸にもぐりこんだ。新潟三区の開票が始まる。最初に三島町の確定得票が入ってくる。二二二三票。前回は一四四二票だから、一・五倍である。「ひゃあ、これは二〇万票いくぞ」と秘書たち。「越後の怨念が爆発した」と叫ぶ。インテリの早坂は「オルテガの『大衆の反逆』だよ」とつぶやく。角栄が部屋に入ってきた。「どうだ、すごいだろう。マスコミのおかげだよ。おれも恥も外聞もなくがんばったからなあ」

しかし、角栄自身はともかく、自民党全体は意外な落選の報が続き、「自民激減」となりそうである。角栄は語った。

「だから、衆参ダブル選挙をやればよかったんだ。そうすればこんなことはなかった。野党にたっぷり「野合」の時間を与えちゃったからな。中曽根は選挙がわかっていない。それが今度の敗因だよ」

角栄は、二二万七六一票。空前の得票だった。角栄の政治人生の最後の輝きだった。

野坂昭如は二万八〇四五票で落選した。早坂の遺著『オヤジの遺言』には、こんなエピソードが書いてある。

野坂は演説して回っても、よそ者だから道順がわからない。立ち往生するたびに警察や消防の世話になった。これを聞いた角栄が「風邪をひくぞ。あったかい肌着を届けてやれ」。

早坂は深夜、ホテルの野坂の部屋を訪ねて渡した。野坂は「角サンが、これを俺に……」。落選してから一ヵ月後、野坂からお礼の電話がきた。

自民党は二五〇議席、過半数を割る。解散時から三六議席も減らす大敗北だった。だが、派閥別に見ると、田中派は六二議席で解散時より二議席減らしただけだった。角栄笑って万骨枯る。またぞろ怨念の政争が噴き出し、中曽根首相は苦境に立たされる。福田、三木派は中曽根の敗北責任を追及して、「けじめ」を要求する。しかし「けじめ」と言ってもどうしたらいいのか。岸、三木、福田、鈴木らの歴代首相におうかがいを立てる最高顧問会議が開かれる。

一二月二四日、中曽根は「総裁声明」を出した。「総裁として辞職に値する責任を痛感する」「敗北の最も大きな原因は、いわゆる田中問題にけじめが明確でなかったこと……」「ついては、いわゆる田中氏の政治的影響を一切排除する」と述べ、党体質の抜本的刷新、公正な人事と党運営を約束する内容だった。「なんだ、これではおれたちは国賊のような扱いじゃないか」。金丸信は呻いた。

しかし、角栄の腹心で、自民党幹事長の二階堂がいるのに、なんでこんな「総裁声明」を出してしまったのか。二階堂は回想している。

「中曽根さんが用意した声明の原案には「党外の人の影響力を排除」と抽象的にしか書かれていなかった。「ちょっと待った」と身を乗り出した福田さんは「その表現はなまぬるい。

田中氏とはっきり書いたらどうか」と注文をつけた。私は「いいですよ。固有名詞で書きましょう」と応じ、自らペンをとって「田中氏の政治的影響を一切排除する」と書き改めた。この表現は、私は田中さんに一切連絡も相談もしなかった。党内抗争を回避するには、これしかないと信じたからだ」

角栄の感想を聞いた。

「最高顧問会議？ そんなつまらんもの取材するのかね。田中にけじめなんて言ったたって、田中派はみんな通ってきているじゃないか。福田も鈴木も自分の娘婿（越智通雄、麻生太郎）を落としているのに何を言えるというんだ」と腹を立てていた。

しかし早坂が「中曽根に連絡をとりましょうか」と聞くと、角栄は「別にいいよ。田中支配とか言われているものが実際に変わるものじゃないだろ。いまは中曽根内閣を出帆させることのほうが大事だ。おれのことを言われたってまあいいさ」と答えた。

もうひとつ、意外な展開がある。

自民党と新自由クラブが統一会派を組んだ。これまで自民党の金権体質を批判してきた新自由クラブが与党に転じて、計二六七議席になる。これで中曽根は安定的に政権を運営できることになる。

自民党と新自由クラブの提携に隠密に動いた田中六助が自民党幹事長になり、二階堂は去る。後藤田は行政管理庁長官に横滑り、官房長官は藤波孝生になる。新自由クラブからは田川誠一が自治相で入閣した。田中派が占めていた幹事長と官房長官のかなめのポストを譲って「田中排除」の形にはなる。

　この先、角栄はどうなっていくか、二階堂の離反が気にかかる。

「田中支配」の本質

　一九八四年（昭和五九）、中曽根政権は順調だった。一月一七日、児玉誉士夫が死んだ。ロッキード裁判児玉ルートは公訴棄却となり、判決文は日の目を見なかった。児玉は事件の真相を語らずに死んでしまった。中曽根は国債の重圧下、超緊縮予算を組んだ。行政改革からいずれは増税の方向に行く、中曽根政治が軌道に乗る。

　三月三〇日、田中派パーティーが開かれ、角栄が演説した。「中曽根君に荷を背負わせたのだから、われわれはしっかり後押しする。われわれは本流である。駕籠に乗る人、担ぐ人、そのまたわらじをつくる人。諸君は駕籠を担ぎ、わらじを作っているから私も敬意を表する」。その秋、また自民党総裁選が来る。中曽根に失政がなければ、再選を支持するとも聞こえた。

　四月一一日、二階堂が自民党副総裁に就任した。二階堂は、木曜クラブつまり田中派の会長である。それを辞任しないままの副総裁とは、「田中氏の政治的影響を排除」する総裁声明にもとるとの反発も出る。ただ、二階堂は自身でペンを取って、その文言を書いたいきさつもある。角栄といくらか距離を置いている様子もあって、それ以上の紛糾にはならなかった。中曽根の意図はむろん、二階堂登用によって秋の総裁選での田中派の支援を確かなものにする布石だったろう。

四月一六日、竹下登の父の葬儀に出るために、角栄以下七〇人が島根に向かった。「田中軍団」は、一九七二年の角栄が首相のときの八三人（衆院四一人、参院四二人）から一九八三年末には一一五人（衆院六三人、参院五二人）、八四年末には一二一人（衆院六七人、参院五四人）に達して、野党第一党の社会党の衆院議員一一二人を超していた。この時期の田中派には、闇将軍だろうと刑事被告人だろうと構わない、あたりを見回してここが得だからという「寄らば大樹の陰」の貧しき心性が覆うようになる。田中派育ちの若手議員からすれば、欲得ずくで入ってくる途中入会議員は不愉快である。だが、角栄にとっては、派閥の膨張戦略は裁判闘争への示威である。

慧眼の士はいるものである。田中六助幹事長は糖尿の眼病を患いながら、「党中党になると専横になる。いずれ満月は欠ける」と田中派の行く末を予言していた。しかし、角栄の高揚は収まらなかった。

九月一〇日、角栄は田中派の青年研修会兼議員研修会で三時間半の大演説をぶった。ゴルフの話、公明党の話、公明党は日蓮さんの一派だし自民党とそう変わりないなどと語ったあと、自民党総裁選の話になる。

「わが派から総理大臣を出さなくていいなんて考えているわけじゃない。ただ、強いて出すこともないと考えている。総理大臣というのは時がきて、天が命じなきゃならないんです」「われわれは黙って、踏まれても蹴られてもついていきます下駄の雪みたいなもんだな。腹のなかは煮えくりかえるようなとこはありますよ。それよりもやっぱり権力闘争の先頭に立ってはならないんだ」「田中派は一二〇人を一三五人にして見せましょう。手はいくらでもある。ほかの政党からも入れてくれって……」

角栄は、自分の派から首相を出さないというより、出せなかったというべきだろう。前述したように、出せば自分の力を減殺することになる。中曽根はおれのいうことを聞く。しばらく中曽根でいいじゃないか。「踏まれてもついていきます下駄の雪」は、そんな田中派の自嘲的な自己認識となる。「田中支配」などと威張っていても、自らの首相候補を持てないことの裏返しじゃないか。そんな状況をひそかに打破しようと思ったのが、ほかならぬ二階堂進だった。

「二階堂擁立」工作への怒り

中曽根は、鈴木善幸の退陣で首相の道が開かれ、いきなり韓国、アメリカとの外交を鮮やかに進展させた。しかし、中曽根がそれを誇れば、それは鈴木外交がいかにだめだったかと触れ回っていることにもなる。中曽根は傍若無人にも、鈴木派の田中六助を一本釣りして自民党幹事長にすえた。鈴木は「中曽根憎し」の思いを募らせる。中曽根再選阻止に動き、二階堂に白羽の矢を立てた。

田中派内は、角栄の保身から総裁候補を出せないことに不満が募ってきている。二階堂が立つならば、田中派は雪崩をうつのではないか。鈴木は福田赳夫に持ちかける。福田にとって二階堂擁立は、宿怨の田中派を壊す話である。福田も乗る。もうひとつ、この策謀に加わったのが公明、民社の中道政党だった。金権角栄、タカ派中曽根に反感を強めていたから、二階堂を担いで保守・中道連立政権を一挙につくることができれば夢のようである。新橋の料亭「金田中」で、二階堂を囲んだ鈴木、竹入義勝公明党委員長は「二階堂さん、あんた立て」とけしかけた。

総裁選告示に向けて、表向きは「中曽根再選」の動きが進んだ。だが、ギリギリになって「二階堂擁立」工作が水面下から浮上する。角栄は怒った。なに、二階堂だって。それはおれが許さん。

一〇月二七日、二階堂は角栄の私邸に乗り込んだ。

角栄「いよっ、幻の山崎首班！」（山崎首班は一九四八年の吉田茂に対し山崎猛を擁立、失敗した事件）

二階堂「その言い草はなんだ」

角栄「水臭いじゃないか。鈴木善幸と組んで組閣名簿までつくっていたというじゃないか」
二階堂「そんなものあるわけがない。公明、民社は中曽根ではやっていけない。タナカ、タナカで国会も動かない」
角栄「いまはおれに任せてくれ。君とは夫婦みたいなもんじゃないか」
二階堂「あんたは中曽根再選というが、いつ派閥で討議したんだ。電話一本、右向け右でみんなハイハイと言うことを聞くと思っているが、大きな間違いだ」
一〇月二八日、事態は中曽根再選の方向で収拾された。田中派内で、金丸信が「特急電車が走り出したのにいまさら後戻りできるか」と怒り、後藤田正晴が「中曽根の世論の支持率は高い。あなたは明智光秀になる」と二階堂を諫《いさ》めたのが効いた。二階堂も仲のいい鈴木善幸が首相になったのを見て、おれもと夢みたのであろう。灰色高官の汚名も雪ぎたかった。だが、「忠臣」二階堂の反乱は終わった。角栄の足元は大きく揺らいだ。再選中曽根の改造内閣がスタートした。金丸信が自民党幹事長に座った。

「創政会」設立――竹下・金丸の蠢動

権力の崩壊はつるべおとしである。二階堂がパンドラの箱を開けた。

角栄は自らの権力の揺らぎを感じたのか、おれも寿命が縮まったよ、おれも暗殺されたガンジー首相のように腹に弾丸を一〇〇発くらって死んでもいい気持ちでやるぞと言いつつ、

「中曽根の次は二階堂」と言い出した。二階堂をなだめるつもりだったのだろう。それが金丸信、竹下登に火をつけた。そんなことをされてはいつまで待っても権力の世代交代が進まない。

その年末一二月二五日に一四人、明けて一九八五年（昭和六〇）一月二三日は二五人、いずれも築地の料亭「桂」に金丸信は田中派の若手議員を集めた。

竹下登が立って「すべてを燃焼しつくし、一身を国家のために捧げる覚悟をしてここに来た」と決意を披露した。橋本龍太郎、小渕恵三、梶山静六、小沢一郎、羽田孜ら角栄の子飼いが顔を揃えた。角栄の軛《くびき》を取り払って、竹下を首相候補に立てる。金丸がそれを支える。会の名は「創政会」とする。それが新聞に漏れた。

一月二七日、竹下は角栄邸を訪ねた。勉強会を作りたいと申し出た。その翌日、わたしは角栄に聞いた。

「中曽根は絢爛豪華《けんらんごうか》に舞台で踊る芸者だよ。だけど、誰がろくろを回しているかだ。キッシンジャーはそれがわかっているから、またおれに会いにきたのさ」と気炎をあげて、竹下との会話を明かした。

「竹下が政策集団をつくりたいというからいいことさと言ったんだ。国を思うなら勉強しなくちゃいかん。しかし、それが変な方向にいかんように心してやれよ。そう言っておいた。それにしても二階堂は若いものに刺激を与えたなあ」

金丸信は、一九一四年（大正三）生まれ、角栄より四歳年上である。山梨の造り酒屋で生まれ、村夫子《そんぷうし》然とした容貌で、一九五八年（昭和三三）に衆院議員になる。竹下と同期だった。ふたりはこども同士が結婚する盟友となる。豪放にして面倒見のいい、おおざっぱに見えて落としどころを探るのがうまい金丸は国会対策で頭角を現した。

一九二四年（大正一三）生まれの竹下登は、島根の造り酒屋の出身、戦時中は航空兵、戦後は地元の青年団活動、島根県議から国政の場に出た。政治家にしては童顔、物事を軽妙に処理して重宝がられた。しかし「いつか総理大臣に」との野心を秘めていた。

金丸から聞いた。「目白のオヤジ（角栄）にはちゃんと言っておけと竹下に言っておいた。眠れる獅子が起きたのか、それとも眠れる豚に終わるか、これからだ。竹下には若い者の選挙の面倒はぜんぶ見るつもりでやれよと言っておいた」

角栄の秘書早坂茂三はむろん竹下の意図はわかっていた。「田中が瀬戸際で弓なりにこらえているときに、竹下はクーデターを起こした。だが、考えてみれば、竹下はよくここまで何もいわずに我慢してきたとも言えるんだよ。お互いにわかっている。汚い言い方だが、お互いに汚いケツを見せ合って闘うということだ」

世代交代の仁義なき戦い

二月七日、竹下は「創政会」の初会合を開いた。竹下は参加者を増やしたい、角栄は減らしたい、前日まで激しい攻防が続いた。早坂が金丸に電話した。

「このままでは両方が傷つく。あすはテレビカメラが一五台並ぶそうですよ。田中が言わなくてもわかっているでしょう。あとは竹さんのほかにいますか。でも田中は裁判で傷ついている。いまそんなこと言えますか。カネが飛んだという話もある。たしかに飛んだようだ。ここを収めるのはあなたしかいない。田中と会ってハラを割って話してください」

金丸、竹下は「桂」の会合でカネを配った。これは、当時の慣習からすれば、「派閥」結成の盟約である。だが、角栄側の切り崩しも功を奏して、当初八〇人を見込まれた「創政会」の初会合は四〇人の参加となる。

金丸に聞いた。

「早坂がオヤジ（角栄）と会えというので、みんなにはかった。みんな会う必要はないと言うんだ。みんな辛酸をなめてきた。しかしオヤジはそれを当たり前のように思っているんだよ。派閥を私有物のように思っているんだから。四〇人集まれば、安倍晋太郎、中曽根派、河本派と合わせれば、むこうに勝てる。むこうは公明、民社と組むかもしれないな」

世代交代の仁義なき戦いが始まろうとしていた。竹下は旗揚げが終わって角栄邸に挨拶に行く。「わたしたちは木曜クラブ（田中派）と同心円のつもりです」。

わたしはまた、角栄に聞いた。

竹下に言ってやったんだ。総理総裁はなろうとしてなれるものではない。バックボーンと実績が必要だ。竹下をかつぐ連中はすごい借金で焦熱地獄になるぞ。そうならないようにおれがやってあげているのがわからんのか。この家（角栄邸）だって担保にすれば一〇〇億になる。おれは政治家になっていなければ新興財閥をつくっていたんだ。

角栄の酒量があがった。昼間からオールドパーをがぶ飲みした。

二月二五日、角栄は羽田孜のパーティーで挨拶した。

世代交代、田中角栄もそろそろどうだという声がないわけでもない。召されるときは否応なく神様がひっぱっていくから心配はない。私は新潟県人だから、長野、群馬を通らなくては東京に出てこられなかった。羽田君の選挙区の長野に新幹線と高速道路をつくる。計画はわしがやる。仕事は羽田孜がやる。狭い国土にいかに均等な政治の恩恵を受けられるかということが基本である。

公の席の最後の声で、角栄は列島改造論に回帰した。

角栄、死す

一九八五年（昭和六〇）二月二六日、角栄は竹下に与しない古手の議員と宴席を持つ。角栄は飲んで歌った。最後に語った。「賢者は聞き、愚者は語る。今日からは賢者になる」

二月二七日夕方、角栄は倒れた。東京逓信病院に運ばれた。「可逆性虚血性神経障害」で「三、四週間の療養」と発表された。しかし、病状の重さは隠しようもなかった。「脳梗塞」の角栄は、病床からもう一度選挙に立って当選したけれども、ついに政治の表舞台に帰ってくることはなかった。

一九八九年（平成元年）一〇月一四日、角栄の娘婿田中直紀（当時は福島三区選出の衆院議員）が長岡市の越後交通本社で、角栄の引退声明を読み上げた。

「今期限りをもって衆院議員としての政治生活に終止符を打つ決意をしました。四二年の長きにわたって、越山会をはじめ、多くのみなさまから私に寄せられた強力にして絶大なご支援に対し、深甚なる謝意を表します。わが愛する郷土新潟県の発展と邦家安寧のために後進の諸君の一層の奮起を期待するものであり、かえりみて、わが政治生活にいささかの悔いもなし」

角栄の時代が終わった。その年、ベルリンの壁が壊れ、東西冷戦も終わった。日本の「戦後」も終わった。

角栄の療養とリハビリが続いた。辻和子の『熱情』によれば、ある朝、角栄邸に電話した。

角栄が出て「ウー、ウー」と声が聞こえた。角栄はしゃべれなくなっていた。「おとうさん、聞こえますか。おとうさんが建ててくださったこの家ですけど、わたしたちだけではもう維持できなくなりました。〔中略〕マンションに建てかえることにしました。〔中略〕おとうさん、それでいいですよね」とこちらから話すだけで終わった。

佐藤昭は角栄の回復を待って事務所を開いていた。しかし佐藤昭も再び角栄に会うことはなかった。

一九九三年（平成五）一二月一六日、体を弱らせて慶応大学病院に入院していた角栄は「眠い」とつぶやき、それが最後の言葉だった。痰《たん》をからませて苦しんで、午後二時すぎ、息を引き取る。角栄邸で、角栄の亡骸に対面した政治家は、細川護熙首相、河野洋平自民党総裁、そして土井たか子衆院議長の三人だった。土井は角栄の顔をのぞいて、「とてもいいお顔をしているわね」と言った。さまざまな苦労を抜け出て、ほんとにいい顔をしていると思った。そばで娘眞紀子が「お父さん、土井さんが来てくださったのよ。起きて」と泣いていた。秘書早坂茂三は、角栄との面会ができなかった。角栄邸の門前で、「おやじさん、ありがとう。さよなら」と叫んで泣いた。

一八日、目白の角栄邸で身内の葬儀が行われた。娘の眞紀子はその年七月の衆院選挙で父の新潟三区から初当選していた。眞紀子が挨拶した。

「父は生前、こう申していました。天に召されるときは、眞紀子よさらば、という。その時は動じることなく毅然としていてほしい、と。その約束も果たさず、天にかけのぼってしまった」

一二月二五日、自民党と田中家の合同葬が青山葬儀所で営まれた。葬儀委員長河野洋平と細川首相が、角栄の七五年の全力疾走の生涯を惜しむ弔辞を読んだ。喪主の妻はなに代わって娘婿直紀が挨拶した。続いて眞紀子が「父は、お米を粗末にしないでくれ、おふくろの汗の結晶だからと口癖のように言っていました。天を敬い、人を愛し、感謝の念を忘れなければ、恐れることは何もないと申しておりました。みなさま、きょうはクリスマス・プレゼント（合同葬のこと）をありがとう。父は幸せ者です」と言葉短く語った。焼香の順番を待つ長い長い葬列が続いた。

一二月二七日、新潟県の出身地西山町の中学校体育館で町葬、続いて長岡市の信濃川河川敷に立つ「ハイブ長岡」で、角栄が会長を務めた越後交通などの「元内閣総理大臣　故田中角栄先生社葬」が催された。

西山町長は「裏日本の暗く貧しい豪雪の住民に、希望の光と豊かな生活を与えてくれた」と述べた。社葬では、越後交通社長が「表日本との生活格差是正に努力された」と弔辞を読んだ。

その日、雪おこしの雷が鳴り、稲妻が走った。葬儀が終わる頃、氷雨があがって灰色の空から斜陽がもれた。

あとがき

田中角栄がこの世を去ってから、もう二〇年になろうとしている。「一〇年をひと昔」と言うならば、角栄の話は「ふた昔」前の昔語りになってしまった。

わたしの子どもの頃、池にはオニヤンマが飛んできた。空き地の原っぱにバッタがいた。ちんちんと鐘を鳴らして走る都電、カンカン照りの停留所、おふくろの買ってくれたアイスキャンデーにしゃぶりつく。夕暮れの貧しい町に、ハダカ電球の街灯がともる。戦後の東京の街なかで育ったわたしは、黒澤明の映画に出てくるあの頃の風情が懐かしい。

朝日新聞で、地方勤務から東京の政治部員になって、最初に出会った政治家が田中角栄である。角栄五五歳、わたしは二八歳。首相番として追いかけるこの人に、わたしたちの「戦後」の匂いを感じた。なかなか精悍《せいかん》で、せかせかと歩き、早口で、何を言っているかわからないときもある。ふと立ち止まる。「今日は春何番なんだ。風が強いなあ。風はいくら強くてもいい。風に耐えられなくちゃだめだ」とつぶやく。「角さんっておもしろいですね」と先輩記者に言うと、「政治記者がたやすく政治家に惚《ほ》れるな」とたしなめられる。そんなつもりでもないのにと思っていたら、角栄政権は金権の誹《そし》りを受けてたちまち暗転、わたしは首相番八ヵ月で角栄の退陣を見ることになってしまった。

その後、気になりながらも、角栄を見ることは少なかった。次は自民党の田中派担当になったときに角栄に近づいた。だが、角栄はもはやロッキード事件の被告人で、目白の私邸の奥深くに潜んで新参の若い記者などには会わない。キャップからは「角さん以外の幹部を回ればいいよ」といわれた。だが、そんなつもりでいると、どうやらこの派閥は「オヤジ」の胸を叩かなければ何もわからない集団だということがわかってきた。

そこで、わたしは一念発起、角栄が新潟に帰るたびに同行して、「特急とき」の座席で近くに座り、地元の催しに顔を出して、できるだけ角栄の視野に入るようにした。「キミの顔は覚えているな」。そしてある日、「目白に来るか」と電話がきた。わたしは角栄邸に乗り込んで、サシで一時間、大いに気張って話したのだが、何を話したかは覚えていない。どっと疲れが出た。また別の日、「誕生日ですね。還暦ですね」とお祝いを一言いうと、「それがどうした」とあしらわれたりした。

新聞記者は、対象人物に直接ぶつかっていくのが仕事である。角栄という問題人物、その金権ぶりなどは、本人にあたってすぐ教えてくれるはずもない、周到に周りから調べ上げなければならないのだろう。だが、わたしは政治記者である。格別の用事がなくとも会いにいける。せっかくなのだから、「戦後」の匂いのするこの人物を至近距離で見ていきたい、それが記者としての巡り合わせだと思った。

角栄には自然体で接した。いまさら若い記者がお愛想をいっても、百戦錬磨の角栄には見透かされるだけである。新聞記者だからむろん質問する。そして角栄が自分から喋ろうと思って喋ったことを聞いた。「新聞記者はこちらの懐に入ってきても、マムシはマムシだからな。いつ嚙むかわからん」などと言いながら、早朝からの数々の陳情が終わるお昼近く、じっと待っているとひとしきり話してくれた。

「闇将軍」として政局にかかわる話は、さすがに縦横である。だが、それだけではない、政治とは何か、政治は何のためにあるのか、裏も表も含めてナマの表現で感じさせてくれることがある。あるいは記者という存在に聞かせておきたいと思ったかもしれない。

角栄に、ロッキード裁判が重くのしかかってくる。ぶっきらぼうなときもある。わたしも新聞記者だから、これを書くとまずいかなあというような角栄のつぶやきを記事にしたりする。翌朝、角栄邸に行くと、角栄は「キミ、あれ、書いたな」と怒った。やっぱりまずかったかと思っていると、角栄はそっぽを向きながら「それで、きょう聞きたいことはなんだ」とわたしに問うた。並の政治家はこういうときによく「出入り禁止」などというが、角栄の懐の深さをあらためて知る。

ロッキード判決の前後になると、角栄も自制心を失って、「三木や福田は燻製にして便所にぶら下げてやるぞ」などと口走った。「田中辞めろと書いたって朝日新聞は増えないよ」

「もうわかっただろう。タカやワシがいくらつついたって石は動かないということが。動かないから痰でも小便でもひっかけていくということだろう。石は動くわけないさ。それに腰掛けていた連中がいっぱいいるんだもの」などと、自ら「石」を任じて開き直る。

有罪判決が出ると、やはり角栄邸を訪れる人が少なくなる。わたしは朝から夕方まで一日中、角栄のそばにいたこともある。角栄が上向きに顔を上げてうつらうつらするのを見ながら、ずいぶん鼻毛も白くなったな、年取ったなと感じたことを覚えている。角栄が「おれも大人物になろう」などと思いついたように言うのには、角栄の荒ぶる魂の衰えを感じていくらか寂しくなったりした。

田中角栄は、日本の近代の泥濘《でいねい》のなかから這い上がった。敗戦の焼け跡闇市の時代を類い稀な才覚で、時に悪知恵を働かせて切り抜けた。政治権力の階段を上った。角栄の「利益還元政治」は、見方を変えれば「社会民主主義」だった。それを新潟三区の選挙民は支持した。角栄は民衆のなかにいた。人々への気配り心配りを備えていた。政治の世界では、それを端的にカネという形で表現した。そして転落した。

角栄の荒ぶる魂は、それを受け入れることができず、さらに権力に固執した。次第に狂気を帯びる。そして角栄は突然、脳に損傷をきたした。

それにしても、なぜ角栄はロッキードのカネをもらっていないと言い続けたのだろう。あれだけの証言が揃ってどだい無理な話である。おれはもらった、すまなかったと詫《わ》びて、越後に戻っていればよかったろうに。しかし、それまでに注いだ力と汗、投じた膨大なカネ、そして築いた「田中角栄」という存在、それは捨てるに捨てられぬ、自ら抛《なげう》つことがついにできなかったということか。それが「上り列車」の終着駅だったのである。

角栄が言葉を出せなくなってから死ぬまでに、五代の自民党政権が続いた。角栄の弟子たちはどうなったか。角栄の派閥を奪った竹下登が首相の座についた。「消費税導入」を果たし、リクルート事件で力尽きた。竹下派は小渕恵三らと小沢一郎らの二つに分裂した。金丸信の家宅捜索で「金の延べ棒」が出てきた。この派閥の金権は続いた。

一九九三年、小沢らは自民党を脱党、細川護熙らによる「非自民政権」をつくる原動力になる。「政治改革」という名で小選挙区制度導入に動く。角栄はそこまでを見て、この世を去った。

それからの二〇年、日本政治の様相はすっかり変わった。小沢一郎が新党をつくったり壊したりしながら、政界再編が進んだ。小泉純一郎政権の「新自由主義」は、田中角栄という「巨大な石」、自民党に巣食った利益共同体を解体するために格闘した時代だったといえるだろう。二〇〇九年、民主党政権ができた。角栄が「そんなことは絶対起きない」と言っていた政権交代が起きた。

角栄が去って二〇年、角栄の取材メモをひっくり返していると、あの頃の政治の物狂おしい活気が蘇ってくる。わたしたちもそこで生まれ、育った「昭和」、とりわけ「戦後」の日本の復興と成長と転落をそこに見る。

いま、日本政治を見ると、国家像を見失い、技術主義に陥り、ポピュリズムが跋扈する。そんな平成の世に、新聞記者が至近距離で見て聞いた「わたしの田中角栄」を、吐き出しておきたい。「歴史の狡智」としての田中角栄を通して、日本政治の苦悶の過程を見てもらい、これからの日本に、人々がいたわりあえる、真の民主主義を実らせていくことができればと願っている。


この本は、中公新書編集部から二年以上も前に書くように促された。ところが、わたしは朝日新聞を退社後、桜美林大学で新米の教員として、若い学生たちの前にいた。これは、マスコミと違って、一人ひとりの人間に寄り添う仕事である。わたしにとってたいへん重いことであって、なかなか田中角栄に向き合うことはできなかった。

二〇一一年三月には、東日本大震災と福島原発事故が起きた。それは「戦後日本」に深い反省を迫るものと思われた。

「田中角栄」を書かなければと励ましてくださったのは、中公新書編集部の白戸直人氏である。おかげでようやく書くことができた。ここに感謝を記してペンを擱《お》くことにする。

二〇一二年残暑の頃

早野透

主要参考文献

註・テーマ順に並べた

田中角栄『私の履歴書』日本経済新聞社、一九六六年
田中角栄『大臣日記』新潟日報事業社、一九七二年
田中角栄『日本列島改造論』日刊工業新聞社、一九七二年
田中角栄『わたくしの少年時代』講談社、一九七三年
逓信研究会『歴代郵政大臣回顧録』3　逓信研究会、一九七四年
自由民主党都市政策調査会編『都市政策大綱――中間報告』自由民主党広報委員会出版局、一九六八年
内閣総理大臣官房監修『田中内閣総理大臣演説集』日本広報協会、一九七五年
国会演説調査研究会編『内閣総理大臣田中角栄の国会演説と各党の代表質問』上下　閣文社、一九九〇年
佐藤昭子『決定版　私の田中角栄日記』新潮文庫、二〇〇一年
佐藤昭子『田中角榮――私が最後に、伝えたいこと』経済界、二〇〇五年
佐藤あつ子『昭――田中角栄と生きた女』講談社、二〇一二年
辻和子『熱情――田中角栄をとりこにした芸者』講談社、二〇〇四年
田中京『絆――父・田中角栄の熱い手』扶桑社、二〇〇四年
金井満男『師が語る田中角栄の素顔』土屋書店、一九八三年
早坂茂三『田中角栄回想録』集英社文庫、一九九三年
早坂茂三『オヤジとわたし――頂点をきわめた男の物語/田中角栄との23年』集英社文庫、一九九三年
早坂茂三『怨念の系譜――河井継之助、山本五十六、そして田中角栄』集英社文庫、二〇〇三年
早坂茂三『オヤジの遺言』集英社インターナショナル、二〇〇四年
早坂茂三『政治家田中角栄』中央公論社、一九八七年
片岡憲男『田中角栄邸書生日記』日経BP企画、二〇〇二年

馬弓良彦『人間田中角栄』ダイヤモンド社、一九七二年
馬弓良彦『戦場の田中角栄』毎日ワンズ、二〇一一年
増山榮太郎『角栄伝説――番記者が見た光と影』出窓社、二〇〇五年
立花隆『田中角栄研究 全記録』上下　講談社文庫、一九八二年
立花隆『巨悪vs.言論――田中ロッキードから自民党分裂まで』上下　文春文庫、二〇〇三年
立花隆『ロッキード裁判とその時代』1～4　朝日文庫、一九九四年
児玉隆也『淋しき越山会の女王』岩波現代文庫、二〇〇一年
粟屋憲太郎『昭和の歴史6　昭和の政党』小学館、一九八八年
冨森叡児『戦後保守党史』岩波現代文庫、二〇〇六年
石川真澄、山口二郎『戦後政治史　第三版』岩波新書、二〇一〇年
北岡伸一『自民党――政権党の38年』中公文庫、二〇〇八年
服部龍二『日中国交正常化――田中角栄、大平正芳、官僚たちの挑戦』中公新書、二〇一一年
谷萩操『岩崎英祐小伝――水戸が生んだ知られざる傑物』自費出版、一九九六年
吉田茂『回想十年』1～4　新潮社、一九五七～五八年
西尾末広『西尾末広の政治覚書』毎日新聞社、一九六八年
伊藤昌哉『池田勇人――その生と死』至誠堂、一九六六年
若泉敬『他策ナカリシヲ信ゼムト欲ス』文藝春秋、一九九四年
楠田實編著『佐藤政権・2797日』行政問題研究所出版局、一九八三年
中野士朗『田中政権・886日』行政問題研究所出版局、一九八二年
中村慶一郎『三木政権・747日――戦後保守政治の曲がり角』行政問題研究所出版局、一九八一年
福田赳夫『回顧九十年』岩波書店、一九九五年
大平正芳回想録刊行会編『大平正芳回想録　伝記編』同刊行会、一九八二年
森田一著、服部龍二、昇亜美子、中島琢磨編『心の一燈――回想の大平正芳　その人と外交』第一法規、二〇一〇年

主要参考文献

福永文夫『大平正芳――「戦後保守」とは何か』中公新書、二〇〇八年
中曽根康弘『政治と人生――中曽根康弘回顧録』講談社、一九九二年
中曽根康弘『天地有情――五十年の戦後政治を語る』文藝春秋、一九九六年
椎名悦三郎追悼録刊行会『記録椎名悦三郎』上下　同刊行会、一九八二年
西村英一先生追想録刊行会『追想西村英一』同刊行会、一九八八年
馬場周一郎『蘭は幽山にあり――元自民党副総裁二階堂進聞書』西日本新聞社、一九九八年
木村武雄『米沢そんぴんの詩――自伝』形象社、一九七八年
河野謙三『議長一代――河野謙三回想記』朝日新聞社、一九七八年
昭和の信玄「人間金丸信の生涯」刊行記念会編『昭和の信玄「人間金丸信の生涯」』同記念会、二〇一〇年

「赤旗」特捜班『日本の黒幕――小佐野賢治の巻』1〜3　新日本出版社、一九七六年
北斗満、村井四郎『国有地黒書――日本列島を食い荒らす権力者たち』ビクトリー出版、一九七二年
児玉誉士夫『悪政・銃声・乱世』広済堂出版、一九七四年
大下英治『黒幕――昭和闇の支配者』大和書房、二〇〇六年
大下英治『政商――昭和闇の支配者』大和書房、二〇〇六年

下河辺淳『戦後国土計画への証言』日本経済評論社、一九九四年
早野透『田中角栄と「戦後」の精神』朝日文庫、一九九五年
早野透『日本政治の決算――角栄vs.小泉』講談社現代新書、二〇〇三年
三宅正一追悼刊行会編『三宅正一の生涯』同刊行会、一九八三年
飯田洋『農民運動家としての三宅正一――その思想と行動』新風舎、二〇〇六年
新潟日報社編『角栄の風土』新潟日報事業社、一九八三年
新潟日報社編『ザ越山会』新潟日報事業社、一九八三年
新潟日報報道部編『宰相田中角栄の真実』新潟日報事業社、二〇〇六年
小林孝平『元首相と私――長岡市長回想ノート』自費出版、一九八六年

奥島貞雄『自民党幹事長室の30年』中央公論新社、二〇〇二年
NHK取材班『戦後50年その時日本は』4　日本放送出版協会、一九九六年
NHK取材班『戦後50年その時日本は』5　日本放送出版協会、一九九六年
水木楊『田中角栄――その巨善と巨悪』文春文庫、二〇〇一年
保阪正康『田中角栄の昭和』朝日新書、二〇一〇年
佐木隆三『越山田中角栄』朝日新聞社、一九七七年
田原総一朗『戦後最大の宰相田中角栄』上下　講談社＋α文庫、二〇〇四年
山岡淳一郎『田中角栄　封じられた資源戦略――石油、ウラン、そしてアメリカとの闘い』草思社、二〇〇九年
西井一夫、平嶋彰彦『新編　昭和二十年東京地図』ちくま文庫、一九九二年
渡辺功一『神楽坂がまるごとわかる本』けやき舎、二〇〇七年

堀田力『壁を破って進め――私記ロッキード事件』上下　講談社、一九九九年
A・C・コーチャン『ロッキード売り込み作戦――東京の70日間』朝日新聞社、一九七六年
現代司法研究記者グループ『ドキュメントロッキード裁判――元首相は有罪になるのか』学陽書房、一九七九年
東京新聞特別報道部編『角栄裁判全190回ハイライト』文藝春秋、一九八三年
東京新聞特別報道部編『裁かれる首相の犯罪――ロッキード法廷全記録』1～16　東京新聞出版局、一九七七～八三年
平野貞夫『ロッキード事件「葬られた真実」』講談社、二〇〇六年
朝日新聞政治部『田中支配』朝日新聞社、一九八五年

主要図版出典一覧

田中角栄『わたくしの少年時代』講談社、一九七三年　一三、一六、四三頁　／朝日新聞社　一六九頁　／毎日新聞社　二三〇頁／共同通信社、読売新聞社、中央公論新社写真部　他

田中角栄 年譜

西暦（年号）	年齢	事歴	日本と世界の動き
一九一八 大正七		5月4日新潟県刈羽郡二田村で、父田中角次、母フメの間に生まれる。姉二人、妹四人、兄一人早世	米騒動。第一次世界大戦終わる
一九二五 一四	7	二田尋常高等小学校に入学	
一九二九 昭和四	11		世界恐慌始まる
一九三一 六	13		満州事変始まる（柳条湖事件）
一九三二 七	14		満州国建国。五・一五事件、犬養毅首相殺される
一九三三 八	15	二田尋常高等小学校高等科を卒業。村の救農土木工事で働く	日本、国際連盟を脱退
一九三四 九	16	3月27日上京。大河内正敏邸を訪問。井上工業に住み込む	ヒトラー総統に就任
一九三六 一一	18	中央工学校を卒業。中村建築事務所に勤務。理化学研究所の大河内正敏所長と初めて出会う	二・二六事件、高橋是清蔵相ら殺される
一九三七 一二	19	共栄建築事務所を設立	盧溝橋事件、日中戦争始まる
一九三八 一三	20	徴兵検査で甲種合格	
一九三九 一四	21	盛岡騎兵第三旅団第二四連隊第一中隊に入隊。満州富錦へ	ノモンハン事件起きる
一九四〇 一五	22	クルップス肺炎で野戦病院に入院、内地送還へ	大政翼賛会発足
一九四一 一六	23	10月5日仙台陸軍病院を退院、除隊。いったん帰郷、すぐ上京して事務所開設	東条英機が首相に。真珠湾攻撃、太平洋戦争始まる

田中角栄 年譜

一九四二	一七	24	3月3日坂本はなと結婚。長男正法誕生（47年9月死去）	ミッドウェー海戦で米軍反攻
一九四三	一八	25	田中土建工業株式会社を設立、社長となる	
一九四四	一九	26	1月14日長女眞紀子誕生	
一九四五	二〇	27	8月15日朝鮮で理研の工場建設中に敗戦を迎える。釜山から引き揚げ、青森港に上陸、帰京する	広島長崎に原爆投下。ポツダム宣言を受諾、敗戦
一九四六	二一	28	4月10日第二二回総選挙、新潟二区　大選挙区、定数八人で進歩党から立候補、一一位で落選	婦人参政権認められる
一九四七	二二	29	4月25日第二三回総選挙、新潟三区　中選挙区、定数五人で民主党から立候補、三位で当選	日本国憲法施行
一九四八	二三	30	10月19日第二次吉田内閣で法務政務次官に就任。12月13日炭鉱国管汚職で逮捕される	昭和電工疑獄起きる。東京裁判で東条英機ら七人死刑
一九四九	二四	31	1月23日第二四回総選挙、拘置所から立候補、民主自由党から二位当選	ドッジライン発表。中華人民共和国成立
一九五〇	二五	32	4月11日炭管汚職、一審で有罪。11月長岡鉄道社長に就任（〜55年9月）	朝鮮戦争勃発
一九五一	二六	33	6月22日　炭管汚職、二審で無罪	サンフランシスコ講和条約で日本独立。日米安保条約締結
一九五四	二九	36		ビキニで第五福竜丸被曝。造船疑獄で指揮権発動。防衛庁・自衛隊発足
一九五五	三〇	37	自由民主党結党に加わる	左右社会党が統一。保守合同で自由民主党発足
一九五六	三一	38		日本、国際連合に加盟

一九五七	三二	39	7月10日岸内閣で、郵政相に就任	
一九五九	三四	41	9月10日自民党副幹事長になる	皇太子・美智子妃結婚
一九六〇	三五	42		安保闘争盛り上がる。三池争議
一九六一	三六	43	7月18日自民党政務調査会長に就任	
一九六二	三七	44	7月18日池田内閣で、蔵相に就任	キューバ危機
一九六三	三八	45		ケネディ米大統領暗殺
一九六四	三九	46	11月9日佐藤内閣で、蔵相に留任	日本、IMF八条国に移行。OECDに加盟。東海道新幹線開業。東京オリンピック
一九六五	四〇	47	5月29日山一証券に日銀特別融資。6月3日自民党幹事長に就任	日韓基本条約調印
一九六六	四一	48	12月1日一連の「黒い霧」の責任を取る形で自民党幹事長を辞任。無役に	ビートルズ来日
一九六七	四二	49	3月16日自民党都市政策調査会長に就任。「都市政策大綱」をまとめる	東京都知事に美濃部亮吉当選
一九六八	四三	50	11月29日自民党幹事長に返り咲く	米原子力空母エンタープライズ佐世保入港。パリ五月革命。大学紛争広がる。ソ連、チェコ侵入。三億円事件
一九六九	四四	51	8月3日大学運営法案を成立させる	東大安田講堂陥落。佐藤首相訪米、沖縄返還で合意
一九七〇	四五	52		大阪で万国博覧会。三島由紀夫の決起、割腹自殺
一九七一	四六	53	7月5日佐藤内閣で、通産相に就任。10月15日日米繊維交渉で覚書に調印、決着	成田闘争激化。ニクソン米大統領、訪中計画を発表。ニクソン米大統領、ドル防衛を

一九七二	四七	54	1月6日米サンクレメンテでの日米首脳会談に同行。5月9日佐藤派田中系議員八一人が集結、次期総裁候補に田中角栄擁立を決める。事実上の「田中派」結成。6月20日『日本列島改造論』を刊行。7月5日自民党臨時党大会で総裁選。第六代自民党総裁に選ばれる。7月7日第一次田中内閣が発足。8月31日ハワイでニクソン米大統領と日米首脳会談。9月25日中華人民共和国を訪れる。北京空港着。9月29日共同声明発表、日中国交正常化なる。9月30日帰国。12月10日第三三回総選挙。自民党後退	発表 札幌で冬季オリンピック。ニクソン米大統領、中国訪問。連合赤軍、浅間山荘事件で銃撃戦。沖縄返還。日中国交正常化
一九七三	四八	55	小選挙区制導入に向けて動き出す。国会は審議ストップ、小選挙区を断念。8月8日金大中事件発生。日韓関係の修復に向けて動く。9月26日フランス、イギリス、西ドイツ、ソ連訪問に出発。10月6日第四次中東戦争勃発。「石油危機」への対応に苦慮する。11月25日福田赳夫を蔵相に起用。「総需要管理政策」始まる	ベトナム和平協定調印。金大中、東京で誘拐され韓国に連行。第四次中東戦争勃発。石油危機
一九七四	四九	56	1月7日ＡＳＥＡＮ諸国歴訪に出発。6月26日国土庁発足。7月7日参議院選挙。自民党後退、与野党伯仲になる。7月12日三木武夫副総理辞任。7月16日福田赳夫蔵相、保利茂行政管理庁長官が辞任。8月15日朴韓国大統領を在日韓国人文世光が狙撃、同席の陸英修夫人が死亡。葬儀出席のために訪韓。9月12日メキシ	ニクソン米大統領、ウォーターゲート事件で辞任。三菱重工爆破事件。佐藤栄作、ノーベル平和賞受賞

			コ、ブラジル、アメリカ、カナダを訪問。10月9日月刊誌『文藝春秋』11月号発売。立花隆「田中角栄研究——その金脈と人脈」と児玉隆也「淋しき越山会の女王」を掲載。10月28日ニュージーランド、オーストラリア、ビルマ訪問に出発。11月11日内閣改造。11月18日フォード米大統領を迎える。11月26日首相辞意表明。12月1日椎名悦三郎自民党副総裁の裁定で後継首相に三木武夫を指名。12月9日田中内閣総辞職、三木武夫内閣が発足	
一九七五	五〇	57		サイゴン陥落、南北ベトナム統一。パリのランブイエ城で第一回先進国サミット
一九七六	五一	58	2月4日米議会でロッキード事件が発覚。5月7日椎名悦三郎副総裁が「三木退陣」に乗り出す。7月27日逮捕。五億円の受託収賄罪で起訴。保釈。12月5日第三四回総選挙、一六万八五二二票で当選。12月24日福田赳夫内閣スタート	周恩来が死去。米議会でロッキード事件が表面化。毛沢東が死去
一九七七	五二	59	1月27日ロッキード裁判丸紅ルート初公判	ダッカ日航機ハイジャック事件起きる
一九七八	五三	60	4月18日母フメ死去。自民党総裁選で大平正芳支援に動く。12月7日大平内閣発足	日中平和条約調印。鄧小平来日。
一九七九	五四	61	10月7日第三五回総選挙。自民党敗北、「四〇日抗争」始まる	東京で先進国サミット。朴韓国大統領射殺される。イラン、米大使館占拠。ソ連、アフガニスタンに武力介入
一九八〇	五五	62	5月16日大平内閣不信任案可決、衆院解散へ。6月12日大平首相死去。6月22日衆参同日選挙で自民党圧勝。	韓国で光州事件。イラン・イラク戦争

			7月17日鈴木善幸内閣が発足	
一九八二	五七	64	10月16日自民党総裁選告示で、中曽根康弘を支援。11月27日中曽根康弘内閣発足	フォークランド紛争。上越新幹線開業
一九八三	五八	65	10月12日ロッキード裁判丸紅ルート判決。懲役四年、追徴金五億円。控訴。10月28日中曽根首相と会談。12月18日第三七回総選挙。二二万七六一票の驚異的な大量票で当選。	朝の連続ドラマ「おしん」放映。大ブームに
一九八四	五九	66	10月27日自民党総裁選で「二階堂擁立工作」が表面化	
一九八五	六〇	67	2月7日竹下登らの「創政会」発足。世代交代の波が来る。2月27日脳梗塞で倒れ、東京逓信病院に入院。	プラザ合意。ソ連書記長ゴルバチョフ就任。男女雇用機会均等法成立
一九八七	六二	69	7月4日竹下登の経世会が発足。田中派の大多数が竹下派に移行。7月29日ロッキード裁判控訴審判決。一審を支持、控訴棄却。田中側上告。11月6日竹下登内閣発足	バブル景気始まる。国鉄民営化
一九八八	六三	70		リクルート事件発覚
一九八九	平成元	71	10月14日次の総選挙に不出馬、政界引退を発表。勤続四三年、当選一六回	昭和天皇逝去。消費税施行。中国で天安門事件。ベルリンの壁崩壊
一九九〇	二	72		バブル経済の崩壊
一九九一	三	73		湾岸戦争勃発
一九九二	四	74	8月27日、日中国交回復二〇周年で中国を訪れる	
一九九三	五	75	3月6日金丸信元自民党副総裁が脱税で逮捕。7月18日第四〇回総選挙。新潟三区で娘の田中眞紀子が当選。8月9日細川護熙内閣が発足。新生党の小沢一郎、羽	

田孜らが支える。12月16日死去。戒名は政覚院殿越山徳栄大居士。墓所は、新潟県柏崎市旧二田村のふるさとの邸内にある。ロッキード裁判は審理打ち切りになる

一九九五	七	2月22日最高裁、榎本敏夫への判決で、田中角栄の五億円収賄を認定する	阪神淡路大震災。オウム事件

早野　透（はやの・とおる）

1945（昭和20）年神奈川県生まれ，東京で育つ．68年東京大学法学部卒業．同年，朝日新聞社入社．岐阜，札幌勤務を経て，74年東京本社政治部員．新潟支局勤務（80年１月～81年７月），政治部次長，編集委員，コラムニストとなる．96年から14年間，政治コラム「ポリティカにっぽん」を執筆．「ニッポン人脈記」連載を主宰．2010年より桜美林大学教授（政治ジャーナリズム）．

著書『田中角栄と「戦後」の精神』（朝日文庫，1995年）
『連立攻防物語』（朝日新聞社，1999年）
『政治家の本棚』（朝日新聞社，2002年）
『日本政治の決算』（講談社現代新書，2003年）
『政権ラプソディー』（七つ森書館，2010年）
編著『小沢一郎探検』（朝日新聞社，1991年）
共著『戦後史の焦点』（有斐閣，1985年）
『大政変』（東洋経済新報社，1994年）
『日本政治は甦るか』（日本放送出版協会，1997年）

田《た》中《なか》角《かく》栄《えい》
中公新書 *2186*

2012年10月25日初版
2016年４月30日９版

著　者　早野　透
発行者　大橋善光

本文印刷　暁　印　刷
カバー印刷　大熊整美堂
製　　本　小泉製本

発行所　中央公論新社
〒100-8152
東京都千代田区大手町1-7-1
電話　販売　03-5299-1730
　　　編集　03-5299-1830
URL　http://www.chuko.co.jp/

Published by CHUOKORON-SHINSHA, INC.
Printed in Japan　ISBN978-4-12-102186-1 C1221

中公新書刊行のことば

いまからちょうど五世紀まえ、グーテンベルクが近代印刷術を発明したとき、書物の大量生産は潜在的可能性を獲得し、いまからちょうど一世紀まえ、世界のおもな文明国で義務教育制度が採用されたとき、書物の大量需要の潜在性が形成された。この二つの潜在性がはげしく現実化したのが現代である。

いまや、書物によって視野を拡大し、変りゆく世界に豊かに対応しようとする強い要求を私たちは抑えることができない。この要求にこたえる義務を、今日の書物は背負っている。だが、その義務は、たんに専門的知識の通俗化をはかることによって果たされるものでもなく、通俗的好奇心にうったえて、いたずらに発行部数の巨大さを誇ることによって果たされるものでもない。現代を真摯に生きようとする読者に、真に知るに価いする知識だけを選びだして提供すること、これが中公新書の最大の目標である。

私たちは、知識として錯覚しているものによってしばしば動かされ、裏切られる。私たちは、作為によってあたえられた知識のうえに生きることがあまりに多く、ゆるぎない事実を通して思索することがあまりにすくない。中公新書が、その一貫した特色として自らに課すものは、この事実のみの持つ無条件の説得力を発揮させることである。現代にあらたな意味を投げかけるべく待機している過去の歴史的事実もまた、中公新書によって数多く発掘されるであろう。

中公新書は、現代を自らの眼で見つめようとする、逞しい知的な読者の活力となることを欲している。

一九六二年一一月

中公新書

日本史

d1

- 1617 歴代天皇総覧 笠原英彦
- 1928 物語 京都の歴史 脇田修・脇田晴子
- 482 倭　国 岡田英弘
- 147 騎馬民族国家（改版） 江上波夫
- 2164 魏志倭人伝の謎を解く 渡邉義浩
- 1085 古代朝鮮と倭族 鳥越憲三郎
- 1878 古事記の起源 工藤　隆
- 2157 古事記誕生 工藤　隆
- 2095 『古事記』神話の謎を解く 西條　勉
- 1490 古地図からみた古代日本 金田章裕
- 804 蝦　夷（えみし） 高橋　崇
- 1041 蝦夷《えみし》の末裔 高橋　崇
- 1622 奥州藤原氏 高橋　崇
- 1293 壬申の乱 遠山美都男
- 1568 天皇誕生 遠山美都男
- 2038 天平の三姉妹 遠山美都男
- 1779 伊勢神宮―東アジアのアマテラス 千田　稔
- 1607 飛鳥―水の王朝 千田　稔
- 2168 飛鳥の木簡―古代史の新たな解明 市　大樹
- 1681 藤原京 木下正史
- 1940 平城京遷都 千田　稔
- 291 神々の体系 上山春平
- 1502 日本書紀の謎を解く 森　博達
- 1802 古代出雲への旅 関　和彦
- 1967 正倉院 杉本一樹
- 2054 正倉院文書の世界 丸山裕美子
- 2025 正倉院ガラスは何を語るか 由水常雄
- 1003 平安朝の母と子 服藤早苗
- 1240 平安朝の女と男 服藤早苗
- 2044 平安朝の父と子 服藤早苗
- 1844 陰陽師（おんみょうじ） 繁田信一
- 1867 院　政 美川　圭
- 608/613 中世の風景（上下） 阿部謹也・網野善彦・石井　進・樺山紘一
- 1503 古文書返却の旅 網野善彦
- 1392 中世都市鎌倉を歩く 松尾剛次
- 1944 中世の東海道をゆく 榎原雅治
- 48 山　伏 和歌森太郎
- 1217 武家の棟梁の条件 野口　実
- 2127 河内源氏 元木泰雄
- 115 義経伝説 高橋富雄
- 2189 歴史の愉しみ方 磯田道史

中公新書

日本史

d2

1521 後醍醐天皇 森 茂暁
1608 太平記 松尾剛次
776 室町時代 脇田晴子
2179 足利義満 小川剛生
978 室町の王権 今谷 明
1983 戦国仏教 湯浅治久
1380 武田信玄 笹本正治
1872 信玄の戦略 柴辻俊六
2058 日本神判史 清水克行
2139 贈与の歴史学 桜井英治
1625 織田信長合戦全録 谷口克広
1907 信長と消えた家臣たち 谷口克広
1453 信長の親衛隊 谷口克広
1782 信長軍の司令官 谷口克広
2028 信長の天下所司代 谷口克広

1809 戦国時代の終焉 齋藤慎一
2080 江の生涯 福田千鶴
2084 戦国武将の手紙を読む 小和田哲男
784 豊臣秀吉 小和田哲男
2146 秀吉と海賊大名 藤田達生
642 関ヶ原合戦 二木謙一
476 江戸時代 大石慎三郎
870 江戸時代を考える 辻 達也
1227 保科正之（ほしな まさゆき） 中村彰彦
1817 島原の乱 神田千里
740 元禄御畳奉行の日記 神坂次郎
1945 江戸城―本丸御殿と幕府政治 深井雅海
1073 江戸城御庭番 深井雅海
1703 武士と世間 山本博文
883 江戸藩邸物語 氏家幹人
2079 武士の町 大坂 藪田 貫
1788 御家騒動 福田千鶴

1803 足軽目付犯科帳 高橋義夫
1099 江戸文化評判記 中野三敏
1886 写楽 中野三敏
853 遊女の文化史 佐伯順子
1629 逃げる百姓、追う大名 宮崎克則
929 江戸の料理史 原田信男

中公新書

現代史

2105 昭和天皇　古川隆久
765 日本の参謀本部　大江志乃夫
632 海軍と日本　池田 清
1904 軍 神　山室建徳
881 後藤新平　北岡伸一
377 満州事変　臼井勝美
1138 キメラ―満洲国の肖像（増補版）　山室信一
40 馬 賊　渡辺龍作
1232 軍国日本の興亡　猪木正道
2144 昭和陸軍の軌跡　川田 稔
76 二・二六事件（増補改版）　高橋正衛
2059 外務省革新派　戸部良一
1951 広田弘毅　服部龍二
1532 新版 日中戦争　臼井勝美
795 南京事件（増補版）　秦 郁彦

84 90 太平洋戦争（上下）　児島 襄
244 248 東京裁判（上下）　児島 襄
1307 日本海軍の終戦工作　纐纈 厚
2119 外邦図―帝国日本のアジア地図　小林 茂
2015 「大日本帝国」崩壊　加藤聖文
2175 残留日本兵　林 英一
2060 原爆と検閲　繁沢敦子
1459 巣鴨プリズン　小林弘忠
828 清沢《きよさわ》洌《きよし》（増補版）　北岡伸一
2033 河合栄治郎　松井慎一郎
2171 治安維持法　中澤俊輔
1759 言論統制　佐藤卓己
1711 徳富蘇峰　米原 謙
1808 復興計画　越澤 明
2046 内奏―天皇と政治の近現代　後藤致人
1243 石橋湛山　増田 弘
1976 大平正芳　福永文夫

1574 海の友情　阿川尚之
1875 「国語」の近代史　安田敏朗
2075 歌う国民　渡辺 裕
1804 戦後和解　小菅信子
1900 「慰安婦」問題とは何だったのか　大沼保昭
2029 北朝鮮帰国事業　菊池嘉晃
1990 「戦争体験」の戦後史　福間良明
1820 丸山眞男の時代　竹内 洋
1821 安田講堂 1968-1969　島 泰三
2110 日中国交正常化　服部龍二
2137 国家と歴史　波多野澄雄
2150 近現代日本史と歴史学　成田龍一
2186 田中角栄　早野 透

中公新書 RC 1886

現代史

f2

1980 ヴェルサイユ条約 牧野雅彦
2055 国際連盟 篠原初枝
27 ワイマル共和国 林 健太郎
154 ナチズム 村瀬興雄
478 アドルフ・ヒトラー 村瀬興雄
1943 ホロコースト 芝 健介
1572 ヒトラー・ユーゲント 平井 正
1688 ユダヤ・エリート 鈴木輝二
530 チャーチル（増補版） 河合秀和
1415 フランス現代史 渡邊啓貴
652 中国―歴史・社会・国際関係 中嶋嶺雄
2034 感染症の中国史 飯島 渉
1959 韓国現代史 木村 幹
1650 韓国大統領列伝 池 東旭
1762 韓国の軍隊 尹 載善
1763 アジア冷戦史 下斗米伸夫
1582 アジア政治を見る眼 岩崎育夫
1876 インドネシア 水本達也
2143 経済大国インドネシア 佐藤百合
1596 ベトナム戦争 松岡 完
941 イスラエルとパレスチナ 立山良司
2112 パレスチナ―聖地の紛争 船津 靖
1612 イスラム過激原理主義 藤原和彦
1664 1665 アメリカの20世紀（上下） 有賀夏紀
1937 アメリカの世界戦略 菅 英輝
1272 アメリカ海兵隊 野中郁次郎
1992 マッカーサー 増田 弘
1920 ケネディ―「神話」と実像 土田 宏
2140 レーガン 村田晃嗣
1863 性と暴力のアメリカ 鈴木 透
2000 戦後世界経済史 猪木武徳
2163 人種とスポーツ 川島浩平